『삼국사기』와『삼국유사』의
역사인식과 역사의식

저자

문성화(文盛和, Mun Seong-Hwa)

1961년생으로 계명대학교 철학과와 동대학원을 졸업하고 독일의 Heinrich-Heine-Universität-Düsseldorf에서 "Berkeley und Hegel"이라는 논문으로 철학박사학위를 받았다. 이후 자신의 전공인 서양근대철학에 대한 연구를 계속하면서, 다른 한편으로 역사철학을 깊이 연구하여 「헤겔과 신채호의 역사사상 비교 연구」라는 논문을 발표하고『철학의 눈으로 본 민족사』(계명대 출판부, 2007)를 저술하기도 하였다. 현재는 계명대학교 교양교육대학 교수로 재직하고 있다.

주요 번역서로는『진화론적 인식론』(공역, 계명대 출판부, 2011),『인간 지식의 원리론』(조지 버클리 저, 계명대 출판부, 2010),『변증법적 유물론』(F. Fiedler 저, 계명대 출판부, 2009),『논리학』(Lutz Geldsetzer 저, 계명대 출판부, 2002),『철학적 해석학』(한스 인아이헨 저, 문예출판사, 1998) 등이 있다. 이외에도 "Die Momente des metaphysischen Denkens im Konfuzianismus", 「버클리와 헤겔에 있어서 인식론적 단초와 철학의 분과들」을 비롯한 다수의 논문이 있다.

『삼국사기』와『삼국유사』의 역사인식과 역사의식

초판인쇄 2015년 6월 15일 **초판발행** 2015년 6월 25일

지은이 문성화 **펴낸이** 박성모 **펴낸곳** 소명출판 **출판등록** 제13-522호

주소 서울시 서초구 서초중앙로6길 15, 1층

전화 02-585-7840 **팩스** 02-585-7848

전자우편 somyong@korea.com **홈페이지** www.somyong.co.kr

값 20,000원 ⓒ 문성화, 2015

ISBN 979-11-86356-65-4 93910

(재)한국연구원은 학술지원사업의 일환으로 연구비를 지급, 그 성과를 한국연구총서로 출간하고 있음.

어머니의 영전에 이 책을 바칩니다

한국연구총서 87

Historical recognition and historical consciousness of

『삼국사기』와 『삼국유사』의
역사인식과 역사의식

Samguksaki and Samgukyusa

문성화 지음

소명출판

일러두기

- 『삼국사기』는 '정구복·노중국·신동하·김태식·권덕영'이 역주, 색인한 '한국학중앙연구원 출판부, 2011~2012'에서 발행된 5권의 『역주 삼국사기』를 텍스트로 삼았다. 본문에서 인용 시 "『역주 삼국사기』권수, 인용쪽수"로 약칭했다.
- 『삼국유사』는 이재호가 역주한 '광신출판사, 1993'에서 발행된 『삼국유사』를 텍스트로 삼았다. 본문에서 인용 시 "『삼국유사』, 인용쪽수"로 약칭했다.
- 출처가 거듭 언급될 경우에는 '저자, 글명 혹은 책명, 인용쪽수'로만 표기하고 전체 서지사항은 생략했다.

　　세계화 시대인 현재에도 세계 곳곳에서 역사왜곡은 여전히 행해지고
있다. 일본의 역사왜곡과 중국의 동북공정은 역사왜곡의 대표적인 사례
이다. 모든 것이 변할지라도 역사적 사실은 불변한다. 그렇다고 해서 역
사는 우리에게 단순히 지식만을 강요하지도 않는다. 역사는 그 안에서
살아가는 모든 구성원으로 하여금 현실에 대처하는 지혜와 관점을 가지
기를 원한다. 만일 그렇지 않다면 우리가 역사를 배우고 가르쳐야 할 까
닭이 없다. 각각의 민족이나 나라마다 역사의 내용이 다르듯이, 그것을
바라보는 관점도 반드시 같을 수는 없다. 이것은 마치 지구상의 많은 국
가가 민주주의를 정치적 이념으로 삼고 있지만, 현실에서 적용되고 실
현되는 모습은 각양각색인 것과 같다.

　　저자는 이미 『철학의 눈으로 본 민족사』라는 저서를 통하여 역사인식
의 문제와 역사의식의 문제를 심도 있게 다룬 바 있다. 또한 이를 바탕으
로 남북한의 **통일 역사관 정립을 위한 한국 역사철학의 단초**를 정립하려는
열망을 갖고 있었다. 그 까닭은 역사 또는 철학을 탐구하는 학자는 참된
진리를 추구하기 위하여 보편적 이념을 바탕으로 삼아야 하지만, 이와
동시에 구체적 현실을 외면해서도 안 되기 때문이다. 보편적 이념은 객
관적이고, 구체적 현실은 주관적인 것 같지만 반드시 그런 것도 아니다.

역사의 이념은 현실에 앞서서 현실을 이끄는 것이기도 하지만, 반대로 구체적 현실에서 새로운 역사 이념이 도출되기도 한다. 이러한 과정에서 어떠한 역사이든 자신이 속한 민족이나 국가의 이익에 도움이 되고자 하지 않는 사람은 없을 것이다. 바로 이러한 이유 때문에, 비록 역사에서 참된 진리가 역사에 대한 객관적 인식으로부터 성립함이 분명할지라도, 완전한 객관적 인식은 사실상 불가능할 수밖에 없다. 또한 역사가 결코 합리적으로만 움직이는 것도 아니라는 사실은 역사를 바라보는 관점을 위해서 매우 중요하다.

인간이 사용하고 있는 그 어떤 것도 인간을 배제하고는 아무런 가치와 의미가 없는 것처럼, 역사에서도 **민족사**의 중요성이 배제된 세계사는 허울에 불과할 뿐이다. 바로 이 때문에 저자는 이 책에서 **한국 역사의 역사철학적 단초**를 제시하려고 하였다. 하지만 주제가 **역사**인 만큼 객관적 사실이 무엇보다 중요하다. 즉, 역사에 대한 **객관적 인식**을 바탕으로 한 역사관이어야 가치를 인정받을 수 있다는 말이다. 이와 관련하여 저자는 본 저술에서 인간의 삶을 좌우하는 중요한 요소들—**지리, 인간, 정치, 종교** 등—을 역사의 요소로서,『삼국사기』와『삼국유사』를 분석하면서 심도 있게 다루었다. 그리고 과거와 현재의 **역사에 대한 인식**의 문제는 이들 요소들과 더불어 **역사의 시간성**과 **공간성**을 고찰하는 것으로 답을 내리려고 하였다. 또한 저자는『삼국사기』와『삼국유사』에서 인용되고 있는 전거(典據)가 지금의 우리에게 어떤 중요한 의미를 가지는지에 대해 역사철학적 관점에서 접근하였다.

하지만 역사는 **미래의식**과 연결되지 않는다면 아무런 의미가 없다. 미래는 현재 존재하는 구체적인 어떤 것이 아니기 때문에, 미래에 대한 사유의 활동은 **의식**일 수밖에 없다. 따라서 과거의 역사인식에 근거를 두는 **역사의식**은 철학적으로 탐구해야만 한다. 역사인식의 대상은 가시적인 반면에, 역사의식의 대상은 비가시적이다. 현재의 인간에 의해 인식된 역사가 미래의 역사와 관련을 맺는다는 것은 필연적이며, 여기에 인간의 의식이 작용하게 된다. 그렇다면 인간은 현재와 과거의 과오를 미래에는 결코 되풀이해서는 안 될 것이다. 이를 위해 우리는 철저한 자기성찰을 해야 할 것이며, 따라서 철학적 사유 — **인식론적 · 인간학적 · 실천철학적 · 형이상학적 사유** — 에 근거하여 역사의 문제를 근원에서부터 다시 고찰해야 함은 물론이다. 그래서 저자는 본 저술에서 한국 역사철학의 단초를, 특히 우리의 가장 오래된 관찬(官撰) 역사서와 사찬(私撰) 역사서인 『삼국사기』와 『삼국유사』를 바탕으로 하여, 역사인식과 역사의식의 문제를 철학적이고 비판적으로 다룸으로써 정립하고자 하였다.

저자는 이렇게 될 때 우리나라의 역사교육은 올바른 방향으로 나아갈수 있으리라고 생각한다. 모든 가치의 기준을 경제적 측면에 두고 있는 오늘날, 그리고 대학입시 과목에서 선택과목이 되면서 설자리를 잃어버린 역사교육은 방향을 전환해야 한다. 일방적인 주입식 교육방식에서 벗어나서, 그리고 학교라는 울타리 안에만 안주하려는 생각을 버리고, 자라나는 청소년뿐만 아니라 기성세대에도 **새로운 통일 역사관**을 심어주는 방향으로 교육방법과 내용을 바꾸어야 한다. 이것은 과거 사실의 진실성 탐구에만 매몰되어 있는 역사학만으로는 불가능하다. 역사의 진실성 탐구는 말하지 않아도 지극히 당연한 것이다. 저자는 오히려 역사교육은 평생교육이 되어야 한다는 생각을 가지고 있다. 역사 과목은 단순한 암기과목일 수가 없으며, 그렇게만 되어서는 더더욱 안 된다. 그러자

면 역사인식의 차원을 넘어서 역사의식을 일깨우는 **역사교육**이 되어야
할 필요성은 당연하다 하겠다.

　이제 한 권의 저서로 빛을 보게 된 저자의 생각은 2007년『철학의 눈
으로 본 민족사』를 출판하면서 준비되었던 것이다. 그로부터 6년의 시
간이 흐르고 있을 때, 저자는 2013년 한국연구원의 한국연구총서 연구
자로 선정됨으로써 저술을 위한 본격인 준비를 할 수 있게 되었다. 한국
연구원의 지원은 물론이지만, 무엇보다 한국연구원이 지속적으로 한국
연구총서를 발간하고 있다는 사실이 저자로서는 고맙기 그지없다. 꼭
저자가 아니더라도 많은 연구자가 우리 역사와 관련된 연구를 수행하고
결과물을 발표하여 우리나라의 위상을 드높이기를 희망해본다.

2015년 5월 31일

지은이 문성화

제1장

역사, 세계사, 민족사

1. 역사란 무엇인가?

우리나라의 국립국어원의 『표준국어대사전』에서는 역사를 "① 인류
사회의 변천과 흥망의 과정 또는 그 기록, ② 어떠한 사물이나 사실이 존
재해 온 연혁, ③ 자연현상이 변하여 온 자취"라고 정의하고 있다.[1] 이
정의에 따르면 인간의 행위와 그 결과뿐만 아니라 인간 이외의 사물이
나 자연현상의 변화와 그 결과도 역사에 포함된다. 하지만 사람들은 일
반적으로는 '역사란 무엇인가?'[2] 라는 물음에 대해 '인간 사회에서 일어

---

1 국립국어원, 『표준국어대사전』(http://stdweb2.korean.go.kr/main.jsp), 검색일 : 2014.4.14.
2 "역사라는 말의 어원은 그리스어의 $\iota\sigma\tau\sigma\rho\iota\alpha$에 근거한 조사, 탐구라는 뜻을 가진 낱말이
   다. 역사의 아버지라 일컬어지는 헤로도토스가 B. C. 5세기경 페르시아전쟁의 사실을
   후세 사람들에게 알리기 위하여 그가 직접 보고 느낀 것을 기록한 저술을 『헤로도토스
   의 탐구』라고 이름 붙인 데서 유래하였다. 헤로도토스는 이전의 산문 서술가들의 차원

난 사건들' 또는 '사건에 대한 기술(記述)'이라고 답을 하는데, 이러한 답이 틀린 것은 아니다.

하지만 인간의 삶에서는 수없이 많은 사건이 일어나고 있으며, 일어난 사건을 기술한 내용도, 동일한 사건임에도 불구하고 그것을 기술하는 사람들의 수만큼이나 천차만별이다. 예를 들어, 흔히 콜럼버스의 '신대륙 발견' — 실제로 선주민의 입장에서는 전혀 신대륙이 아니지만 — 이라는 용어로 기록된 사건은 선주민(인디언)의 입장에서는 '침략'으로 기록되어 있다. 우리나라의 현대사에서도 1961년 5월 16일에 일어난 군사정변에 대해, 그것을 일으킨 사람들은 이 사건을 지금도 여전히 '혁명'이라고 주장하고 있지만, 혁명[3]이라는 개념을 학문적으로 정의하고

에서 한 단계 벗어나 '사람들이 어떤 일들을 이루었는가'에 관한 진실을 밝히는 일을 그의 가장 중요한 임무로 간주하였다. 그리하여 그는 되도록이면 그의 서술에서 신화적·전설적인 요소를 배제하고 인간의 행동을 중심으로 전개되는 줄거리를 후세 사람들에게 전달하려고 노력하였다. (…중략…) 고대 그리스어에서 유래한 헤로도토스적인 의미를 지닌 역사 용어들(histoire, history, storia, Geschichte)은 각 나라와 시대를 거치는 과정에서 여러 가지 의미를 갖게 되었다. 사실의 발견과 상호관련적 서술의 종합적 의미를 가졌던 탐구는 그 의미가 축소되어 이야기, 설화, 사건, 기록 등과 같은 뜻을 갖게 되었다." 임희완, 『역사의 이해』, 건국대 출판부, 1994 참고(마르크 블로크, 고봉만 역, 『역사를 위한 변명』, 한길사, 2005, 44쪽 재인용).

3 "역사학계에서는 근·현대의 정치사에서 등장하는 혁명(revolution)과 우리나라 역사에서 고려와 조선의 창건을 이룩한 반란의 일종인 역성혁명(易姓革命)을 구별하고 있다. 그 까닭은, 왕이 덕을 잃어 백성으로부터 버림을 받고, 급기야는 다른 성씨(姓氏)를 가진 사람에 의해 이전의 왕조가 멸망하고 새로운 왕조가 건립되기 때문이다. 이러한 사건은, 전(前) 왕조가 천명(天命)을 다했기 때문에, 하늘(天)인 백성으로부터 버림을 받는 것이며, 새로이 왕조를 건립하는 사람도 천명(天命)에 따라 행하기 때문에, 이를 가리켜 혁명이라고 일컫는 다는 것이다. 따라서 역사학계에서는 이러한 사건을 역성혁명이라고 하며, revolution의 역어(譯語)로서의 혁명과는 다른 개념으로 취급한다. 그렇지만 실제적 사건의 전개과정에서, 소위 역성혁명의 선두에 나서서 새로운 왕조를 연 사람들은 언제나 당시의 권력자 가운데 한 사람이었으며, 그들은 권력 투쟁의 와중에서 자신들의 뜻이 관철되지 않을 때, 기존의 권력을 뒤집은 것이었다. 따라서 그들의 행동은 혁명이 아니

있는 것에 충실하게 따른다면, 그것은 '쿠데타'로 규정되어야 한다.

이러한 사실은 그 어떤 사건에 대한 기록도 객관성과 보편성을 확보하기가 어렵다는 점을 반증해주는 것이다. 사건의 기록은 문자로 이루어지는데, 그 내용이 인식론적으로 참이어야 한다. 그러나 그 기록도 참인 것으로 증명되기가 결코 쉽지는 않는데, 우리말에서는 더욱 그러하다. 예를 들어, '그는 그것을 했다'는 표현과 '그가 그것을 했다'는 표현은 절대 같은 의미가 아니다. 사람들은 이 두 표현을 여러 가지로 해석하고 이해할 수 있을 것이다. 따라서 기록된 (과거의) 역사는 이미 기록한 사람의 의지나 생각이 반영되어 있을 수밖에 없으며, 그 어떤 기록도 100% 객관적이지는 않다. 또한 이런 의미에서 보면 역사는 역사가에 의해서 선택된 역사라고 할 수 있으며, 바로 이 때문에 역사를 언제나 재해석하고 다시 쓰는 것은 당연한 일이다.

무수하게 많은 비슷한 가치를 지닐 수 있는 사건들 가운데 특정한 사건이 역사적 사실이 되는 까닭은 역사가가 특정한 사건을 기록으로 남기기 때문에 가능하다. 다시 말해서, 여러 사건 중에서 역사가가 어떤 특정한 사건을 기록으로 남기는 것은 어떤 역사가가 그 사건에 — 역사가가 의도하건 그렇지 않건 간에 — 이미 특정한 의미를 부여하는 행위와 다를 바가 없다. 하지만 실증주의 역사학의 대표적 인물인 랑케(L. v. Ranke, 1795~1886)는 "세계사의 큰 시련 속에서 역사가가 할 일은 심판을 준비하는 것이지, 심판을 선고하는 것은 아니다", "역사가는 자신을 숨기고

라 쿠데타로 규정되어야 옳을 것이다." 문성화, 『철학의 눈으로 본 민족사』, 계명대 출판부, 2007, 15쪽, 각주 2 참고

역사적 사실만을 말해야 한다"고 함으로써 역사의 객관성 확보가 가능하다는 실증주의 역사학을 주장하였다. 이러한 견해는 카(E. H. Carr, 1892~1982)의 "사실을 토대로 주관적으로 재구성한 것이 역사"라는 견해에 의하여 부정되고 비판받는다.[4] "한편으로 역사학이 무엇보다도 사실을 편견 없이 수집하고 정확히 입증하는 과제를 수행해야 함은 물론이다. 그러나 이와 함께 다른 한편으로 역사가에 의해 서술된 사실이 영구불변의 진리라고 단정될 수 없다는 점도 솔직히 인정되어야 한다."[5]

따라서 우리는 역사를 공부하기 이전에 무엇보다 역사가를 먼저 이해해야 하고, 그러기 위해서는 역사가의 생존 당시의 역사적 · 사회적 환경을 반드시 알아야만 된다. 특정 사건을 기록하여 남기는 행위는 그것을 기록하는 사람이 이미 그 시대의 아들[6]임을 고백하는 정신적 행위에 해당된다. 그리고 이 같은 기록행위는 어떻든 기록하는 사람이 무의식 중에라도 자신의 시대적인 상황을 고려할 수밖에 없는 가운데 행해지기 때문에, 100% 객관적인 역사는 존재할 수가 없다. 이와 같은 점을 충분히 염두에 두고 고려하는 가운데, 우리는 현재를 기점으로 과거를 돌아보아야 하고, 현재에서 과거를 재구성 해보아야 하며, 역사를 바탕으로

---

4   여기에 있는 랑케의 말과 카의 말은 'E. H. Carr, 진원숙 역주, 『역사란 무엇인가』, 계명대 출판부, 1997'에 의한 것임.

5   이기백 · 차하순 편, 『歷史란 무엇인가』, 문학과지성사, 1995(22쇄), iii쪽.

6   그렇기 때문에 절대적 관념론의 철학자인 헤겔(Hegel)마저도 역사와 현실을 부정하지 않으면서 다음과 같이 말하는 것이다. "모든 개인은 그 국민의 특정한 발전단계 위에 있는, 바로 그 국민의 아들들이다. 어느 누구도 자기가 딛고 선 이 대지를 뛰어넘을 수 없듯이, 또한 그는 자기 국민의 정신을 뛰어넘을 수도 없다." G. W. F. Hegel, *Die Vernunft in der Geschichte*, hrsg. v. Johannes Hoffmeister, 5. Aufl., Hamburg, 1955, S.95(임석진 역, 『역사 속의 이성』, 지식산업사, 1994, 140쪽).

미래를 열어가야만 된다.

『삼국사기(三國史記)』에도 『삼국유사(三國遺事)』에도 '역사란 무엇인가?'에 대한 설명이나 규정 또는 정의가 없다. 다만 역사를 의미하는 글자 '사(史)'가 『삼국사기』에는 207번, 『삼국유사』에는 74번 등장한다. 그나마도 대부분은 지명(地名)이나 관직 명칭에서 나타나거나 중국의 역사서, 이를테면 사기(史記)라는 명칭을 통해서 표기되어 있을 뿐이다.[7] 그렇다면 우리는 김부식과 일연이 역사를 어떻게 규정하고 있는 지를 『삼국사기』와 『삼국유사』의 내용을 통해서 유추하고 해석하여 이해할 수밖에 없을 것이다.

김부식은 「진삼국사기표(進三國史記表)」에서 다음과 같이 말하고 있다.

옛날 나뉘어진 나라에서도 각각 사관(史官)을 두어 일을 기록하였습니다. (…중략…) 이를 생각건대 해동 삼국은 그 지나온 연수가 길고 오래되어 마땅히 그 사실을 나라의 역사책[方策]에 드러내야 합니다. (…중략…) '지금의 학사, 대부(大夫)들은 5경(經)과 제자(諸子)의 글 및 진한(秦漢)【이래】 역대의 역사에는 혹 두루 통하여 상세히 말하는 자가 있어도 우리나라의 일에 대하여는 도리어 그 시말(始末)을 까마득히 알지 못하니 심히 한탄스러운 일이다. (…중략…) 또한 그 옛 기록[古記]은 표현이 거칠고 졸렬하며 사건의 기록이 빠진 것이 있으므로, 이로써 군주의 착하고 악함, 신하의

---

7   특히 『삼국사기』나 『삼국유사』 등의 역사서 원문에는 '논왈(論曰)'이라고 표기되어 있는 용어도 그 내용에 있어서는 역사가가 사서(史書)를 펴찬할 때 본 기사의 내용과 구별하여 자신의 견해를 밝히는 글이라고 하여 번역서에서는 '사론(史論)'이라고 쓰고 있는데, 이는 저자처럼 분석하려는 의도를 가진 사람에게는 혼란을 주기 때문에 연구자들은 주의해야 할 것이다.

충성됨과 사특함, 국가의 안전함과 위태로움, 백성의 다스려짐과 어지러움을 모두 펴서 드러내어 권하거나 징계할 수 없다. 그러므로 마땅히 세 가지의 뛰어난 재주[三長之才]를 가진 사람을 얻어 능히 체계 잡힌 역사를 이루어 만대에 전하여 빛내기를 해와 별처럼 하고자 한다.'[8]

여기서 김부식은 『삼국사기』 편찬을 명한 인종의 말을 빌려, 역사란 무엇인가에 대한 자신의 견해를 밝히고 있다. 이 견해에 따르면, 역사학의 근본이 되어야 할 '사실 그대로의 기록으로서 역사'를 강조하고 있다는 점을 알 수 있다. 하지만 그 기록이란 것도 단순히 어떤 특정한 사건을 나열하듯이 기록하는 것으로만 그쳐서는 안 된다고 하는 점도 김부식의 견해에는 분명하게 드러나고 있다. 더구나 당시 고려의 사관들도 본국의 역사에 대해서는 두루 상세히 알지도 못하면서 오히려 중국의 역사에 대해서는 더 잘 알고 있음을 개탄하면서, 인종은 김부식에게 『삼국사기』의 편찬을 명한 것이다.

그렇다면 인종과 김부식이 삼국의 역사를 새로이 편찬하면서 어떤 점에 중점을 두었을까? 이는 바로 위의 글에서 소상하게 잘 나타나 있다. 이 글에 따르면, 『삼국사기』 이전에도 많은 역사 기록이 있지만 기록되어야 할 내용이 누락된 경우가 많이 있어서 역사서로서의 가치를 다하지 못하고 있다는 점을 밝히고 있다. 따라서 김부식은, 인종의 말을 인용해서, 새로이 역사서를 편찬함으로써 역사가 왜 중요하고 그 내용은

8　『역주 삼국사기』 2, 80~81쪽. 인용문 내 『 』 속 단어는 역주자가 부가적으로 넣은 것이다. 이하 동일.

어떠해야 하는 지를 강조하려 한 것이다. 이에 따라서 보면, 역사서에 반드시 기록되어야 할 내용은 "군주의 착하고 악함, 신하의 충성됨과 사특함, 국가의 안전함과 위태로움, 백성의 다스려짐과 어지러움을 모두 펴서 권하거나 징계"함 등이 위주가 되어야 한다. 즉, 역사란 국가의 안정과 위태로움에 관련된 기록이어야 되는데, 그 중심에는 군주와 신하가 있지만 백성은 역사의 주인공이 아니라 그저 군주와 신하에 의해 지배받고 다스려져야 하는 존재에 불과한 것이다. 이러한 과정에서 발생하는 모든 사건들 가운데 국가와 군주 그리고 신하와 관련된 사건들을 기록해야 하는 것이 역사라는 말이다.

더구나 『삼국사기』는 왕명을 받들어 김부식이 중심이 되어 편찬한 관찬서(官撰書)이기 때문에, 이러한 관찬서의 내용이 어떠하리라는 것은 어렵지 않게 짐작할 수가 있다. 다시 말해서, 이러한 과정을 거쳐서 편찬된 역사서에서는 역사를 군주를 중심으로 해서 엮어 나갈 수밖에 없었을 것이다. 우리는 『삼국사기』의 내용을 보아도 이런 사실을 확인할 수가 있다.

『삼국사기』는 모두 50권으로 이루어져 있는데, 전반부 28권은 신라, 고구려, 백제의 「본기(本紀)」가 차지하고, 그 뒤로 「연표(年表)」와 「잡지(雜志)」, 「열전(列傳)」으로 구성되어 있다. 「본기」의 내용은 정치·천재지변·외교·전쟁 등으로 구분된다. 그러한 외형적인 분류 속에 담겨 있는 주제의식은 국가의 구성요소, 즉 왕과 신하 그리고 백성 삼자간의 행동규범에서 역사내용을 찾는 것이다. 국가를 구성하는 세 가지 요소 각각의 도리를 밝힘으로써 유교정치의 이상을 실현해 나가고자 하는 것이 역사서술의 목표였던 것이다. 특히 정치기사는 고대국가의 왕을 집중적으로 조명함으로써 고려시대의 왕권을 상징적으로 고양시킬 수가 있었다."[9] 한 마디로 말해서 『삼국사기』가 강조하려고 한 역사는 군주 중심의 역사, 더욱 엄밀하게 말하면 군주의 역사라고 해도 과언이 아니다.

『삼국유사』에도 『삼국사기』와 마찬가지로 역사에 대한 정의나 설명이 있는 것은 아니다. 그렇지만 우리는 『삼국유사』의 명칭과 더불어 「기이(紀異)」편의 내용을 통해서 일연이 역사를 어떻게 규정했는지를 유추해볼 수가 있다. 우선 『삼국유사』의 명칭을 살펴보면 '삼국'은 누구나 알고 있듯이 고구려, 백제, 신라를 가리키며, 『삼국유사』의 내용에서도 그렇게 나타나고 있다. 『삼국유사』는 모두 5권(卷)으로 되어있으며, 권과는 별도로 「왕력(王曆)」, 「기이(紀異)」, 「흥법(興法)」, 「탑상(塔像)」, 「의해(義解)」, 「신주(神呪)」, 「감통(感通)」, 「피은(避隱)」, 「효선(孝善)」 등 9편목의 내용으로 이루어져 있다. 이 내용에는 고조선을 필두로 하여 고구려, 백제, 신라의 건국신화뿐만 아니라 제왕들에 관련된 여러 기록을 비롯하여 백성들의 삶과 관련해서도 후세에 반드시 남겨야 된다고 생각한 것들을 일연은 될 수 있는 한 많이 기록하려고 하였다. 따라서 『삼국유사』가 의미하는 역사는, 『삼국사기』와 다르게, 인간이 살아가면서 겪는 사건들이 인간의 삶에 영향을 끼치는 것이라면 모두 역사의 대상이 되며, 이에 관한 기록이 바로 역사라는 것으로 정의될 수 있다.

이와 같은 까닭으로 일연은 '유사(遺事)'라는 명칭을 사용하고 내용도 그에 따라서 자신이 필요하다고 판단되는 것을 기록하였을 것이다. 이

---

9 이도남, 「『삼국사기』, 그 긍정론과 부정론」, 이범직·김기덕 편, 『한국인의 역사의식』, 청년사, 2004, 107~108쪽.

제 '유사'라는 명칭을 살펴보도록 하자. '遺'는 '남기다', (영향을) '끼치다' 등의 뜻을 지니고 있기 때문에, '유사'는 옛날 사람들의 언행과 그에 관련된 행적을 후세에 남겨서 어떤 영향을 끼치고자 하는 의미라는 것을 우리는 짐작할 수 있다. 바로 이러한 까닭으로 『삼국유사』가 비록 사찬서(私撰書)이기는 하지만 높은 가치를 지닌 것으로 평가받고 있기도 하다. 그렇다면 『삼국유사』의 저자인 일연은 후세들에게 무엇을 남기려고 했을까? 일연의 분명한 의도는 『삼국유사』 첫 머리에 나온다.

대체로 옛날 성인이 예악(禮樂)으로써 나라를 일으키고, 인의(仁義)로써 가르침을 베푸는 데 있어 괴이(怪異)와 용력(勇力)과 패란(悖亂)과 귀신은 말하지 않는 일이었다. 그러나 제왕(帝王)이 장차 일어날 때는 부명(符命)과 도록(圖錄)을 받게 되므로, 반드시 남보다 다른 일이 있었다. 그래야만 능히 큰 변화를 타서 제왕의 지위를 얻고 큰 일을 이룰 수 있는 것이다. 그런 까닭으로 하수(河水)에서 그림이 나오고, 낙수(洛水)에서 글(書)이 나옴으로써 성인이 일어났던 것이다. 무지개가 신모(神母)를 둘러서 복희(伏羲)를 낳았고, 용이 여등(女登)에게 교감(交感)하여 염제(炎帝)를 낳았으며, 황아(皇娥)가 궁상(窮桑) 들에서 놀 때, 스스로 백제(白帝)의 아들이라 한 신동(神童)이 황아와 사귀어 소호(少昊)를 낳았고, 간적(簡狄)은 알(卵)을 삼켜 설(契)을 낳았으며, 강원(姜嫄)은 【거인의】 발자취를 밟아 기(弃)를 낳았고 【요의 어머니는】 잉태한 지 14개월만에 요(堯)를 낳았으며, 【패공의 어머니는】 용과 큰 못에서 교접하여 【한나라 고조】 패공(沛公)을 낳았던 것이다. 이 후의 일은 어찌 다 기록할 수 있으랴! 그렇다면 삼국(三國)의 시조가 모두 신비스러운 데서 탄생했다는 것이 무엇이 괴이하랴. 이것이 이 책 첫 머리에

기이편(紀異篇)이 실린 까닭이며, 그 의도도 여기에 있는 것이다.[10]

　　일연의 말처럼 「기이(紀異)」 편은 나라가 건국될 때 일어난 신이(神異)한 사건과 현상들을 기록한 것이지 괴이(怪異)한 사건들을 기록한 게 아니다. 그것을 일연은 중국의 예를 들면서 우리나라에서도 전해져 내려오는 것들을 내용으로 기록하였으며, 그 출발점이 고조선이라는 사실을 밝히고 있는 것이다. 물론 신이한 사건들은 설화 또는 신화적인 내용들이며, 설화나 신화가 역사적 사실이 아닌 것은 분명하다. 하지만 세계에서 역사가 오래된 나라 또는 민족들의 역사를 보면 예외 없이 시초에는 설화나 신화적인 내용으로 역사의 출발을 알리고 있다. 그 까닭은 무엇때문일까? 그것은 설화나 신화가 내용적이고 장르적인 의미에서 그 자체에만 매몰되는 것이 아니라 설화나 신화가 형성될 당시 사람들의 삶과 의식 또는 정신적 측면들을 반영하고 있기 때문이다. 일연은 바로 이러한 것을 후세에 남김으로써 역사적 정신을 계승하기를 원했던 것이다. 이에 대한 구체적인 내용은 나중에 자세하게 살펴보도록 하겠다.

10　『삼국유사』, 69~70쪽.

2. 세계사란 무엇인가?

위에서 살펴본 것처럼, 김부식도 일연도 '역사란 무엇인가?'에 대해 정의를 내리거나 규정조차 하지 않고 있는데, 하물며 '세계사란 무엇인가?'에 대해서는 말할 것도 없다. 그렇지만 저자는 『삼국사기』와 『삼국유사』의 역사인식과 역사의식을 제대로 고찰해보기 위해서는 한편으로 김부식과 일연 당시의 '세계'에 대한 생각을 유추해보고, 다른 한편으로는 우리가 살아가고 있는 이 시대에 다시 한 번 '세계사란 무엇인가?'를 명확하게 규정할 필요가 있다고 생각한다.

역사는 일기와 같은 것이다. (…중략…) 그런데 일기에는 하루 일과를 모두 적지 않는다. 기억에 남는 이야기, 기억해야 할 이야기를 적는다. (…중략…) 역사도 사회에서 벌어진 일들을 모두 다 쓰지 않는다. 다만, 중요한 일들이 어떻게 벌어지고 이어지는지를 좀 더 차분하고 치밀하게 적어 나갈 뿐이다. 그렇다면 어떤 일이 중요한지, 원인은 뭐고 결과는 뭔지는 누가 따질까? 그건 역사가가 하는 일이다. 역사가는 여러 자료를 살펴보면서 앞뒤가 어떻게 연결되는지, 그로 말미암아 사람들의 생활과 모습은 얼마나 달라졌는지도 저울질해 본다. (…중략…) 역사의 참된 뜻은 어제의 사실을 그저 지난 일이나 흥미 있는 이야깃거리쯤으로 흘려보내지 않고, 오늘의 교훈으로 삼고 내일을 설계하는 디딤돌로 만드는 데 있다. 이 과정에서 여기저기 널려 있는 사실들을 촘촘히 연결하고 다듬어서 우리 삶에 보석 같은 가르침으로 만드는 것이 역사가의 몫이다.[11]

"위의 글은 현재 우리나라에서 사용되고 있는 역사교과서 가운데 하나에서 정의하고 있는 역사이다. 비록 역사가 과거의 사건 또는 사건의 기록일지라도, 역사는 현재 그리고 미래와 아무런 관련이 없을 수가 없다는 말이다. 또한 현재 그리고 미래의 디딤돌로서는 어떤 역사적 사건이 교훈적일 수 있는가를 탐구하는 작업이 역사가의 몫이라고 강조하고 있다."[12] 그런데 위의 인용문에 따라서 보면, 모든 사건이 역사로 기록될 수는 없기 때문에, 기록을 위한 사건의 선별에서부터 우리는 기록자의 주관이 개입될 수밖에 없다는 것을 쉽게 알 수 있다. 그리고 이미 기록된 역사를 통해서 후세의 사람들은 사건 자체를 다루는 것이 아니라 사건의 역사적 의미를 되새긴다는 점을 부정할 수가 없다. 이때의 사건들이 국내적인 것일 수도 있겠지만, 다른 나라 또는 다른 민족과의 관계에서도 사건들은 수도 없이 일어나고 있으며, 따라서 이러한 연관성에서 역사 고찰의 범위를 가장 크게 넓힐 때 우리는 '세계사'라는 용어를 사용하게 된다.

　그렇다면 '세계'란 과연 무엇인가? 자연적으로는 지구 전체를 의미할 수도 있을 것이고, 사회적으로는 지구상에서 사람이 사는 모든 곳이라고 할 수도 있을 것이지만, 각 민족과 국가의 총합을 '세계'라고 해야 할 것이다. 세계는 각각의 민족과 국가[13]를 외연적으로 포괄한다. 외연적으로 세계라는 유(類)개념 안에서 종(種)개념의 위치에 있는 각각의 민

11　전국역사교사모임, 『살아있는 한국사 교과서』 1, 휴머니스트, 2002, 15쪽.
12　문성화, 『철학의 눈으로 본 민족사』, 23쪽.
13　저자는 '나라'와 '국가'를 혼용해서 쓰고 있는데, 이 글에서는 모두 같은 의미이다. 다만 문장 안에서 표현상 어떤 낱말이 더 자연스러운지를 고려해서 각각 다르게 쓰고 있음을 밝혀둔다.

족이나 국가는 서로에 대하여 우월하거나 열등한 지위를 갖는 게 아니라 모두가 동등한 지위를 차지하고 있다. 하지만 이와 같은 설명은 오로지 명목상으로만 인정되는 것이지 실제로는 전혀 그렇지가 않다. 현실에서 각각의 민족이나 국가는 자신의 민족이나 국가가 지구상에서, 즉 세계에서 으뜸이 되기를 원한다. 정치·군사·경제·사회·문화·외교 등 그 어떤 분야에서건 다른 나라나 민족과 비교했을 때 뒤처져 있다고 생각하는 민족이나 나라는 앞선 민족과 나라를 따라잡거나 추월하기 위해 애쓰며, 이미 앞서가고 있다고 생각하는 나라와 민족도 더욱 앞서가기 위해서 노력을 배가 하는 것도 사실이다. 그렇기 때문에 '세계'는 각각의 민족이나 나라에게 때로는 긍정적으로 작용하기도 하지만 부정적으로 작용하기도 한다. 다시 말해서, 발전을 가능하게 한다는 측면에서는 긍정적으로 작용하겠지만, 발전의 과정과 결과에서 대내·외적으로 얼마든지 부정적인 과정과 결과를 낳을 수도 있기 때문이다.

그렇다면 김부식과 일연에게는 어떻게 비춰진 게 '세계'였을까? 이들이 세계라는 용어를 사용한 것은 물론 아니다. 여기서 우리가 분명히 해야 할 사실은 김부식과 일연이 『삼국사기』와 『삼국유사』를 편찬하고 집필할 당시의 연대가 언제인지 그리고 대내·외적으로 고려(高麗)의 상황이 어떠했는지를 반드시 알아야만 된다는 점이다. 이에 앞서 우선 저자는 위에서 인용한 바 있는 「진삼국사기표」와 「기이」 편의 내용을 상기하면서 논의를 전개하고자 한다.

「진삼국사기표」에서 김부식은 당시 고려의 사관들이 중국의 역사에는 능통하지만 삼국을 비롯하여 고려의 역사에는 그렇지 못함에 대해서 통탄하고 있다. 뿐만 아니라 당시에 남아있는 기록조차도 표현이 거칠고 졸렬하기 짝이 없어서 삼국의 역사를 새로이 써야하는 당위성이 있다고 강조하고 있다. 이 내용을 보면 김부식이 중국에 비해 상대적으로 허술한 우리의 역사 기록과 역사를 기록하는 사관들의 의식을 문제 삼는 것으로 보인다. 물론 한편으로 이러한 평가가 틀린 것은 아닐지도 모른다.

그런데 당시의 사관들이 어찌하여 이러한 의식을 갖게 되었을까? 김부식이 『삼국사기』를 편찬할 당시에도, 그리고 그 이전의 삼국시대에도 그리고 그 이후에도 특정한 시기를 제외하고는 우리나라가 중국의 속국처럼 지내온 것은 사실이며, 바로 이러한 사실을 역사가 증명해주고 있다. 문제는 우리나라가 중국의 속국처럼 지내왔다는 사실보다도, 즉 그것은 현실적 국력의 차이 때문에 어쩔 수 없었다고 하더라도, 사관들이 우리의 민족사를 폄하하여 보잘 것 없는 것으로 간주하고 중국의 역사를 대국(大國)의 역사로서 상대적으로 높이 평가함으로써 자연스럽게 사대주의 사관으로 흐르게 되었다는 점이다. 또한 이럼으로써 중국 자체가 우리의 사관들에 의해서 세계와 동등한 지위를 갖게 되었다는 점도 매우 중요하다. 김부식의 말처럼, 당시의 사관들이 중국의 역사에는 능통했지만 우리의 역사에는 그렇지 못한 까닭이 바로 이와 같았기 때문에, 중국의 역사는 곧 세계의 역사요, 세계사는 곧 중국사라는 의식이 만연할 수밖에 없을 것이고, 이런 점을 인종과 김부식은 바로 잡기를 원했던 것이다.

하지만 김부식도 결국 우리의 역사, 즉 민족사의 기틀을 잡지는 못하였다. 이것은 『삼국사기』의 내용을 분석해보면 알 수가 있다. 『삼국사기』는 「본기(本紀)」 28권, 「연표(年表)」 3권, 「잡지(雜志)」 9권, 「열전(列

傳)」 10권으로 되어 있는데, 고구려, 백제, 신라의 역사를 기록한 「본기」의 내용을 보면 크게 정치와 천재지변 그리고 전쟁과 외교 관련 기록으로 나누어 볼 수 있다.[14] 이 가운데 외교 관련 내용은 삼국 평균 18.1%를 차지하며, 내용의 대부분은 중국에 대한 조공(朝貢), 진하(進賀), 사은(謝恩), 인질(人質), 구법사(求法使), 청병(請兵), 사죄(謝罪) 등, 그리고 중국의 삼국에 대한 책봉(冊封), 회사(回賜), 조위(吊慰), 책망(責望) 등의 관련 기사로 이루어져 있다. 비록 『삼국사기』가 이전의 여러 역사서에 기록되어 있는 내용들이고, 이것을 다시 정리하고 편찬하여 『삼국사기』에 기록한 내용이기는 하지만, 이러한 외교 용어들 자체가 이미 중국이라는 종주국과 삼국이 속국이라는 관계를 인정한다는 바탕 위에서만 사용할 수 있다는 사실이 중요하다. 엄밀하게 말하자면, 당시 '세계'의 의미는 지리적 또는 사회적 의미라기보다는 정치적이고 외교적인 측면에서 이해를 해야만 한다. 따라서 김부식에게 세계는 중국이요 중국은 곧 세계였던 것이다.

『삼국유사』에서는 세계가 어떻게 그려지고 있을까? 『삼국유사』에서는 「기이」 편의 내용에 주목해야 한다.

『위서(魏書)』에 이런 말이 있다. 지금으로부터 이천 년 전에 단군(壇君) 왕검(王儉)이 계셔 아사달(阿斯達)에 도읍을 정하고 새로 나라를 세워 조선이라 불렀는데 요(堯)와 같은 때였다고 한다.[15]

---

14 이에 관한 상세한 연구는 '신형식, 『삼국사기의 종합적 연구』, 경인문화사, 2011'을 참고하기 바라며, 저자도 『삼국사기』 「본기」의 내용에 대해서는 신형식의 자료를 바탕으로 집필했음을 밝혀둔다.

여기서 일연이 인용한 『위서』가 구체적으로 정확하게 어떤 자료인지에 대해서는 현재 전해지지 않는 까닭으로 논란이 많지만, 중요한 점은 단군왕검의 조선 건국이 고대 중국의 전설상의 성제(聖帝)로 칭해지는 요(堯) 임금과 같은 시기였다는 사실이다. 우리의 삼국시대에도, 김부식이 『삼국사기』를 편찬할 시기에도 그리고 일연이 『삼국유사』를 집필하던 시기에도 중국은 우리나라의 역대 나라들보다 분명히 강력한 힘을 가지고 있었으며, 특히 일연 당시에는 세계 제국을 건설할 만큼 최강의 국력을 보유한 원나라가 고려를 짓밟고 있었다. 그런데도 일연은 『삼국유사』의 첫 머리에 위와 같은 내용을 기록하고 있다. 이것은 매우 중요한 의미를 가지고 있다. 지구상에 수많은 나라가 있어도 당시에는 종주국과 같은 의미를 지니는 최강의 나라 하나가 결국 세계와 같은 뜻으로 받아들여졌을 것이다. 하나의 제국이 세계 전체를 지배한다면, 이때 그 제국은 세계 전체와 다를 바가 없다는 뜻이다. 이런 제국의 침략과 지배를 받는 고려에서 일연은 우리 역사의 단초를 중국과 동등선상으로 보고 있으며, 따라서 저자는 일연이 우리나라의 역사를 중국의 역사와 대등한 가치를 지닌 것으로 간주했다고 평가한다.

바로 이러한 까닭으로 우리는 김부식과 일연에게 오늘날과 같은 의미에서의 '세계사란 무엇인가?'라는 물음을 던져서는 안 된다. 과거에도 그랬고 오늘날에도 여전히 하나의 이념을 바탕으로 한 세계사는 존재하지 않으며, 앞으로도 존재하지 않을 것이다. 진정으로 세계사라면 하나의 이념을 바탕으로 하나의 이념을 완성하기 위해서 세계 전체가 오직

---

15 『삼국유사』, 71~72쪽.

하나의 목표를 향해서 나아가야만 한다. 이것은 이론적으로는 가능할지라도 현실적으로는 불가능하다. 엄밀하게 보면, 이론이 아무리 훌륭하더라도 현실이 그렇게 움직인 적은 단 한 번도 없다.

'이념'이란 형이상학적 의미로써 현실을 움직이게 하는 실제적인 동력인데, 지금까지 인류의 모든 역사에서 오직 단 하나의 이념만이 현실을 이끈 적은 한 번도 없었으며, 앞으로도 그럴 것이다. 말하자면 세계사를 이끄는 하나의 이념도 존재하지 않으며, 하나의 이념을 바탕으로 하는 보편적 세계사도 존재할 수 없다는 말이다. "그런데 지금까지 보편적 세계사를 주장한 사람들의 사상을 검토해 보면, 우리는 그것이 민족사에 불과하다는 것을 어렵지 않게 알 수 있다. 역사학의 보편성 또는 보편적 세계사를 강조하고 주장한, 소위 유명한 이론가들의 사상을 면밀하게 고찰해 보면, 그들은 자신들의 민족을 제일 상위에 내세우고, 자신들의 민족이나 국가가 세계의 지도적 위치에 있을 수밖에 없는 당위성을 합리화하기 위하여, 민족사가 아닌 **세계사**라는 용어를 사용하고 있음이 발견된다. 그렇기 때문에 그들이 내세우는 세계사는 진정한 의미에서 그리고 엄밀한 의미에서 보편적 세계사가 될 수 없다."[16]

---

16 "헤겔(*Die Vernunft in der Geschichte*), 랑케(*Weltgeschichte*, 9 Bd.), 카(*What ist History?*), 콜링우드(*Essays in the philosophy of History*), 토인비(*A Study of History*), 맑스(*Karl Marx und Friedrich Engels Werke*), 야스퍼스(*Vom Ursprung und Ziel der Geschichte*), 신채효(『조선상고사』 외), 이병도(『한국사의 이해』 외), 이기백(『한국사 신론』 외), 강만길(『분단시대의 역사인식』 외)과 같은 모든 역사가들이 이 범주에 속한다고 할 수 있다." 문성화, 『철학의 눈으로 본 민족사』, 27쪽 각주 8.

3. 민족사란 무엇인가?

그렇다면 지금까지 '세계사'라는 용어를 고집스럽게 사용하는 사람들은 무엇 때문일까? 물론 세계사가 있을 수는 있다. 하지만 백보를 양보하더라도, 하나의 이념을 바탕으로 하는 세계사는 존재하지 않는다. 이것은 이론과 실제의 차이이다. 여기서 보편적 세계사를 주장하는 대표적인 철학자 헤겔과 대표적인 민족주의 역사학자 신채호의 말을 들어보자.

세계사는 자유의 의식 속에서의 진보이며 — 바로 이 진보를 우리는 그의 필연성 속에서 인식해야만 한다.[17]

역사란 무엇이뇨. 인류사회의 '아(我)'와 '비아(非我)'의 투쟁이 시간부터 발전하며 공간부터 확대하는 심적 활동의 상태의 기록이니, 세계사라하면 세계인류의 그리 되어 온 상태의 기록이며, 조선사라면 조선민족의 그리 되어 온 상태의 기록이니라.[18]

---

17 "Die Weltgeschichte ist der Fortschritt im Bewußtsein der Freiheit, — ein Fortschritt, den wir in seiner Notwendigkeit zu erkennen haben." G. W. F. Hegel, *Die Vernunft in der Geschichte*, hrsg. v. Johannes Hoffmeister, 5. Aufl., Hamburg, 1955, S.63(임석진 역, 『역사 속의 이성』, 96쪽).
18 신채호, 「『朝鮮上古史』 總論」, 단재신채호선생기념사업회, 『丹齋申采浩全集』 상권, 형설출판사, 1995(개정 5쇄), 31쪽.

헤겔은 '자유의식의 진보'를 역사의 원리로 설정하고 그에 따라서 역사, 특히 세계사를 고찰하였다. 그 결과 헤겔은 자유의식이 세계사의 시간적 진행과정에 따라서 공간적으로 확대되었다고 주장한다. 하지만 그의 주장에는 많은 무리가 따르고 있다. 왜냐하면 그는 역사의 단초, 즉 자유의식의 단초는 고대 중국과 인도를 대표로 하는 아시아에서 발단되는데, 이 의식이 시간의 경과에 따라 고대 그리스와 로마 세계로 이행해 가며, 종국에 가서는 1789년 프랑스혁명 이후 게르만과 기독교 세계에서 완성을 이루었다고 주장하기 때문이다. 더 정확하게 말하면, 자유의식이 시간의 경과에 따라 공간적으로 확대되기 위해서는 고대 동양에서 고대 그리스와 로마 그리고 근대 게르만 세계로 이동해 갈 것이 아니라 고대 중국과 인도를 원(圓)의 중심으로 하여 자유의식이 반경을 확대해 나가야 할 것인데도 헤겔이 실제로 주장한 것은 공간적인 이행에 불과하기 때문이다. 그러므로 우리는 이를 통해서도 보편적 세계사를 주장하는 사람들의 이론과 실제에 있어서의 커다란 차이를 알 수 있게 된다. 물론 저자는 헤겔의 사상이 보편적 세계사를 주장하는 것에 대한 유일한 대표자라고 주장하는 것은 아니다. 다만 역사는 실제의 사건, 즉 현실을 바탕으로 해야 하기 때문에 보편적 세계사를 주장하고 강조하는 사람들의 이론과 실제 현실을 비교해보면 그러한 주장이 얼마나 비현실적인가를 잘 알 수 있다는 점을 강조하고자 함이다.

이에 반해 신채호는 (지극히 당연한 것이지만) 철저하게 현실에 바탕을 둔 역사의 원리를 제시한다. 그가 제시하는 '아(我)와 비아(非我)의 투쟁'에서는 우리 민족만이 아에 해당하는 것은 아니다. 모든 민족은 저마다 각각 상대적으로 아의 단위이며 다른 민족은 비아가 되는 것이다. 이로써 보면 각각의 민족은 모두 아이면서 동시에 비아이다. 그런데 아는 비아가 없이는 존재할 수가 없으며, 비아 역시 자신의 입장에서 다른 비아가 없이는 스스로가 아가 될 수 없다. 따라서 신채호가 비록 역사의 원리를 아와 비아의 투쟁이라고 규정했지만, 이는 역사에서 오로지 투쟁만을 목표로 한다는 뜻이 아니라 사실은 아와 비아의 공존을 강조한 것이었다. 그런데 문제는 현실은 그렇게 서로에게 득이 되는 공존을 추구하지 않았다는 점에 있다. 사회적 존재인 사람들은 다른 사람들과 공존할 수밖에 없다는 사실과, 공존하지 않으면 안 된다는 사실을 알고는 있지만, 누구나 사회 안에서 다른 사람들보다는 더 나은 삶을 살거나 더 뛰어난 사람이 되고 싶어 하는 욕망을 가진 존재이다. 이러한 개인이 모여서 형성된 국가 또는 민족도 예외가 아니다. 그렇기 때문에 보편적 세계사를 주장하건 민족사를 주장하건 간에 인류가 살아가는 지구상에는 언제나 주도적인 힘을 가진 국가나 민족이 존재해왔다. 때로는 서로 엇비슷한 힘을 가진 국가나 민족들이 존재하기도 했지만, 그런 시기는 잠시뿐이었고, 결국에는 주도권을 움켜쥔 국가나 민족이 등장하였다. 한 마디로 말하자면, 결국에 모든 역사는 민족사를 중심으로 진행될 수밖에 없다는 말이다. 이러한 명백한 역사적 현실의 원리를 신채호는 아와 비아의 투쟁이라고 말했던 것이다.

여기서 매우 주의해야 할 사항이 하나 있다. 흔히 '민족사'라고 하면 '민족주의'를 떠올리기 쉬울 것이다. 그런데 흔히 쉽게 떠올리는 민족주의는 정의를 내리기가 결코 쉽지가 않다. 그런데도 불구하고 많은 사람들이 이에 대해 가지고 있는 편견 가운데 대표적인 것은 '민족주의는 국수적이거나 배타적이다'라고 생각한다는 점이다. 다음의 견해를 살펴보자.

민족주의는 무엇보다도 하나의 정신 상태요 의식적인 행동으로서, 그것은 프랑스혁명 이후 점점 인류에 공통적인 것이 되었다. 인간의 정신생활은 자아의식에 못지않게 집단의식에 의해 지배받는다. (…중략…) 집단의식은 결코 배타적이지 아니다. 인간은 동시에 서로 다른 집단의 구성원이 된다. (…중략…) 인간은 자신의 소속집단들에 대한 충성이 충돌하는 경우에는 바로 이 최고의 집단의식에 최고의 충성을 바친다. (…중략…) 집단의 성원들에 대한 교육은 온통 공통적인 태도와 공통적인 행동을 위한 공동의 정신적 준비태세를 지향하고 있다. (…중략…) 민족주의와 민족적 분파주의의 이러한 성장은 국제관계와 무역과 통신수단이 과거 어느 때보다 더 발달하고 있을 바로 그때 일어났고 (…중략…) 민족이란 사회의 역사적 산물이다. (…중략…) 민족은 역사의 살아 있는 힘의 산물이고 그렇기 때문에 항상 변동하는 것이며 결코 고정되어 있지 않다. 민족은 그 기원이 대단히 최근인 집단이고 따라서 극히 복잡한 집단이다.[19]

위의 글에서 볼 수 있는 것처럼 집단의식이나 분파주의적 특성 때문에 민족주의가 배타적 또는 국수적이라고 비판을 받는다는 것은 맞는 말이다. 엄밀하게 살펴보면, 민족주의라는 개념이나 그에 따른 특성 등이 등장한 것은 근대 서구제국주의가 다른 민족과 국가를 식민지화하기 시작하면서부터였다는 사실을 학자라면 누구나 잘 알고 있을 것이다. 즉, 서구제국주의가 자신들의 민족적, 국가적 이익을 위해서 민족주의

---

19 한스 콘, 박순식 역, 「민족주의 개념」, 백낙청 편, 『民族主義란 무엇인가』, 창작과비평사, 1991, 26~30쪽.

에 바탕을 둔 충성과 배타성을 먼저 강요하고 이용하기 시작했다는 말이며, 그들에 의해 식민지 지배를 받던 민족이나 국가는 뒤 늦게 역사에서 민족주의의 중요성을 알게 되었다는 뜻이다. 식민지 피지배 민족이나 국가는 생존을 위해서라도 민족주의에 바탕을 두고 단결을 하지 않을 수 없었다는 말이다. 이와 같은 역사적 현상을 두고 결코 배타적이라거나 국수적이라고 할 수는 없을 터이다.

　다르게 말하자면, 역사는 예나 지금이나 여전히 힘의 우열에 따라서 움직여나가고 있으며, 힘이 우월한 쪽은 그 힘을 더욱 키워나가기를 원하고, 힘이 약한 쪽은 자신들을 지배하는 힘으로부터 어떻게든 벗어나기 위해서 힘을 키우고자 한다. 이를 위해서 조금이라도 도움이 된다면 그것이 국수적이든 배타적이든 간에 역사의 추진동력으로 채택할 수밖에 없음은 당연한 이치이다. 만일 그렇지 않다면 피지배 민족이나 국가는 역사의 무대에서 영원히 사라질 수도 있을 것이기 때문에, 더 나아가서 지구상에서 영원히 멸족될 수도 있을 것이 때문에 민족주의의 배타성이나 국수적인 특성을 무조건 비판만해서는 안 될 일이다. 저자가 글을 쓰고 있는 지금 이 순간에도 힘의 우열에 따른 세계의 주도권 경쟁은 계속되고 있는 게 현실인데, 자신들의 이익을 최우선시 하지 않는 민족이나 국가가 어디 있겠는가? 그렇다고 해서 저자가 이와 같이 주장함으로써 상대적으로 우월한 힘의 논리에 바탕을 두고 다른 민족이나 국가에 대해 지배권을 행사해도 된다는 의미는 결코 아니라는 사실을 명심해야 한다. 오히려 저자는 현실성이 전혀 없는 이념에 사로잡혀서 구체적 현실의 상황을 도외시해서는 안 된다는 점을 강조하려는 것이다.

제2장

역사인식의 문제

1. 역사의 시간성 – 통시적(通時的) 역사

시간이란 본래 연속적이며, 그와 동시에 끊임없이 변화하는 것이다. 시간이 갖는 이 두 가지 특질의 대립에서 역사 연구의 중요한 문제들이 생겨난다. 시간이라는 것은 역사가들의 존재이유가 되기도 한다. 역사 연구는 곧 계속 흘러가는 연대 가운데서 크게 두 부분으로 구분될 수 있다. 시간의 추이에 따라 이 두 부분 사이에 설정된 관련성이 시간 자체의 경과에서 생기는 차이보다도 어떤 때는 많아지고 어떤 때는 적어지기도 한다. 가령 우리는 가장 최근의 것을 이해하기 위해서 가장 오래된 사물에 관한 인식이 어느 정도는 필요하다고 생각하기도 하고 불필요하다고 생각하기도 한다.[1]

---

1 마르크 블로크, 고봉만 역, 『역사를 위한 변명』, 한길사, 2005, 53쪽.

'시간'은 '공간'과 더불어 인간뿐만 아니라 현실 속에서 살아 움직이는 모든 것의 존재근거가 되는 궁극적 지평(Horizont)이다. 시간은 본래가 지속이며 단절이 아니지만, 인간이 시간 속에서의 여러 현상을 법칙적으로 해명하기 위하여 시간을 인위적으로 분할하고 있다. 시간을 인위적으로 구분하는 용어인 과거, 현재, 미래는 사실 인간에게만 해당되는 것이지 시간 자체와는 아무런 관련이 없다. 시간은 지속이고 연속일 뿐이다. 별것 아닐 것 같이 보이는 이러한 특성은 시간에만 해당되지 공간에는 해당되지 않는다. 한 순간도 일정한 시점에 머물러 있지 않는 지속과 연속은 살아 있고 또 살아 움직인다는 의미이다.

　앞서 말한, 시간이 인간의 존재근거라는 말의 의미는 인간이 없이는, 더욱 정확하게는, 살아 움직이면서 생동하는 인간이 없이는 시간 자체가 아무런 의미가 없다는 뜻이다. '시간이란 무엇인가?'라고 묻는 인간은 생동하는 존재이며, 생동하는 인간은 끊임없이 미래를 향해 나아가는 존재이다. 그렇기 때문에 우리는 운동이 배제된 시간을 가정할 수 없을 뿐만 아니라, 이렇게 규정을 내리는 인간을 배제해버리면 시간 역시도 의미가 없어진다. 이러한 의미로서 존재하는 사건이 바로 '역사'이다. "역사는 이미 과거의 것을 의미하기 때문에 현재의 사실(事實)이 아님을 말해주지만, 과거와 단절된 현재는 더 이상 현재라고 할 수가 없다. 역사는 과거의 사실(史實)을 말하지만 때로는 현재와 미래까지도 포괄하기에, 바로 역사이다. 이것은 역사의 연속성에 다름 아니다. 과거의 시간 속에서 운동을 거듭해온 것은 역사적 사건이기 이전에 인간 자체 또는 인간의 사건이며, 인간을 한 마디로 규정지을 수 없다면 우리는 시간역시 무엇이라고 정의할 수 없다."[2]

우리 인간이 단순히 시간만을 말하지 않고 역사를 말하는 까닭은, 시간이라는 연속적인 흐름 속에 살면서도 역사 또는 역사적 사건이라는 '시간의 단절성'을 통해서 자신과 자신이 속한 집단의 흔적을 '내면화'하여 영원히 '기억'함으로써, 이를 바탕으로 현재보다 더 나은 미래를 선취하기 때문이다. 역사적 사건은 자연적인 시간의 흐름 속에서는 과거의 일로 지나가버리지만, 그것이 영원히 기억되는 이유는 역사가 흐르는 시간을 단절시키고 초월적인 의미를 획득하기 때문이다. 이처럼 역사적 시간은 '초월성'을 특성으로 가지며, 이때 역사적 사건은 과거의 사건으로 지나가버리고만 것이 아니라, 현재에도 여전히 살아 움직이는 사건으로 남아서 미래에도 지속적으로 영향을 미치는 '현재적 사건'으로 역사 속에 자리를 잡는다.

우리는 인간을 정의함에 있어서 흔히 이성, 즉 정신적 존재라고 하는데, 그렇다고 해서 인간에게서 육체가 분리되지는 않는다. 오히려 살아 움직이는 생동적이고 역동적인 존재로서의 인간은 육체와 정신이 삶 속에서 하나로 통일된 상태로 있을 때에야 비로소 온전한 인간이 된다. 이와 마찬가지로 역사도 온전한 역사가 되기 위해서는 역사적 사건이 과거의 사건으로서는 이미 지나간 일에 해당되지만, 그것이 현재와 미래에도 여전히 어떤 식으로든 영향을 끼치고 있다면 여전히 살아 움직이는 생동적인 사건이 되며, 이렇게 특정한 역사적 사건이 과거와 현재 그리고 미래를 하나로 연결시킬 때 온전한 의미를 획득하게 된다. 과거는 이미 **존재**하지 않고, 또한 미래는 아직 **존재**하지 않는 것"[3]이며, 그

---

2   문성화, 『철학의 눈으로 본 민족사』, 39쪽.

가운데에 있는 현재 또한 지속적인 흐름을 속성으로 하는 까닭에 도대체 존재하는 것은 아무것도 없다고 할는지 모른다. 하지만 역사적 사건은 단순히 과거의 사건으로만 머물러버리는 것이 아니라 현재와 미래에도 여전히 계속되는 사건이기 때문에, 과거의 역사적 사건이라면 그것이 "이렇게 무엇이든 간에 또한 어디에 있든지 간에 과거와 미래는 다만 현재로서만 **존재한다.**"[4] 그러한 역사적 사건은 역사적 기록으로만 남아 있는 것이 아니라 인간의 집단적 기억 속에서도 지속된다. 이것을 저자는 '역사의식'이라고 부르며, 역사의식은 과거의 사건에 대한 '인식'을 바탕으로 해서 성립하기 때문에, '역사인식'은 과거의 현재화이고 '역사의식'은 과거뿐만 아니라 미래의 현재화라고 할 수 있다.

역사를 대상으로 하면서 시간을 논하는 까닭은 역사를 "의식하는 현존재(現存在, 인간 ─ 인용자)만이 자기의 시간을 파악하고 이용할 수 있는 동시에 시간에 묶여져 있던가, 혹은 시간으로부터 자유로운가라고 하는 경험"[5]을 할 수 있기 때문이다. 다시 말해서, 역사를 논하는 자는 과거에 대한 역사인식에만 묶여 있을 것이 아니라 아직 오지 않은 미래를 현재의 시점에서 과거를 바탕으로 선취하지 않으면 안 될 것이기 때문이다. 그러므로 역사에 대한 올바른 의식은 현재를 매개로 하여 과거와 미래를 연결시키는 것이며, 지나가버린 과거가 아니라 현재와 미래에도 여전히 살아 숨 쉬는 역동적인 역사를 정립하는 일이 역사가의 임무라고

---

3   Friedrich Kümmel, 권의무 역, 『시간의 개념과 구조』, 계명대 출판부, 1986, XI · 14 · 17
     쪽 재인용.
4   위의 책, XI · 18 · 23쪽 재인용.
5   위의 책, 6쪽.

할 수 있다. 그렇다고 해서 역사가가 과거의 역사적 사실을 왜곡해도 된다는 뜻은 결코 아니다. 그 보다는 오히려 역사의식을 갖지 못한 채 단순히 과거의 역사적 사실만을 앵무새처럼 되풀이 하는 일은 역사가가 아니라 다른 사람들이나 기록들도 충분히 수행할 수 있는 일이기도 하기 때문에, 결국 역사가가 해야 할 일은 과거의 역사적 사건의 의미를 현재와 미래에 어떻게 되살리고 적용하여 역사의 발전을 이끌 것인가에 초점을 맞추어야 한다. 이것이 바로 '역사의 시간성'이다. 이제 이에 바탕을 두고 저자는 『삼국사기』와 『삼국유사』의 통시적 역사에 대해 살펴보려고 한다.

1) 『삼국사기』와 통시적 역사

김부식은 『삼국사기』를 편찬하면서 인종 임금에게 바치는 「진삼국사기표(進三國史記表)」에서 "해동 삼국은 그 지나온 연수가 길고 오래되어 마땅히 그 사실을 나라의 역사책에 드러내야 합니다"라고 고하였다. 우선 여기서는 삼국 이전 시대에 대한 언급은 없으며, 『삼국사기』 「연표(年表)」를 편찬하면서 간단하게 이전 시대에 대하여 언급하고 있을 뿐이다. 물론 김부식 입장에서는 『삼국사기』의 내용을 신라, 고구려, 백제를 제외하고는 다른 나라를 다루지 않으므로 삼국 이전이나 이후 시대에 대해 다룰 필요가 없었을 것이다. 더구나 김부식의 말처럼 삼국만 하더라도 지속된 시기가 매우 길어서 『삼국사기』에 담을 내용 또한 무척이나 많았을 것이다. 그렇기 때문에 저자는 『삼국사기』의 편찬이나 내용

구성이 잘못되었다고 말하려는 것이 아니다. 다만 삼국이 그 이전 시대와 아무런 역사적 연관이 없는 것도 아니고 연관이 없을 수도 없으며, 따라서 삼국이 그 이전 시대와 어떤 역사적 연속성과 단절성을 지니고 있는지를 김부식이 전혀 언급하지 않았다는 점은 역사서를 편찬하는 입장에서 문제가 있다는 말이다. 그 까닭을 김부식은 『삼국사기』「연표」에서 다음과 같이 말하고 있다.

해동(海東)에 나라가 있은 지는 오래되어, 기자(箕子)가 주(周)나라 왕실에서 봉해지고 위만(衛滿)이 한(漢)나라 초기에 왕호를 참람하게 일컬었을 때부터이나, 연대가 아득히 멀고 문헌이 소략하여 실로 자세히 알 수 없다. 삼국이 솥발처럼 대치한 대에 이르러서는 대대로 이어 내려온 햇수가 무척 많아서, 신라는 56왕 992년이었고, 고구려는 28왕 705년이었고, 백제는 31왕 678년이었는데, 그 처음부터 끝까지를 상고할 수 있으므로 삼국의 연표를 만든다. '당나라의 가언충(賈言忠)이 '고구려는 한나라 때부터 나라를 가져서 지금까지 900년이 되었다'고 한 것은 잘못이다.'[6]

위의 인용문에서 볼 수 있듯이, 김부식도 삼국시대 이전의 우리나라의 역사를 기자조선과 위만조선시대 정도로 소급하여 B. C. 1100년경부터 B. C. 100년경까지를 포함하고 있기는 하다. 하지만 이것은 『삼국유사』에서 일연이 인정하는 '고조선'을 제외했다는 점에서 엄청난 차이를 보이고 있다. 그 이유를 김부식은 "연대가 아득히 멀고 문헌이 소략

6   『역주 삼국사기』 2, 525쪽.

하여 실로 자세히 없다"고 말하고 있는데, 이는 그가 철저하게 기록과 증거에 근거하여 역사를 편찬하고 있기 때문이다. 역사에 대한 김부식의 이와 같은 태도와 자세를 비판하거나 나무랄 사람은 아무도 없을 것이다. 그러나 그 내용에 대해서는 "문헌이 소략하여 자세히 알 수 없다"고 할지라도 삼국의 역사적 근거, 즉 영토적 토대와 민족적 단초 등의 역사가 그 이전 시대의 우리 역사와 시간적으로 단절 될 수 없음을 분명히 하면서 『삼국사기』를 시작할 수 있었을 터인데도, 더 이상의 아무런 언급이 없다는 점은 역사가로서 김부식의 의식이 부족했다고 평가할 수 있다.

더구나 김부식이 『삼국사기』를 편찬할 당시에는 삼국에 관련된 역사적 자료가 많이 남아 있었기에 『삼국사기』의 편찬이 가능했을 것이다. 그렇다면 (비록 추정이기는 하지만) 삼국 이전 시대와 관련된 역사적 자료가 거의 없었다고 짐작하기 어려울 것이기 때문에 결국 김부식이 삼국에만 국한해서 사료를 편찬했다고 볼 수밖에 없다. 이렇게 보면 김부식은 역사의 단절성에만 관심이 있었을 뿐 역사의 연속성에는 관심이 없었거나 무지했다고 간주해도 될법하다. 우리 역사에서 역사의 연속성이란 『삼국유사』에 근거한 고조선부터 지금 현재에 이르기까지 역사의 통시성을 말하는 것이고, 역사의 단절성은 크게는 고조선부터 시작하여 연속된 역사 속에서 명멸해간 여러 왕조와 현대 대한민국의 건국이라는 역사적 사건 등을 들 수가 있다. 또한 작게는 국가의 대내·외적으로 역사적 소용돌이를 일으킨 역사적 사건을 일컫는 것이며, 이런 사건들을 통해서 그 이전과는 다른 역사적 전개를 가져온 사건들을 의미한다. 그렇기 때문에 저자는 김부식이 삼국이 건국되면서 그 이전의 역사와 단절된 것에는 관심을 기울인 반면, 이전의 역사와 삼국의 역사가 어떻게 연속되는 지에는 역사적 사료의 미흡함을 들어 다루지 않고 있음을 비판하는 것이다.

고구려, 백제, 신라라는 삼국의 건국이 그 이전의 역사와 결코 아무런 관련이 없을 수는 없으며, 이 삼국이 적어도 건국 당시의 시점에서 그 이전의 역사와 역사적 사건들을 재인식하여 추체험을 함으로써 각각 삼국 건국의 당위성을 확보했을 것은 분명하다. 만일 그렇지 않았다면 삼국은 건국되지 않고 그 이전의 역사가 계속 이어졌을 것이다. 마찬가지로 김부식도 『삼국사기』를 편찬한 까닭이 삼국의 역사가 고려의 역사와 아무런 관련이 없는 것인데도 왕명에 의해서 마지못해 편찬한 것은 아님이 분명하다면, 그는 고려의 역사적 정통성을 확보하기 위해서도 삼국 이전의 역사가 어떻게 삼국을 거쳐서 고려에 연결되는 지를 반드시 밝혔어야 했다.

『삼국사기』 편찬 당시의 관점에서 보더라도 자연적인, 즉 물리적인 시간의 흐름 속에서는 삼국 이전의 역사가 과거의 것으로 더 이상 현재적이지는 않지만, 삼국으로 이어진 그 이전의 역사가 고려에까지 계속해서 이어진 게 있었다면 그런 역사는 초월성을 갖는 것이기 때문에 김부식은 역사의 이러한 초월성에도 관심을 가졌어야 했다. 왜냐하면 역사를 인간의 의식 속에서 다시 체험하려 할 때 역사의 초월성은 '역사성'으로서 등장하기 때문이다. "즉, 개인의 기억과 기대가 집단의 의식을 통해서 사회성과 역사성을 띠는 것이다. 이러한 역사성은 개인의 주관적인 시간이 비물리학적이고 현실적이며 역사적으로 객관화되어 나타날 때 가능해진다."[7] 따라서 역사가 갖는 초월성으로서의 역사성은 과거의 사건을 추체험을 통하여 현재화하는 의식, 즉 "공동체의 집단적 기억과 기대에 근거해서 형성된 시간 의식"으로서, 역사의식과 같은 뜻을 지닌다.[8] 이처럼 역사가가 시간을 역사와 관련시키면 "과거와 현재와 미래의 분절된 계기를 정적(靜的)으로 이해하는 객관주의적 태도에서 벗어나 현재를 중심축으로 과거와 미래를 역동적으로 통합"[9]하는 역할을 수행하게 된다. 그런데도 김부식은 이와 같은 역사의 통시성을 소홀히 하였고, 어쩌면 이러한 면은 김부식의 잘못이라고 하기 보다는 '역사가'가 아닌 '정치가'로서의 그의 한계라고 봐야 할 것이다.

20세기 역사학자 마르크 블로크(Marc Bloch, 1886~1944)는 다음과 같이 말하고 있다.

> 각 시대간의 연대성은 매우 공고하기 때문에 시대를 이해할 수 있다는 것은 사실 이중적인 의미를 지닌다. 현재에 대한 이해 부족은 필연적으로 과거에 대한 무지 때문에 생겨난 것이다. 반대로 현재에 대해서 아무것도 알지 못하면서 과거를 이해하려고 노력한다면 아마 그것도 마찬가지로 헛된 일일 것이다.[10]

저자는 이 견해가 전적으로 옳다고 생각한다. 김부식은 『삼국사기』를 편찬할 당시의 고려가 삼국으로부터 정통성을 이어받았다는 사실을 역

---

7   문성학, 『철학의 눈으로 본 민족사』, 41쪽.
8   김영민, 『현상학과 시간』, 까치, 1994, 142~143쪽.
9   위의 책, 15쪽.
10   마르크 블로크, 『역사를 위한 변명』, 73쪽.

사적으로 증명하고자 했을 것인데, 달리 말하면 이는 삼국과 고려, 그중에서도 고려가 고구려와 신라와는 특별한 연대성을 지니고 있다는 사실을 역사적으로 증명하려고 했을 것이다. 그 까닭은 '고려(高麗)'라는 국호에서 보듯이, 고려의 영토가 단순히 한반도에 그치지 않고 옛 고구려 땅인 만주에까지 미친다는 점을 강조하려 했을 것이며, 또한 고려가 후고구려, 후백제, 신라를 재통일함으로써 통일왕국이라는 측면에서 신라를 계승하고 있음을 역사적으로 증명하려고 했을 것이다. 따라서 김부식은 그 무엇보다도 삼국과 고려의 역사적 연속성과 연대성을 중요하게 생각했음에 틀림이 없다. 즉, 당시의 고려에 대해 역사적으로 올바르게 이해하기 위해서는 그 이전 시대인 삼국의 역사에 대해서도 최대한 많은 것을 알아야만 된다고 생각했을 것이며, 이는 「진삼국사기표(進三國史記表)」의 인종의 말에 잘 드러나 있다.

이처럼 고려와 삼국의 역사적 연관성이 중요하다면 삼국 이전의 역사와 삼국의 연관성도 중요할 수밖에 없다는 것은 분명하다. 왜냐하면 역사는 시간적으로 과거로부터 현재를 거쳐 미래로 전개되지만, 역사란 단순한 시간적 경과가 아니라 정신에 의해서 특정한 '개념'으로 포착된 사건이기 때문에, 역사로서 포착되는 사건은 연속되는 시간의 측면에서 보면 사건 이전과 이후를 '단절'시키는 시간이라고 할 수 있으며, 동시에 이렇게 단절된 시간은 인간의 기억 속에 영원히 보존된다는 측면도 함께 지니게 된다. 따라서 역사는 연속되는 시간을 부정하는 것이면서도 또한 연속되는 시간을 바탕으로 하는 것이다. 이런 시간의 흐름 속에서 부정되지 않는 시간은 역사의 연속성을 이루지만 부정되는 시간, 즉 역사적 사건은 과거를 넘어서 현재와 미래 속에도 여전히 살아있는, 따라서 과거 또는 현재에만 존재하는 시간은 아니다. 역사의 이와 같은 시간성이 통시적 역사 가운데 있는 '역사의 초월성'인데 김부식은 이점을 간과해버렸던 것이다.

단재 신채호는 역사의 "상속성(相續性)"과 "시간에 있어서 생명의 부절(不絕)함"[11]을 강조하는데, 이는 역사의 시간적 연속성 속에서 과거라는 시간이 현재화되어야 함을 강조하는 말이다. 물리적 시간 개념으로는 더 이상 존재하지 않는 과거의 시간이지만, 역사적으로는 그 과거가 현재에도 여전히 존재하는 '정신적 시간'이기 때문이다. 그렇기 때문에 과거의 역사는 단순히 지난 사건으로서, 현재와 무관한 것이 아니라 지금 현재를 살아가는 사람들의 삶의 밑거름이 되고, 동시에 미래를 비추어주는 거울이 되기도 하는 것이다. "그렇다면 미래는 이미 현재 속에 들어와 있는 것이고, 현재는 과거에 들어가 있었으며, 따라서 현재와 미래가 과거 속에 포함되어 있었다는 결론을 얻을 수 있다. 그래서 우리에게는 현재와 미래를 과거보다 더 발전된 것으로, 과거의 잘못을 되풀이하지 않기 위해서, 역사를 새롭게 해석해야 할 당위성이 있다."[12]

'역사를 새롭게 해석해야 할 당위성'이라는 말이 역사를 '왜곡'해도 된다는 의미는 결코 아니다. 현재의 시점에서 역사를 논하는 것은 과거의 모든 시간 가운데에서 특정한 시간에 일어난 사건을 논하는 일이다. 그렇게 논하는 까닭은 그 사건을 거울삼아서 현재와 미래는 과거보다 더욱 과오가 없고 오히려 발전된 미래를 건설하려고하기 때문이다. 그

---

11 신채호, 「『朝鮮上古史』 總論」, 『丹齋申采浩全集』 상권, 32쪽.
12 문성화, 『철학의 눈으로 본 민족사』, 44~45쪽.

렇기에 우리는 과거의 역사에 대해 더욱 자세하게 알아야만 되고, 오늘의 현실에 비추어서 지금 현재를 개선되고 발전된 방향으로 이끌어나가기 위해서는 특정한 관점에서 역사를 이전과는 다른 의미로 해석할 수 있는 것이며, 때로는 적극적으로 다르게 해석해야만 된다는 뜻이다. 따라서 이러한 일이 객관적 사실을 바탕으로 한 역사에 대한 왜곡과는 성격이 분명히 다르다. 김부식도 이와 마찬가지로 고려의 역사를 올바르게 정립하고 정초하기 위해서 삼국의 역사를 제대로 편찬하고자 했음인데도 불구하고, 그는 삼국 이전의 역사가 어찌하여 어떤 연유로 삼국의 역사로 전환하게 되었는지에 대한 연구가 대단히 소홀했다는 말이다. 이에 비해서 『삼국유사』는 통시적 역사의 관점에서 『삼국사기』와 매우 다른 태도를 취하고 있다.

2)『삼국유사』와 통시적 역사

모두 익히 알고 있을 내용이겠지만『삼국유사』와 통시적 역사를 고찰하기 위해서『삼국유사』의「고조선」조(條) 첫 부분을 인용하기로 한다.

『위서(魏書)』에 이런 말이 있다. 지금으로부터 2천 년 전에 단군(檀君) 왕검(王儉)이 계셔 아사달(阿斯達)에 도읍을 정하고 새로 나라를 세워 조선이라 불렀는데 요(堯)와 같은 때였다고 한다. 고기(古記)에 이런 말이 있다. 옛날에 환인(桓因)의 서자(庶子) 환웅(桓雄)이 계셔 천하에 자주 뜻을 두고, 인간 세상을 탐내어 구했다. (…중략…) 왕검은 요임금이 왕위에 오른 지

50년인 경인년에 평양성(平壤城)에 도읍을 정하고 비로소 조선(朝鮮)이라 불렀다. (…중략…) 그는 1천5백 년 동안 여기서 나라를 다스렸다. 주나라 무왕(武王)이 왕위에 오른 기묘년에 기자(箕子)를 조선에 봉(封)하니, 단군 은 이에 장당경(藏唐京)으로 옮아갔다가 후에 돌아와 아사달에 숨어서 산 신(山神)이 되었는데, 나이가 1천9백여덟 살이었다고 한다.[13]

우리 역사를 말할 때 우리는 흔히 '반만 년' 또는 '5천 년' 역사라는 표현을 쓰는데, 이는 단군기원인 기원전 2333년을 서력기원과 더하여 상징적으로 표현하는 것이다. 이 단군기원으로 연도를 표기한 것은 대한민국 정부수립과 동시에 시작되었는데, 1962년부터 서력기원을 사용하고 있다. 물론 2015년인 올해를 기준으로 하더라도 정확하게 5천 년 또는 반만 년인 것은 아니지만, 그만큼 우리 역사의 기원이 오래되었다는 상징적인 표현이다.[14]

역사는 객관적 사실과 이에 대한 기록, 즉 실증적 자료에 바탕을 두어야 한다는 점은 당연한 것이다. 하지만 위 인용문의 예에서 보듯이 오로지 실증주의 역사만 역사로 간주되어야 한다면 엄청난 문제를 일으키게 된다. 위 인용문에 등장하는 『위서(魏書)』가 어떤 서적인지 현재는 전혀 알 길이 없다는 게 역사학계의 견해이다. 정확하게 말하면, 현재 전해지는 『위서』가 없다는 게 아니라 『위서』는 여럿이 있으나 일연이 『삼국유사』에서 인용한 위의 내용을 전하고 있는 『위서』가 없다는 뜻

---

13 『삼국유사』, 71~73쪽.
14 단군기원의 정의, 연원, 내용 및 변천, 의의와 평가에 대해서는 한국학중앙연구원의 『한국민족문화대백과사전』(http://encykorea.aks.ac.kr)을 참조하기 바람.

이다. 그렇다고 해서 우리는 일연이 마치 거짓 내용을 인용하고 있는 것처럼 간주해서는 더더욱 안 될 일이다. 그 까닭은 오직 하나, 즉 일연이 『삼국유사』를 저술할 당시의 『위서』에는 위에 인용한 내용이 분명히 들어 있었을 것이기 때문이다. '고기(古記)' 또한 마찬가지이다. '고기'의 종류가 워낙 많아서 지금은 위의 인용 내용을 간직하고 있는 게 없지만, 일연이 당시에 인용한 '고기'에는 위의 내용이 있었을 것이다.

　여기서 저자는 위의 인용 내용의 진위 여부를 따지려고 하는 게 아니다. 그 보다는 오히려 일연이 역사를 서술하면서 보여주고 있는 역사의 통시적 관점이 얼마나 중요한지를 논하려고 한다. 『삼국사기』에는 포함되어 있지 않지만 삼국의 역사를 서술함에 있어서 후세에 반드시 남겨서 물려주어야 할 내용을 일연 개인의 노력으로 수집하여 기록했는데, 일연은 그 근원을 고조선에까지 소급하고 있다는 사실은 무엇보다 중요하다. 일연의 역사적 관점은 역사를 통시적(通時的)으로 뿐만 아니라 공시적(共時的)으로 보아야 한다는 것인데, 통시적으로 고려가 삼국의 역사를 이어간다는 것이고, 삼국은 위만조선(衛滿朝鮮)을 넘어서 고조선(古朝鮮)의 역사까지 시간적으로 이어져 있다는 관점이다. 이와 같은 일연의 관점과 그에 따른 업적을 우리 역사학계에서는 '상고사의 복원'으로 평가하고 있다.

　특히 상고사 가운데 고조선과 삼한, 가야 등에 관한 최초의 본격적인 사서로서 우리의 상고사 복원에 결정적인 역할을 해주었기 때문이다. 그는 상고사를 간략하게 나열식으로 서술하였지만, 천손(天孫)이 세운 최초의 국가인 고조선으로부터 시작하여 그 후계국으로 지리상으로는 위만조선으로, 통치상에 있어서는 마한으로 이어지는 것으로 생각한 것이다. 따라서 그는 '고조선-위만-삼한'이라는 계통을 체계화하고, 기자조선은 강조하고 있지 않다. 오히려 기자조선을 단군의 고조선 속에 흡수하고 있는 서술형식을 취함으로써 민족사 인식과 서술에 있어 자아준거적 시점의 정립을 시도하고 있는 것으로 평가되고 있다.[15]

　여기서 '상고사 복원'이라는 말은 매우 중요하다. 일연 역시 김부식과 마찬가지로 '삼국'을 역사서술의 대상으로 삼았지만, 그가 김부식과는 달리 비록 간략하게나마 일연 당시의 고려가 있기까지 어떤 역사적 과정이 있어 왔는지를 서술했다는 것은 역사를 통시적 관점에서 바라보아 역사의 연속성과 단절성 모두를 중요시했다는 의미이다. 잘 알다시피, 일연이 『삼국유사』를 저술할 당시 고려는 대내적으로는 무인정권(武人政權) 이후로 민생이 도탄에 빠져 있었을 뿐만 아니라 대외적으로는 몽고(蒙古)가 침략하여 국토를 유린하고 백성들은 목숨을 부지하기조차 힘든 상황에 있었다. 고려의 이러한 상황은 일연으로 하여금 역사를 되돌아보게 하였을 것이고, 그래서 일연은 우리의 역사가 어떤 과정을 거쳐서 당시의 고려에까지 이르게 되었는지를 서술할 당위성을 느꼈을 것임에 틀림이 없다. 왜냐하면 만일 그렇지 않다면, 일연은 『삼국사기』를 의식해서 군이 『삼국유사』라는 역사서를 저술하지 않았을 가능성이 크기 때문이다.

　일연이 생각한 역사의 연속성은 고려의 역사를 거슬러 올라가서 우

15　박진태 외, 『삼국유사의 종합적 연구』, 박이정, 2002, 182~183쪽.

리 역사의 시원을 찾고 그 의미를 당시의 내우외환의 상황 속에서 되살리고자 하여 고조선의 성립과정을 『삼국유사』 첫 머리에 서술한 것이다. "그리고 단군 이후 동족국가들의 계승관계나 그 편년(編年)을 분명히 밝히지는 않았으나, 대체로 고조선-위만조선(衛滿朝鮮)-부여(扶餘)·마한(馬韓)으로 연결되는 국사의 계통을 잡고, 삼국시대를 대체로 이 뒤에 연결시키고 있는 것이다. 이는 곧 자국의 역사가 하늘과 직결된 신성한 것이며, 또 그 자주의 전승이 유원(悠遠)한 것이었음을 강조하는 의식의 소산이었다."[16] 어떤 나라 또는 민족에게 있어서 역사의 계통(系統)을 확인하고 철저히 한다는 것은 매우 중요한 일이다. 특히 역사가 오래된 민족일수록 특정 시대 이전과 이후를 구별하게 하는 거대한 역사적 사건을 통한 단절성보다는 역사의 계통이라는 연속성을 더 중요시한다. 그 까닭은 특정한 지역을 바탕으로 하는 국가는 명멸을 거듭할 수 있지만 민족은 대체로 지속적으로 유지되기 때문이다. 그렇기 때문에 한반도에서 국가는 '고조선-위만조선(衛滿朝鮮)-부여(扶餘)·마한(馬韓)-삼국-고려'로 변천의 과정을 겪었지만, 우리 민족은 단절되지 않고 일연 당시에도 유지되었으며, 오늘날도 여전히 이 땅의 주류 민족은 한민족인 것이다. 따라서 통시적 역사는 부정될 수도 없으며, 역사가 또는 역사학자라면 기본전제로 삼아야 할 필수적 요소이다.

물론 통시적 역사에는 연속성만 있는 게 아니라 단절성도 있다. 그렇지만 여기서 말하는 단절성은 역사가 거기서 끝나서 종말을 고한다는

---

16 김태영, 「『三國遺事』에 보이는 一然의 歷史認識에 대하여」, 이우성·강만길 편, 『韓國의 歷史認識』 상, 창작과비평사, 1994, 142쪽.

뜻이 아니라, 특정한 역사적 사건을 중심으로 그 이전의 역사와 이후의 역사의 흐름이 바뀐다는 것을 의미한다. 크게는 국가나 왕조의 교체를 가져오는 역사적 사건도 있으며, 작게는 고려 무인정권 전과 후의 대내적 상황의 변화 등을 예로 들 수 있다. 더욱 자세하게 살펴보면, 예를 들어 고려의 멸망을 불러 온 이성계의 '위화도 회군'은 대외적인 외교정책에서부터 대내적인 유교통치이념에 이르기까지 국가와 사회 전반에 걸쳐서 엄청난 변혁을 가져왔다. 또 다른 예로, 후삼국을 통일한 고려는 그 이전의 사회적 혼란을 진정시키고 단일 국가체제하에서 사회의 안정을 가져왔다. 고려에서 조선으로의 역사적 단절이 역사의 비약을 가져왔다고 단정하기는 어렵지만, 후삼국에서 고려로의 역사적 단절은 바로 우리 역사를 비약시켰다고 평가할 수 있을 것이다. 그렇기에 모든 역사적 사건이 그 이전과 이후의 역사를 단절시키기는 하지만, 그러한 단절이 반드시 역사의 비약적인 발전을 이룬다는 것은 아니며 역사의 퇴보를 가져오기도 한다.

그렇지만 역사의 단절성도 연속성을 전제할 때만 가능하며, 이 둘이 상호보완적인 관계에 있어야만 역사가 발전할 수 있다. 연속적인 역사에서 단절을 야기할 정도의 사건은 이전 역사와 이후를 단절시키는 데에만 그치지 않고, 그 이전의 역사를 비약적으로 발전시키는 방향으로 전개되기 위해서라도 역사의 연속성을 전제해야 된다는 말이다. 그래서 신채호는 다음과 같이 말하기도 한다.

후기(後起)한 왕조(王朝)가 전조(前朝)를 미워하여 역사적으로 자랑할 만한 것은 무엇이든지 파괴하며 소탕시키기로 위주(爲主)하므로, 신라가 흥

하매 여(麗)·제(濟) 양국사(兩國史)가 볼 것 없게 되며, 고려가 작(作)하매 신라사가 볼 것 없게 되며, 이조(李朝)가 대(代)하매 고려사가 볼 것 없게 되어, 매양 현재로써 과거를 계속하려 아니하고 말살하려 하였도다. 그리하여 역사에 쓰일 재료가 박약하였으며,[17]

현재의 대한민국 이전에 조선이 있었고 그 전에는 고려가 있었지만, 그리고 더욱 더 소급해서 과거로 올라가면 고조선까지 이어지지만, 고조선은 말할 것도 없고 고려도 조선도 더 이상 존재하지 않는 나라이다. 그렇다면 지금 우리가 말하고 있는 과거의 역사는 과연 무엇이란 말인가? 그것은 과거 역사를 인식하면서 배우게 되는 역사적 정신으로서 결국 역사의 교훈을 의미한다. 과거는 부정한다고 해서 부정되는 게 아니다. 1년이라는 시간은 하루하루가 이어지지 않고는 이루어질 수가 없다. 마찬가지로 10년도 100년도, 그 이상의 시간도 하루가 모여서 이루어진 세월이다. 따라서 부정하려야 할 수 없는 게 역사라면, 오히려 이전의 역사를 적극적으로 긍정하고 수용하는 자세가 필요하다. 그렇다고 해서 이러한 자세를 가져한다는 말이 이전의 모든 역사를 무조건 긍정적으로 평가하라는 뜻을 결코 아니다. 오히려 이전의 역사를, 역사적 사건을 적극적으로 인정함으로써 그 안에 포함되어 있는 부정적 요소를 제거하고 긍정적 요소를 적극적으로 현재에 되살려서, 즉 이전 역사에서 현재에도 적극적으로 수용하고 따를 필요가 있는 역사적 정신을 되살려서 현재와 미래를 위한 교훈으로 삼아야 된다는 말이다.

---

17 신채호, 「『朝鮮上古史』總論」, 『丹齋申采浩全集』 상권, 45쪽.

그렇다면 과거의 역사를 통시적으로 고찰하면서 일연이 얻고자 한 교훈은 무엇이었을까? 그것은 「기이(紀異)」편 첫 머리에 잘 나타나 있다.

대체로 옛날 성인이 예악(禮樂)으로써 나라를 일으키고, 인의(仁義)로써 가르침을 베푸는 데 있어 괴이(怪異)와 용력(勇力)과 패란(悖亂)과 귀신은 말하지 않는 일이었다. 그러나 제왕(帝王)이 장차 일어날 때는 부명(符命)과 도록(圖錄)을 받게 되므로, 반드시 남보다 다른 일이 있었다. 그래야만 능히 큰 변화를 타서 제왕의 지위를 얻고 큰일을 이룰 수 있는 것이다. 그런 까닭으로 하수(河水)에서 그림이 나오고, 낙수(洛水)에서 글(書)이 나옴으로써 성인이 일어났던 것이다. (…중략…) 이 후의 일은 어찌 다 기록할 수 있으랴! 그렇다면 삼국(三國)의 시조가 모두 신비스러운 데서 탄생했다는 것이 무엇이 괴이하랴. 이것이 이 책 첫 머리에 기이편(紀異篇)이 실린 까닭이며, 그 의도도 여기에 있는 것이다.[18]

이 글은 일연이 마치 신이(神異)함을 내세워서 모든 건국을 설명하고 주장하려는 듯이 보이기도 하지만, 실제 그의 의도는 전혀 다른 데 있었을 것이다. 나라를 건국하는 일은 그 어떤 일보다 특별한 과정을 거치지 않으면 안 될 것이기에 비범할 수밖에 없으며, 따라서 건국의 시조는 더욱 특별한 인물임에 틀림이 없을 것이고, 그런 인물에게 일어나는 일들은 괴이한 게 아니라 신이한 현상들이라는 주장이다. 그렇다고 해서 일연이 모든 건국을 기록함에 있어서 신비로운 일들만 서술한 게 아니라

---

18 『삼국유사』, 69~70쪽.

역사적 사실들을 먼저 기록하면서 거기에다 신비로운 요소들을 함께 서술하였다. 특히 우리 역사의 전통에서 건국에 관련된 역사를 기록할 때에는 중국의 문헌이나 옛 문헌들을 인용하기도 하고, 또 중국의 예를 들어 서술함으로써 기록의 객관성을 유지하려고 하였다. 이와 같은 일연의 의도는 당시 고려의 대내외적인 환란을 겪는 가운데 고려 이전의 우리 역사를 통시적으로 고찰하고 『삼국사기』에 누락된 사실들을 추가로 기록하여 어려운 현실을 극복하고자 함이었다고 할 수 있을 것이다.[19]

2. 역사의 공간성 ─ 공시적(共時的) 역사

우리나라 헌법 3조는 영토 조항으로서 다음과 같다.

大韓民國의 領土는 韓半島와 그 附屬島嶼로 한다.

---

19 신화학자인 김열규는 다음과 같이 평가하고 있다. "『삼국유사』는 말할 것도 없이 한국적 '신비주의의 고전'이다. 신비주의의 집대성이라 바꾸어 불러도 좋을 것이다. 우리들은 무엇보다도 이 사실을 강조하고 또 크게 내세워야 한다. 결코 문자 그대로 '유사(遺事)'에 머물 수 없다. 이른바 '정사(正史)'의 '보유(補遺)'로 한정되고 말 일이 아니다. 그것은 너무나 소극적인 평가다. 『삼국사기』를 크게 의식한 상대적 평가에 불과하다. (…중략…) 『삼국유사』의 대부분의 얘기는 '신화허구'적인 요소와 역사적인 요소를 공유하고 있다. 한 서사물 속에 역사와 신화가 공존하고 있는 신화역사의 복합이 다름 아닌 『삼국유사』다. (…중략…) 이같이 신화적 사건이 역사적 시점 속에 자리 잡고 있는 것은 『삼국유사』 전체의 추세로 보아 '신화적인 것의 역사화'라고 보아야 할 것이다." 김열규, 「『三國遺事』와 神話」, 동북아세아연구회 편, 『『三國遺事』의 研究』, 중앙출판, 1982, 70~73쪽.

그리고 2001년 3월 21일 헌법재판소는 다음과 같이 판례를 결정하였다.

헌법 3조의 영토 조항은 우리나라의 공간적인 존립기반을 선언하는 것인바, 영토 변경은 우리나라의 공간적인 존립기반에 변동을 가져오고, 또한 국가의 법질서에도 변화를 가져옴으로써, 필연적으로 국민의 주관적 기본권에도 영향을 미치지 않을 수 없는 것이다.[20]

2015년에 살고 있는 우리는 첨단 정보통신을 이용해서 사이버공간 (Cyberspace)을 넘나들며 실제 생활공간인 현실의 공간을 망각하고 있는지도 모른다. 그것은 시간적으로 마치 현재에 살고 있으면서도 타임머신을 타고 과거와 미래를 넘나드는 착각을 하고 있는 현상과 다를 바가 없다. 그러다 정신을 차리고 보면 자신의 현실이 보일 것이다. 인간의 삶을 위해서는 기본적으로 의식주가 필요한 것처럼 국민이 살아가기 위해서는 '영토'가 있어야 하고 인간이 생존하기 위해서는 땅이 있어야 한다. 땅에 발을 붙이지 않고 살 수 있는 사람이 아무도 없는 것처럼 국가와 영토에 속하지 않고는 국민[21]으로서 살아갈 수 있는 사람도

---

20 『小法典』, 현암사, 2010.
21 저자는 '국민', '백성', '민중'이라는 용어를 각각 사용하고 있는데, 모두 동일한 뜻으로 사용하고 있음을 밝혀둔다. 왕조시대 때 '백성'이라고 하면 주로 군주와 구별되는 의미로 사용되었고, '국민'은 현대적인 의미로 많이 사용되고 있으며, '민중'이라면 계급적 이미지를 떠올릴 수 있겠으나, 저자는 본 연구에서 군주와 통치계층에 있는 모두를 포함해서 '역사의 이념'을 공유할 때에는 신분을 차별하지 않는다는 전제하에 동일한 의미로 사용한다.

없다. 그만큼 땅은 인간의 생존과 존립을 위해 필수적인 요소라는 말인데, 영토는 국가와 국민의 존립과 생존을 위해 필수적인 요소이다. 그래서 우리나라 헌법에서도 영토를 규정하고 있다. 헌법 3조는 한반도와 부속도서를 우리나라의 영토로 규정하고 있는데, 현재 한반도는 남과 북으로 나누어져 있다. 즉, 한반도가 남과 북으로 분리되어 있기는 하지만, 그래서 북한으로 자유롭게 갈 수는 없지만, 그래도 한반도 전체가 대한민국의 영토라는 말이다. 따라서 한반도는 공간적으로 대한민국 역사의 무대인 것이다. 달리 말하면, 남과 북으로 분단된 이후 현재까지의 북한에서 일어난 사건들도 우리나라의 역사라는 뜻이다.

그렇지만 현재적인 영토가 역사의 공간성과 반드시 일치하는 것은 아니다.[22] 역사의 무대가 되는 공간이 바뀌는 데에 결정적인 역할을 한 것은

---

22 한국학중앙연구원의 『한국민족문화대백과사전』에 따르면 역사에서 영토와 국경을 일컫는 '강역(疆域)'에 대해서 다음과 같이 설명하고 있다. "정의 : 강토의 구역. 강역이라는 말에는 경계(境界) 또는 변방이라는 의미와 봉역(封域) 또는 영역이라는 의미 두 가지가 있다. 내용 : 전자는 국경이라는 말로 대치 사용할 수 있고, 후자는 영토라는 말로 바꾸어 쓸 수 있다. 즉, 강역이라는 말은 개념이 세분화되기 이전에 사용된 복합 용어라 할 수 있고, 국경이나 영토는 근대적 개념의 용어라 할 수 있다. 사실 국경과 영토는 분리하여 생각할 수 있는 별개의 것이 아니다. 따라서, 국경의 변천은 곧 영토의 변화를 의미한다. 강역의 출발은 생활문화적 동질 집단의 터전이다. 그러나 정복 활동이 활발해지면서 국가 간의 강역은 물리적 힘에 의하여 변천을 거듭하여 왔다. 이에 따라 생활문화적 공동체는 정치·군사적 힘에 희생되어 많은 국민들은 이민족의 통치하에서 시달리기도 하였다. 여기서 주목하여야 할 점은 경계, 즉 국경과 영토의 개념이 변천해 온 점이다. 첫째, 국경이라는 개념은 지역 개념에서 선(線)의 개념으로 발달하였다. 고대로 거슬러 올라갈수록 산악이나 강하(江河)에 의하여 경계가 이루어졌으며, 자연환경에 따라 생활문화권이 형성되어 영역을 이루었다고 하겠다. 그러나 근대 국가로 발전하면서 국경은 선의 개념으로 구체화되었다. 둘째, 강역은 영토에서 발전하여 영해·영공까지를 포함하게 된 점이다. 특히, 영해까지를 강역으로 인식하면서 도서(島嶼)의 귀속 문제가 국가 간에 분쟁의 대상이 되고 있다. 따라서, 강하를 경계로 할 때 등거리주의와 최심주의(最深主義)가 대두되고, 도서의 경우에는 근접주의와 국토의 자연연장설을 내세워 강역을

'전쟁'이다. 과거에도 전쟁은 무수히 많이 벌어졌으며, 현재에도 여전히 세계 도처에서 전쟁이 일어나고 있고, 인류가 존속하는 한 미래에도 전쟁은 계속 벌어질 것이다. 전쟁을 통해서 민족이 이동하기도 하고 영토가 확장되거나 축소되기도 했으며, 수많은 국가가 멸망하고 새로운 국가가 건국되었다. 이런 가운데 특정한 민족이 지구상에서 완전히 사라지지 않는 한, 그들이 비록 삶의 공간을 다른 곳으로 옮길지라도 자신들의 고유한 민족은 지속될 수 있지만 공간은 얼마든지 바뀔 수가 있다. 따라서 통시적 역사가 종적(縱的, diachronic)인 반면에, 공시적 역사는 횡적(橫的, synch-ronic)이다. 그렇다고 해서 통시적 역사와 공시적 역사가 서로 완전히 별개라는 말은 아니며, 오히려 이 둘은 서로 밀접한 관계 속에서 움직인다. 시간의 흐름과 함께 공간은 변할 수 있는데, 그 안에 있는 정신이 때로는 공간적으로 확대되어 나가기도 하고 때로는 축소되기도 한다.[23]

모든 문화는 민족 고유의 원형에서 파생하며, 역사의 전개 양식은 원형과 시대적 환경과의 긴장관계에서 생긴다. (…중략…) 개개 민족의 기본적 존

결정하고 있다. 그러나 실질적으로는 학술적·논리적 해결보다는 힘을 바탕으로 강대국의 의지대로 결정되는 경우가 많아 강역에 대한 분쟁은 계속되고 있다. 여기서 간과할 수 없는 것은 생활문화적 차원, 즉 역사성에 근거하여 해결점을 모색하는 것이 우선해야 한다는 점이다."

23 "통시적 역사가 민족 단위의 역사를 시간적으로 연결시켜주는 **주관적 측면**에 관한 것이라면, 공시적 역사는 타민족, 타국가에 대한 민족사의 독자성을 확보해주는 **객관적 측면**이라고 할 수 있다. 역사의 단위를 민족으로 볼 때, 우리 민족의 역사는 인접한 국가들의 민족에 대하여 상대적이면서도 우리(我)의 역사는 비아(非我)의 역사일 수가 없고, 비아의 역사는 우리의 역사가 아닌 객관적 역사로 존립해야 한다. 우리 민족 개개인이 통시적 역사 가운데서도 일정한 시점에서는 역사의 정신을 공유하는 것이 공시적 역사이기 때문에, 어떤 민족이 다른 민족의 역사를 공유하지는 않는다." 문성화, 『철학의 눈으로 본 민족사』, 63쪽.

재 양식은 곧 문화이며, 그 문화의 기본적인 가치의식 또는 문화의지가 곧 원형이다. 인류는 지구상 북극으로부터 적도에 이르기까지 각 곳에 분포되어 있다. 또한 각 민족은 각 지역의 환경 조건에 어울리도록 독자적인 문화를 갖는데 그것을 형성하는 것이 그 민족의 원형이다.[24]

　김부식도 일연도 고려의 문화와 정신이 삼국시대의 문화와 정신을 계속 이어가고 있다는 사실을 전제하기에 『삼국사기』를 편찬하고 『삼국유사』를 저술했을 것이다. 그렇지만 삼국이 대립하고 있던 시대의 공간과 김부식과 일연 당시의 역사의 무대가 같지는 않다. 또한 『삼국사기』와 『삼국유사』에 적시된 우리 역사의 무대도 다르다. 이제 이들이 다루고 있는 공시적 역사를 살펴보고자 한다.

1) 『삼국사기』와 공시적 역사

　김부식은 『삼국사기』 「진삼국사기표」에서 '해동삼국(海東三國)'이라 하고 「연표」에서 '해동유국가(海東有國家)'라고 함으로써 중국(中國)에 대해서 고려와 삼국의 공간적 위치를 '해동(海東)'이라고 분명하게 명시하고 있다. 위치를 말할 때 동서남북을 가리킨다면 이들 각각이 서로 상대적인 관계를 나타내기는 하지만 중심이 되는 곳은 반드시 있다. 그 중심으로 김부식은 중국을 설정하고 있는 것이다. 이를 두고 무조건 김

24　김용운, 『원형의 유혹』, 한길사, 1994, 36쪽.

부식이 잘못했다거나 '사대사관(事大史觀)'을 바탕으로『삼국사기』를 편찬한 증거라고 할 수는 없다. 왜냐하면 그 이전과 이후에도 여전히 중국은 어떤 민족이 나라를 이끌어 갔더라도 삼국이나 고려, 조선보다 훨씬 강력한 힘을 가지고 있었던 게 사실이기 때문이다. 말하자면, 국가간의 역학적인 구도가 역사서를 편찬할 때뿐만 아니라 정치를 비롯해서 사회의 전반적인 부분에 영향을 끼치는 것은 당연하기 때문이다.

나아가서 김부식은 해동삼국, 즉 고구려와 백제 그리고 신라의 왕들만을「본기(本紀)」로 다루면서 정통성을 인정하고 역사편찬의 대상으로 삼았는데, 말하자면『삼국사기』라는 명칭에 철저했기 때문일 것이다. 그런데『삼국사기』「연표」에는 중국(中國)에 관한 것도 함께 기록하였다. 물론 이것을 두고 김부식이『삼국사기』에 중국의 역사도 함께 기록한 것이라고 말하기는 어렵다. 삼국의 연표와 대조하기 위해서 중국의 연표를 기록한 것과 중국의 역사를 기록하는 것은 엄연히 다르기 때문이다.

그렇지만『삼국사기』에는『삼국유사』와는 대조적으로 통시적으로 고조선은 말할 것도 없고 삼국과 공시적이라 할 수 있는 부여나 가야, 심지어는 발해(渤海)의 역사마저도 제외되어 있다. 이는 역사의 공시성이라는 관점에서 볼 때 상당히 문제가 있다고 할 수 있다. 신라가 삼국을 통일한 668년에는 고구려가 멸망했기 때문에,『삼국사기』에는 자연스럽게「고구려본기」를 비롯해서 더 이상의 고구려 역사가 존재할 수가 없다. 그렇다면 고구려의 영토도 멸망과 더불어 없어지게 되는데, 그만큼 역사의 공간도 이전과는 달리 축소된 것이다. 특히 고구려의 최전성기의 영토와 비교해봤을 때 신라에 의한 통일이라고 하는 표현이 진정한 통일이라고 할 수 있을지도 의문이다.

또한 고구려 멸망 이후 옛 고구려 땅에 거주하던 백성들이 신라 영토로 이주하지 않는 한 그들은 삼국의 백성이 아닌가? 이렇게 보면 역사의 공간성, 즉 공시적 역사는 매우 중요하다는 것을 알 수 있다. 통일 이후의 신라만을 역사의 정통성으로 인정하고, 옛 고구려 영토에서 고구려 유민을 백성으로 해서 건국된 발해를 역사에 포함하지 않는다는 것은 고구려 역사의 무대는 모두 포기해버리고, 통일 이후의 신라 영토만 인정하는 결과를 가져오기 때문에 김부식의 역사관은 문제가 될 수밖에 없는 것이다. 그렇기 때문에 다음과 같은 견해는 매우 중요하고 또한 타당하다.

그러나 압록강 너머 요동 지역에 대한 영토권 갈등에서 고구려와 발해는 현실적으로 달라야 할 이유가 없다. 과거 고구려의 영토는 고려와 거란에 분점되어 있으며, 그렇다면 고구려를 매개로 발해의 영토 역시 고려와 거란이 분점하고 있는 셈이다. 특히 발해를 직접 공멸하고 제국의 건설에 성공한 거란은 고려에 대해 오히려 발해의 영토 승계를 거론하는 편이 더 설득력을 지닌 수도 있다. 반면에 명분적으로 고구려와 발해는 다르다. 우선 고려의 영토 현실은 신라의 그것을 인상적으로 벗어나 있지 않다. 발해는 고구려를 매개로 할 때 비로소 고려 전대 역사의 일부로 포섭될 수 있을 뿐이다. 이렇듯 공간적으로도 고려의 전대사는 '삼국'만으로 충분했으며, 역설적으로 '삼국'이야말로 영토적 논리에 기여하는 중심 인자였던 것이다.[25]

25 이강래, 『삼국사기 인식론』, 일지사, 2011, 50쪽.

위의 견해에 따르면, 명분상으로는 고구려와 발해가 다르기 때문에 김부식이 발해의 역사를 『삼국사기』에 포함하지 않은 것이 잘못은 아니지만, 현실적으로는 고구려와 발해가 달라야 할 까닭이 없다는 것이다. 오히려 거란이 발해의 영토 소유권을 주장하는 것이 더 타당하기도 하다고 말하고 있다. 하지만 고려가 통치하는 현실적 영토가 신라가 삼국을 통일한 이후의 영토와 거의 같기 때문에, 고려는 그것을 정당화하고 합리화하기 위해서라도 발해를 『삼국사기』에 적극적으로 포함하지 않았을 것이라는 견해이다.

그러나 『삼국사기』 「연표」에는 고구려 891년에 궁예와 관련된 내용이 기록되어 있을 뿐만 아니라 892년에는 견훤과 관련된 내용도 기록되어 있으며, 918년에 궁예가 죽고 왕건이 고려 태조로 즉위한 내용과 견훤이 태조에게 투항하여 후백제가 멸망한 내용도 기록되어 있다. 이처럼 김부식이 궁예와 견훤에 관련된 내용은 기록하면서도 발해의 역사를 『삼국사기』에서 제외한 까닭은 무엇일까? 그것은 바로 위의 인용문에서 보듯이, 고려의 영토가 신라 통일 이후의 영토와 거의 다르지 않다는 것 때문일 것이다. 여기에 김부식의 선조가 신라왕실 출신이어서 그렇다고 하는 비판까지 덧붙여지기도 한다.

그러나 지구상의 어떤 나라이든지 국호(國號)를 정할 때 아무런 의미를 담지 않고 정하지는 않는다. 대한민국(大韓民國)이라는 명칭을 비롯해서 조선, 중국, 일본, 아메리카(America) 등의 명칭도 모두 중요한 뜻을 담고 있음은 주지의 사실이다. 또한 '고려(高麗)'라는 명칭도 『한국민족문화대백과사전』에 따르면 고구려가 스스로 고려를 국호로 사용할 정도였는데, 후삼국을 통일한 왕건이 굳이 고려를 국호로 정했다는 것은 고구려의 정신을 이어가겠다는 뜻이었을 것이다. 이러한 사실을 당시 문하시중(門下侍中)의 지위에 있으면서『삼국사기』의 편찬 책임자였던 김부식이 모르고 있을 수는 없었을 터인데, 그가『삼국사기』에서 고구려 멸망 이후의 옛 고구려 영토를 제외했다는 사실은 납득할 수가 없다. 그렇다면 이는 김부식이『삼국사기』를 다분히 신라 중심, 특히 신라 통일 이후의 역사서로 편찬할 의도를 가지고 있었다고 추측할 수밖에 없다.

주지하다시피『삼국사기』의 편찬년도는 1145년이다. 이는 신채호가 '조선역사상일천래제일대사건(朝鮮歷史上一千來第一大事件)'이라고 명명한, 소위 묘청의 난이 진압된 지 10년 째 되는 해이다. 묘청은 서경천도와 더불어 옛 고구려의 영토를 회복하기 위해 북벌을 주장하였지만, 결국 김부식을 중심으로 한 개경파에게 진압을 당한다.『삼국사기』는 이 사건 이후에 편찬이 되어 1145년에 완성되었다. 이 사건 이후에 김부식이 정치적 의도를 가지고『삼국사기』를 편찬하였다는 주장은 상당히 설득력이 있다.

즉 이는 고려 초기에 고려왕조의 역사를 고구려의 계승국가로 서술한 것을 신라의 계승국가로 서술하려는 것이었다. 고려 초기 태조가 고려는 고구려를 계승한 국가라는 기치를 내세웠고, 이런 관점에서 고구려를 중심으로 한 삼국의 역사를 쓰려한 것이《구삼국사》[26]의 편찬 동기였다고 이해

---

26 저자가 이 책에서 일반적으로 저술을 표시할 때는 '『○○○』'과 방식으로 하면서도 여기서 '구삼국사'를 '《구삼국사》'로 표기하는 것처럼 《 》'를 사용하는 이유는 '구삼국사'가 현존하는 서적이 아니기 때문이다. 이와 같이 현존하는 서적이 아닌 자료는 이하《 》로 표기한다.

된다. 즉 《구삼국사》에서는 삼국의 본기 중 「고구려본기」, 「백제본기」, 「신라본기」의 순으로 역사를 서술했다고 생각된다. 이렇게 추정하는 근거는 태조는 태봉이라는 국호에서 고구려의 후기 국호인 고려를 국호로 다시 사용하였으며, 고구려의 수도였던 평양을 의도적으로 개척하여 서경으로 삼아 중시한 점, 그리고 「동명성왕본기」에서 천제강림의 신화가 상세하고 웅장하게 서술된 것을 이규보(1168~1241)의 『이상국집(李相國集)』을 통해서 확인할 수 있고, 현재 삼국 연표 중 동명성왕의 죽음만이 '승하(昇遐)'로 표기되어 있는 점을 들 수 있다.[27]

위 인용문의 저자는 김부식이 쓴 「진삼국사기표」에 "옛 기록[古記]의 표현이 거칠고 졸렬하며 사건의 기록이 빠진 것이 있으므로"라는 문장에 등장하는 '고기'를 《구삼국사》라고 하는데, 김부식이 『삼국사기』를 편찬하는 기초 자료로 이용했을 것이라고 주장한다. 그의 주장대로 김부식이 《구삼국사》와는 달리 『삼국사기』를 신라 중심으로 편찬하면서 고구려의 역사를 의도적으로 축소시켰다면, 우리는 김부식을 역사가로서는 평가할 수 없고 단지 정치가로만 간주하고, 『삼국사기』를 그의 정치적 의도가 담긴 역사에 관한 보고서 정도로만 평가해야 할 것이다. 이미 분명해졌듯이, 저자가 이러한 주장을 하는 이유는, 김부식이 고구려 이후 옛 고구려 영토에 관련하여 『삼국사기』에서 중국의 입장이 아니라, 우리의 입장에서 역사를 편찬하여 기록한 게 없기 때문이다. 그래서 위 인용문의 저자는 분명하게 다음과 같이 주장하고 있다.

---

27 『역주 삼국사기』 1, 11~12쪽.

김부식이 신라 중심적 삼국사를 서술하고자 했던 것이 삼국사를 재편찬한 근본적인 동기라고 할 수 있다. 고려의 건국을 신라의 통일왕국을 계승한 국가로 파악하는 역사서술을 하게 된 것이다. 견훤과 궁예를 신라의 반역자로 처리함으로써 신라의 통일왕조와 그 계승국가로서 고려왕조의 역사상을 설정할 수 있었다.[28]

2) 『삼국유사』와 공시적 역사

그렇다면 『삼국유사』는 역사의 공시성이라는 관점에서 어떠할까? 저자는 모든 역사서가 근본적으로 자국(自國) 또는 자기 민족 중심적으로 기술될 수밖에 없다고 생각한다. 이 말은 역사적 사실을 왜곡해도 된다는 뜻이 결코 아니다. 한 가지 사건, 사실일지라도 역사가에 따라서 그 사실을 기록하느냐 그렇게 하지 않느냐에 따라서 역사가 될 수도 있고, 그냥 지나쳐버려서 결국 훗날에는 역사로 간주되지 않을 수도 있기 때문이다. 그래서 카는 다음과 같이 말하는 것이다.

역사란 무엇인가? 라는 물음에 대한 우리들의 대답은, 의식적이든 무의식적이든, 우리 자신이 처해 있는 시대적 위치를 반영하며, 따라서 그 대답은 우리들이 살고 있는 사회를 어떻게 볼 것인가 하는 보다 포괄적인 문제에 대한 우리들의 답의 일부가 된다. (…중략…) 랑케(Ranke)는, 1830년대에 역

---

28 『역주 삼국사기』 1, 13쪽.

사의 도덕화에 대해 정당한 항의를 제기하면서, 사가의 과업은 단지 사실을 본래 그대로(wie es eigentlich gewesen) 보여주는 것이라고 말했는데, 별로 심오하지도 않은 이 격언은 실로 놀라운 성공을 거두었다. 3대에 걸친 독일과 영국, 심지어 프랑스의 사가들은 본래 그대로란 마술적 문구를 주문(呪文)처럼 외우면서 진군했다. 그러나 이 주문도 대부분의 다른 주문들과 마찬가지로 스스로 생각해야 하는 귀찮은 의무로부터 그들 사가들을 해방시켜주는 것이었다. 과학으로서의 역사를 열심히 주장한 실증주의자들은 그들의 영향력을 발휘하여 그 사실 숭배를 더욱 조장했다. 실증주의자들은, 먼저 사실을 확인한 다음 결론을 이끌어내라고 말했다. (…중략…) 이것이야말로 상식적 역사관이라 불러도 좋을 역사관이다. 역사는 확인된 사실의 집합으로 이루어진다. 생선가게에서 생선을 입수하듯이, 사가는 문서나 비명(碑銘) 등에서 사실을 입수한다. 사가는 사실을 수집하여 집으로 가져와 자신의 구미에 맞게 요리하여 자신의 식탁에 올려놓는다.[29]

역사가가 하는 일은 원래 있었던 일을 있는 그대로 기록하는 것에서 출발하는 게 아니다. 그 이전에 어떤 일, 즉 사건을 기록하기 위해서 선택하느냐 하지 않느냐에서 출발한다. 즉, 기록이 먼저가 아니라 선택이 선행한다는 말이다. 말하자면, 선택을 하든 그렇지 않든 간에 이미 역사가의 주관이 개입된다는 말이다. 선택한 다음에는 어떤 단어를 사용해서 사건을 기록하는가에 따라서 역사적 내용은 후세에 얼마든지 달리 해석될 수 있으며, 따라서 이해의 정도도 엄청나게 달라질 수 있다. 그

---

29 E. H. Carr, 『역사란 무엇인가』, 9~10쪽. 강조는 저자.

렇기 때문에 역사가에 의해서 선택되지 않는 사건은 제 아무리 큰 사건일지라도 역사적 사료가 되지는 않으며, 따라서 만일 동시대, 동일한 시간에 여러 역사가가 목격한 큰 사건을 특정한 역사가는 전혀 다루지 않았다면, 그러한 역사가는 다분히 의도적으로 그렇게 행하였다고 생각할 수밖에 없을 것이다. 바로 이러한 점 때문에 저자는 위에서 역사는 자기 민족 또는 자국 중심적이 될 수밖에 없다고 한 것이며, 좁게는 역사가 개인 중심적이 될 가능성도 매우 큰 것이다.

　우리 역사에서 발해와 관련된 내용도 그와 마찬가지이다. 『삼국사기』는 발해를 우리 역사의 범위 안에서 전혀 언급하지 않았지만[30] 『삼국유사』는 발해를 분명하게 포함하고 있다. 『삼국유사』 「기이」 편에 등장하는 첫 국가는 고조선(古朝鮮; 王儉朝鮮)이다. 이어서 위만조선(魏(衛)滿朝鮮), 마한(馬韓), 이부(二府), 칠국이국(七國二國), 낙랑국(樂浪國), 북대방(北帶方), 남대방(南帶方), 말갈발해(靺鞨渤海), 이서국(伊西國), 오가야(五伽倻), 북부여(北扶餘), 동부여(東扶餘), 고구려(高句麗), 하한백제(卞韓百濟), 진한(辰韓), 신라(新羅), 남부여(南夫餘)・전백제(前百濟), 후백제(後百濟) 순으로 다루고 있다. 이들의 국가나 정체세력에 대한 배열이 어떤 원칙이나 서로간의 관련성이 내재하는지는 쉽게 찾을 수 없다. 순서가 국가혹은 정치세력의 등장 시기에 맞춘 것도 아니다. 고조선-삼한-삼국의 체계를 잡은 뒤 나름의 배열과 설명을 가한 것 같은데 확신하기는 어렵

30　물론 『삼국사기』에 발해가 전혀 언급되지 않는 것은 아니다. "『삼국사기』에는 발해의 이칭이 발해말갈(渤海靺鞨), 말갈발해(靺鞨渤海), 북적(北狄), 북국(北國) 등으로 기록되어 있으나 주로 부정적인 의미로 쓰였다." 이효형, 「『歷代年表』와 『三國遺事』를 통해 본 一然의 발해 인식」, 『동북아역사논총』 제18호, 동북아역사재단, 2007.12, 194쪽.

다. 말갈발해는 아홉 번째다."[31] 「기이」 편은 기전체 역사서인 『삼국사기』의 「본기」에 해당하는 것인데, 일연이 발해를 「본기」에 포함했다는 것은 발해를 우리 역사로 간주했다는 게 된다.

　『삼국유사』 「말갈발해」 조의 내용을 신뢰할 수 있는지 어떤 지의 문제는 지금 여기서는 그다지 중요하지가 않다. 무엇보다 중요한 점은 일연이 발해를 우리 역사의 일부로 분명하게 인식하고 있었다는 사실이며, 그에 따라서 발해의 영토도 자연스럽게 우리 역사의 공시성에 토대가 된다는 사실이다. 이는 물론 일연이 『삼국유사』를 저술할 당시를 말하는 게 아니다. 『삼국사기』든 『삼국유사』든 간에 비록 고구려, 백제, 신라의 삼국을 말하는 것이기는 하지만, 『삼국유사』가 발해를 포함하고 있다는 것은 고구려 멸망 이후에도 옛 고구려 영토를 역사적·공간적으로 아우른다는 것이며, 이는 그 공간에서 시간적으로 지속되는 역사적 정신이 계승됨을 의미한다. 한 마디로 말해서, 역사가라면 역사의 시간성을 역사의 정통성, 즉 계통 측면에서 반드시 다루어야 한다면 역사의 공간성은 역사적 정신을 공유한다는 면에서 반드시 다루어야 하는 것이다.

　역사의 무대인 공간을 달리하면 처음에는 그렇지 않을지라도 시간이 흐르면 흐를수록 같은 정신을 공유하기가 점점 더 어려워진다. 우리가 과거의 역사에서 배우려고 하는 것이 교훈과 정신이라면, 그것이 동일한 공간 안에서라면 쉽게 체득이 되어 이해할 수 있고 실천에 옮길 수가 있지만, 공간이 다를 경우에는 머리로는 이해가 될지언정 체득되는 게 아니기 때문에 제대로 이해한다고 말하기는 어렵다. 저자가 이렇게 말

31　위의 글, 199쪽.

하는 까닭은, 무엇이든지 제대로 이해한다면, 그에 따른 실천이 자연스럽게 수반되는 게 인간 삶의 이치이기 때문이다. 이러한 것은 다른 나라나 민족을 예로 들 필요도 없이 우리나라와 우리 민족을 살펴보면 분명해진다.

현재 다른 나라들도 마찬가지이지만 우리나라도 '다문화'라는 용어가 하나의 중요한 이슈이자 화두가 되고 있다. 어떤 이유에서건 그만큼 우리나라에 외국인들이 많이 이주하여 생활하고 있다는 뜻이다. 그런가하면 우리나라 동포들도 오래 전부터 외국으로 이주하여 살고 있으며, 우리는 예를 들어 그들을 재미교포 또는 재일교포 등으로 부르고 있다. 말하자면 현재 우리나라에서 살고 있는 외국인이건 아니면 외국으로 이주하여 생활하고 있는 우리나라 동포이건 간에 모두들 공간을 이동했다는 말이다. 그렇다면 그들 모두는 현재 살고 있는 곳에서 모든 면에서 순조롭게 잘 적응하고 정착하여 살고 있을까? 그것은 영원한 희망사항으로 끝나버리고 말 것이다. 그들은 원래 그곳에서 거주하고 있던 사람들, 즉 먼저 그 공간을 점유하고 있던 민족들로부터 배척을 당하며 살고 있는 게 부정할 수 없는 현실이다. 이러한 현실은 지금까지의 역사가 증명해주고 있는 것이다. 물론 그런 상황이 무조건 지속된다고 할 수는 없다. 시간이 흐르면서, 삶의 공간을 함께하면서 그들은 동화되어 나간다. 그렇다면 어떻게 무엇이 동화되는 것일까? 그것은 바로 이주민들이 선주민들의 정신에 동화되기 때문이다. 물론 선주민들의 시대정신도 시간이 흐름에 따라 얼마든지 변할 수 있다. 하지만 그것은 선주민들의 전통 속에서 바뀌는 것일 뿐, 외부에서 유입된 요소에 의해서 선주민들의 정신 바뀌려면 많은 시간이 흘러야만 가능한 일이다. 그러나 이주민들의 정신은 삶의 공간이 바뀜으로 인해서 매우 빨리 변하며, 심지어는 한 세대가 흐르기 전에도 바뀌는 경우가 허다하다. 따라서 역사의 공간을 함께한다는 것은 정신, 더욱 정확하게 말해서 역사적 '이념'을 함께한다는 의미이며, 그만큼 역사의 공간성, 즉 공시적 역사는 역사를 논함에 있어서 절대로 제외해서는 안 되는 토대이다.

이와 같은 이유로 해서 일연은 『삼국유사』에 발해의 역사를 포함시켰을 것이다. 『삼국유사』를 저술하면서 고조선으로부터 시작하는 우리의 역사를 위만조선과 마한으로 이어지는 것으로 체계를 세운 일연은 신라의 삼국통일 이후에는 적어도 공간적으로 옛 고구려의 영토에 건국한 발해를 우리 역사에 포함시킨 것이다. 『삼국유사』 「말갈발해」 조의 내용이 이를 뒷받침하고 있다. 내용을 인용하면 다음과 같다.

> 삼국사에 이런 말이 있다. 의봉(儀鳳) 3년 고종(唐高宗) 무인년에 고구려의 잔당(殘黨)이 그 무리를 모아 북으로 태백산 아래에 웅거하여 국호를 발해라 했다. (…중략…) 신라 고기(古記)에 이런 말이 있다. 고구려의 구장(舊將) 조영(祚榮)의 성은 대씨(大氏)인데 남은 군사를 모아 태백산 남쪽에서 나라를 세우고 국호를 발해라 했다. (…중략…) 가탐(賈耽)의 군국지(郡國志)에 발해국의 압록(鴨綠)·남해(南海)·부여(扶餘)·추성(橻城) 4부(府)는 모두 고구려의 옛 땅이라 했다.[32]

위 인용문에 발해가 고구려의 정신을 이었다는 내용은 물론 없다. 그

---

32 『삼국유사』, 90~91쪽.

것은 후세인들이 밝혀내야 할 일이다. 그보다 더욱 중요한 것은 발해를 건국한 대조영(大祚榮)이 고구려의 옛 장수라는 점과 발해의 영토가 옛 고구려 영토라고 하는 점이다. 대조영이 고구려의 옛 장수라면 발해의 백성들도 고구려의 옛 백성들일 것이라는 추론도 자연스럽게 가능해진다. 다시 말해서, 시기적으로 발해가 고구려 멸망 후의 시기와 곧 바로 이어지는 것은 아니지만, 고구려-발해의 공간적 공통점과 백성들의 공통점은 지극히 자연스러운 것이기 때문에, 일연이 삼국을 칭함에 있어서도 고구려-백제-신라를 말하고, 신라의 통일 이후에 백제 영토는 신라에 편입되었으므로 통일신라-발해라는 관계가 성립하는 것이다. 그렇다고 해서 일연이 『삼국유사』에서 고구려에 이어지는 역사의 계통을 발해로 설정했다는 것은 아니다. 그 까닭은 「왕력(王曆)」에서는 발해가 배제외어 있기 때문이다. 그렇지만 "「기이」 편에 말갈발해조(靺鞨渤海條)를 설정한 것은 그가 발해를 한국사로 이해한 대표적인 증거이다. (…중략…) 요컨대 고려 후기 13세기를 살다간 승려이자 역사가 일연이 발해를 한국사의 범주에 넣어 이해한 것은 사학사적인 측면에서 대단히 중요한 의의를 지닌다. 현전하는 사서 가운데 말갈발해라는 하나의 항목을 넣어 발해사를 서술한 것은 최초이기 때문이다. 하지만 발해 인식에서 한계성을 엿보이기도 한다. 물론 이 한계성이라는 것은 일연이라는 한 개인의 한계성일 수도 있지만, 13세기 고려가 처한 현실에서 나온 한계성일 수도 있다. (…중략…) 일연이 발해를 한국사로 인정한 것은 사실이다. 하지만 신라와 비슷한 비중을 부여하는 남북국시대와 같은 역사인식에는 훨씬 미치지 못하였다."[33]

이와 같은 일연의 공시적 역사관은 발해가 926년에 멸망하고 고려가 후삼국을 통일한 지 350년도 더 지난 시점에서 『삼국유사』를 저술하면서 변할 수밖에 없었을 것이다. 우선 고려가 통일신라와 영토 면에서 거의 겹친다. 그리고 고려 건국 이후 몇 번에 걸쳐서 국경의 변화를 겪기는 하지만, 오늘날과 달리 당시에는 뚜렷한 국경이라고 단정하기 어려운 상황에서, 고려는 옛 고구려 영토를 실질적으로 통치하지 못하고 있던 와중에 몽고의 대규모 침략을 받기에 이른다. 이처럼 우리는 역사의 무대인 영토가 변화하면서 일연의 공시적 역사관도 변할 수밖에 없었다고 이해해야 한다. 앞서도 살펴보았듯이, 오늘날의 재외동포이건 아니면 일연의 『삼국유사』 저술 당시이건 간에 비록 한 핏줄, 한 민족이 도처에서 살고 있을지라도 삶의 공간을 달리한다면 정신의 동일성을 지속시킨다고 말하기가 어려우며, 따라서 역사의 공시성은 동일한 공간에 살고 있는 사람들이 시대정신을 공유한다는 측면에서 역사를 연구할 때 매우 중요하다는 것을 알아야만 된다.

---

33 이효형, 「『歷代年表』와 『三國遺事』를 통해 본 一然의 발해 인식」, 210~212쪽.

3. 역사의 요소

1) 자연연관성과 지리

사람들은 저자가 어떤 근거로 역사의 요소로서 '자연'을 논하고자 하는지 의문을 가질 것이다. 그도 그럴 것이 자연은 그 자체로 무역사적이기 때문이며, 역사는 오직 인간만의 역사이기 때문이다. 저자도 이점을 결코 부정하지 않는다. 자연이 역사의 요소이기는 하지만, 자연이 역사적이라는 주장을 하려는 것은 아니기 때문이다. 그렇다면 자연이 역사의 요소라는 근거는 무엇인가?

지금까지의 여러 학문에서 자연을 연구의 대상으로 삼기는 했지만, 자연 그 자체에 (적어도 인간의 역사라는 의미와 같은) 역사적인 의미를 부여한 연구는 없었다. 그것은 자연이 단순히 변화와 반복만을 거듭할 뿐 발전이나 퇴보 또는 순환 등과 같은 역사관이나 법칙을 적용할 수 없었기 때문이다. 어떤 사람들은 자연이나 다른 생물들이 '진화'하지 않느냐고 반문할지 모른다. 진화는 인간의 입장에서 본 관찰과 연구의 결과이지, 자연의 측면에서는 환경변화에 대한 적응의 결과로 스스로 변화한 것이지 그 자체적으로는 진화라고 할 수가 없다. 마찬가지로 자연의 법칙이라고 하는 것들도 인간이 편리하게 법칙으로 규정해놓은 것이지, 자연 자체에는 법칙이 내재해 있는 게 아니다. 바로 이러한 까닭으로 자연은 무역사적이라고 하는 것이며, 따라서 자연을 역사의 요소로 간주하지 않고 있는 것이다.

우리가 '과거에 일어난 사건' 또는 '그 사건에 대한 기록'을 역사라고 정의할 때, 이때 사건은 천재지변이나 인간과는 무관한 자연의 자체적인 변화를 말하는 게 아니라 인간이 일으킨 사건들을 일컬으며, 이러한 사건들을 기록하여 역사라고 하면서도 자연에 의해서 영향을 받은 점에 대해서는 중요한 의미를 그다지 부여하지 않는다. 이처럼 과연 자연이 역사와의 관련에서 무의미하고 전혀 중요하지 않기만 할까? 이 말에 동의하는 사람일지라도 자연이 인간의 역사에 영향을 끼치는 게 전혀 없다고 말하지는 못할 것이다.

원시시대 인간은 자연의 위력 앞에 무력한 모습으로 순응하며 살았다. 먹을 것을 찾아 떠돌아다니며 자연이 제공해주는 쉼터에 주거지를 마련하고 추위를 견뎌냈다. 그러다 우연히 발견한 불(火)과 농경을 알게 되면서 정착을 하게 되지만, 자연에 대한 의존은 유목 생활을 하던 때와 다르지 않았다. 이때의 인간은 전적으로 자연에 의존해서 살았으며, 그들만의 역사를 개척하거나 간직하지도 못하면서 그저 자연의 일부분으로 생존만을 영위할 뿐이었다. 더구나 아직 문자가 발명되기 이전 시대라서, 그 시대를 후세 사람들은 선사(先史)시대, 즉 역사 이전의 시대라고 부른다. 선사시대는 문자에 의한 기록이 남아 있지 않기 때문에 고고학에 의존하여 연구가 진행되는데, 연구의 성과들은 주로 인간이 어떻게 자연에 의존하여 정착하고 집단을 이루어 살기 시작했는가 하는 것들을 밝혀내는 게 대부분이다.

선사시대에 이어서 역사시대로 들어오면서 인간의 여러 활동이 문자로 기록되어 오늘날까지 전해지고 있기는 하지만, 여전히 인간은 자연 앞에 무력하기 짝이 없으며, 위대한 고대문명이라고 불리는 중국 ·

인도 · 메소포타미아 · 이집트 문명도 황하 · 인더스 · 갠지스 · 유프라테스 · 티그리스 · 나일 강 등의 강 유역에서 발생하였다. 이어서 인간의 문명이 조금씩 발전함에 따라 거주 지역은 확대되어 갔지만, 인간은 자연으로부터 벗어날 수는 없었다. 거주 지역이 달라지고 오랜 정착생활을 거치면서 각 지역의 자연적 특성에 따라서 거주민들의 기질이나 품성도 조금씩 달라지기 시작했으며, 거주 지역의 위치와 기후도 인간의 삶에 지대한 영향을 미치게 되었다. 예를 들면, 일 년 내내 뜨거운 여름이 계속되는 지역과 추운 겨울만 있는 지역에 사는 사람들의 기질이나 특성이 같을 수는 없다. 4계절이 뚜렷하게 나타나는 지역이라고 하더라도 산이 많은 지역과 넓은 평원이 펼쳐진 지역, 그리고 바다로 둘러싸인 섬나라 거주민의 기질과 특성도 서로 많이 다르다.[34] 이는 모두 거주 지역의 지리 또는 자연적 환경이 지대한 영향을 끼치기 때문에 그러하다.

인간은 그러한 자연적 환경에 순응하며 살기도 하고 극복하며 살기도 한다. 특히 자연적 환경이 가지고 있는 난관을 극복하기 위해 사람들은 다른 지역으로 눈을 돌리는데, 그 과정에서 다른 지역의 사람들과 전쟁을 벌이기도 한다. 말하자면, 영토 확장 또는 이동인 셈인데, 이것도 교통과 통신이 발달하기 이전 시대에는 일본이나 영국처럼 바다로 둘러싸인 지역은 상대적으로 영토 확장에 따른 침략을 덜 받은 반면, 유럽의 평원지대처럼 국경을 구별하기가 쉽지 않은 지역에서는 수많은 침략전쟁

---

34 역사와 기후의 관계에 대해서는 '브라이언 페인건, 윤성옥 역, 『기후는 역사를 어떻게 만들었는가』, 중심, 2002'를 참고하기 바람.

이 일어났던 것이다. 인류 역사에서 전쟁만큼 커다란 영향을 준 사건은 없다. 세계대전이라고 부를 정도로 전 세계적으로 일어난 전쟁도 있었고, 좁은 지역 안에서 같은 민족들 간에 행해진 전쟁도 있었다. 이러한 전쟁들 대부분은 인간의 생존을 위해 필요한 자원 확보를 위해 치러진 침략전쟁 또는 약탈전쟁이었으며, 현대에도 석유를 비롯한 자연 자원 확보가 전쟁의 궁극적인 원인인 경우가 많다.

고대에는 서양이나 동양이나 할 것 없이 자연을 그 자체적으로 운동하는 것으로 인정하고 만물의 근원을 자연에서 찾았다. 서양철학사에서 맨 앞에 등장하는 탈레스(Thales, B. C. 6세기)는 만물의 근원인 아르케(Arche)를 '물[水]'이라고 주장한 이후로 무한자(Apeiron), 공기, 4원소설(元素說) 등 아르케를 모두 자연에서 찾았으며, 인간은 만물의 근원과는 근본적인 관련이 없는 것으로 파악하였다. 물론 자연을 파악하고 인식하며 이해하고 평가하는 주체가 인간이기는 하지만, 적어도 인간을 만물의 근원이라고 하지는 않았다. 그렇게 만물의 근원을 자연에서 찾다보니 그것을 찾는 주체가 인간이라는 것을 알게 되었고, 프로타고라스(Protagoras)는 '인간이 만물의 척도(homo mensura)'라고 주장하기에 이른다. 대상을 바라보면서 서서히 인식의 주체를 세상의 중심으로 등장시키기 시작한 것이다. 이때부터 서양에서는 조금씩 자연과 거리를 두게 되며, 인간이 자연을 바탕으로 점점 더 발달된 문명사회를 건설하면서 자연을 지배의 대상으로 여기게 되었다. 그러한 가치관과 자연관이 아주 잘 드러나 있는 곳은 바로 성서(聖書)이다.

성서의 「창세기 1장 27~28절」에는 다음과 같이 적혀 있다:

하느님께서는 당신의 모습대로 사람을 지어 내셨다. 하느님의 모습대로 사람을 지어 내시되 남자와 여자로 지어 내시고, 하느님께서는 그들에게 복을 내려 주시며 말씀하셨다. '자식을 낳고 번성하여 온 땅에 퍼져서 땅을 정복하여라. 바다의 고기와 공중의 새와 땅 위를 돌아다니는 모든 짐승을 부려라!'

하느님의 모습대로 지어진 사람들은 자연에 대해 어떤 생각을 할까? 남자와 여자로 지어진 사람들은 자식을 낳고 온 땅 위에 퍼져나가 지금은 지구상에 70억이 넘는 사람들이 있으며, 그중에서 중국 인구는 13억이 넘고 인도는 12억이 넘는다고 한다. 이만하면 가히 온 땅에 퍼졌다고 해도 될 것이다. 이렇게 많은 사람들에게 '땅을 정복'하고, '바다의 고기와 공중의 새와 땅 위를 돌아다니는 모든 짐승을 부려라' 하고 하느님이 말씀하신 것 ─ 이것이 실제로 하느님이 하신 말씀이라는 전제하에 ─ 은 어떤 의미일까? 정복이란 상대를 복종시킨다는 뜻도 있지만, 어려운 일을 극복하고 끝내 성취한다는 의미와 함께, 다루기 어려운 대상을 자기 마음대로 할 수 있게 되었다는 뜻도 포함하고 있다. 그렇다면 땅을 진정으로 정복한다는 것은 땅을 인간에게 복종시킨다는 의미는 아닐 것이며, 오히려 땅을 인간의 마음대로 할 수 있도록 한다는 뜻이 더 클 것이다. 또한 그러기 위해서는 사람들은 먼저 땅에 대해서 모든 것을 알지 않으면 안 된다. 그 때문에 과학이 발전해 왔으며 인간은 자연의 여러 법칙들을 알아내었지만, 그것은 인간이 알고 있는 한도 안에서만 그런 것이지, 인간이 자연의 본질에 대해서는 결코 영원히 알 수가 없다. 그리고 인간이 아무리 자연의 변화, 즉 자연재해에 대해서 대비를 한다고는 하지만 인간의 힘이나 능력은 자연 앞에서 무력하기 짝이 없다. 인류 역사상 수많은 자연재해가 이를 잘 증명해주고 있다. 그러므로 땅은 결코 인간에 의한 정복의 대상이 아니다.

다음으로는, 모든 동물을 부리라고 하는 하느님의 말씀인데, 과연 인간이 다른 동물들을 마음대로 부릴 수가 있을까? 제대로 부리는 일은 부리는 사람 마음과 피동체(被動體)의 마음이 완전히 하나가 될 때에만 가능한 일이다. 사람과 사람 사이라면 명령을 받는 자가 명령에 따라서 100% 움직이기만 하면 그것은 가능한 것처럼 보이기도 한다. 그렇지만 창세기의 내용은 인간과 다른 동물들 사이의 관계에 대해서 인간이 부림의 주체이고 다른 동물은 객체라고 명시되어 있다. 인간과 다른 동물들 사이는 인간과 인간 사이와 같은 소통이 가능하지 않다. 그렇기 때문에 인간은 다른 동물들을 '제대로' 부릴 수가 없다. 제대로 부리는 것처럼 보이는 경우도 알고 보면 온갖 폭행 도구나 고문 도구 같은 것을 사용해서 인간의 마음대로 움직이게 하고 싶을 따름인 것이다. 지금까지 저자가 역사와는 관련 없어 보이는 내용을 비교적 길게 논한 까닭은 '자연'이 얼마나 중요하고, 그래서 인간의 삶에 얼마나 큰 영향을 주는지에 대해 강조하기 위함 때문이다. 인간은 위대하고 경이로운 자연에 대해서는 말할 것도 없고 다른 동물들조차 결코 인간 마음대로 어떻게 할수가 없다. 인간이 다른 동물들에게 가장 편리하게 마음대로 하는 행위는 바로 살육을 하는 행위이다. 살육행위보다 더 쉽게 인간이 마음대로 하는 것은 없다. 이런 행위를 두고 인간의 위대함이라고 한다면 이 세상에서 인간보다 더한 해충(害蟲)은 없다.

땅, 즉 자연의 위력은 여기서 더 이상 상세하게 논할 필요가 없을 정도로 인간의 삶에 큰 영향을 끼쳐오고 있다. 개인의 삶을 바꾸어버리는 것은 물론이고 전쟁의 승패를 역전시키기도 했으며, 인간이 이루어 놓은 문명을 송두리째 삼켜버리기도 했다. 지금은 인류가 가진 핵무기로 지구를 멸망시켜버릴 수도 있지만, 그럴 경우 인류도 함께 종말을 고해야 한다. 그렇다고 해서 저자가 자연도 역사성을 지니고 있다고 주장하는 것은 아니다. 그것 보다는 인간의 모든 역사적 업적과 행위가 실제로는 자연을 바탕으로 해서만 가능하다는 말이며, 자연이 포용하는 범위 안에서만 가능하다는 말이고, 무의식중에도 자연성은 역사성에 영향을 끼친다는 말이다.

동양에서도 『도덕경(道德經)』에 '천법도 도법자연, 무위자연(天法道 道法自然, 無爲自然)'을 말하는데, 물론 이때는 명사(名辭)로서의 자연이 아니지만, 도가사상(道家思想)뿐만 아니라 동양사상 전체가, 넓게는 명사로서의 자연까지도 포함해서, 인간 안에 내재한 자연성뿐만 아니라 인간을 자연의 일부라고 여겨왔으며, 그러한 생각이 오늘날까지도 지속되고 있다. 한 마디로 말해서, 동양은 인간이 자연에 순응하는 과정에서 이루게 된 결과를 역사로 간주한다고 할 수 있다. 물론 동양에서의 모든 역사적 사건이 자연과 밀접하게 연관되어 있다는 뜻은 아니다. 그 보다는 개인뿐만 아니라 구성원 전체의 어떤 행위의 결과조차도 동양에서는 자연의 순리 또는 자연의 직·간접적 영향하에 이루어진다고 믿어왔다는 점을 강조하기 위함이다.[35]

---

[35] 전체 지구를 하나의 생명체로 간주하는 러브록의 "가이아 가설, 자연을 반드시 우리가 정복하여야만 하는 본원적 힘을 가진 대상으로 간주하는 이제까지의 독선적 견해에 대한 대안이 될 것"이라고 한다. 이처럼 자연 또는 지구 전체가 인간의 삶에서 결코 분리

이렇듯 자연을 직접적으로는 역사적이라고 할 수는 없지만, 역사적 존재로서의 인간은 결코 자연을 떠나서는 생존할 수가 없기 때문에, 아니 그보다는 인간이 자연적 환경이나 지리적 위치 때문에 수많은 역사적 사건들을 일으켜왔고 앞으로도 또한 그럴 것이기 때문에, 역사를 논할 때 자연은 반드시 고찰되어야 할 요소이다. 그래서 신채호는 다음과 같이 말한다.

개(盖) 지리(地理)란 자는, 기(其) 민족의 특질을 여(與)하며 습관을 여하여, 범(凡) 인심(人心)·풍속(風俗)·정치(政治)·실업(實業)에 일일(——)이 밀접 관계를 여한 자니, 국민된 자가 — 차(此)에 연구하여, 자가(自家)의 특성을 발휘하며 결처(缺處)를 보충함이 역기(亦其) 천직야(天職也)니라.[36]

우리는 어떤 특정한 지역에 사는 사람들은 품성이 온순하고, 어떤 다른 지역에 삶의 터전을 두고 있는 사람들은 포악하다는 편견이나 선입견을 가져서는 안 된다. 그렇지만 현대와는 달리 교통과 통신이 발달하지 못한 예전에는 산과 골이 깊어서 맹수가 많고, 게다가 황무지가 많아서 곡물을 재배하기가 어려운 지역에 사는 사람들이라면 생존에 대한 욕구와 본능이 상대적으로 무척 강할 것이고, 따라서 품성이 매우 강인할 수 있을 것이다. 또한 바닷가에서 풍랑과 파도와 싸우며 생존해 가던

될 수 없는 동반자이자 전제라면, 인간의 행위 과정이자 결과인 역사에서 결코 배제되어서는 안 될 노릇이다. J. E. 러브록, 홍욱희 역, 『가이아―생명체로서의 지구』, 범양사 출판부, 1999 참조

36 신채호, 「讀史新論」, 『丹齋申采浩全集』 상권, 477쪽.

사람들도 상대적으로 생명력이 강인할 수가 있다. 반면에 곡물이 잘 자라는 기후와 지역에 살면서 자연재해마저 빈번하지 않는 곳에 산다면, 사람들의 마음은 평화로울 것이며 어쩌면 품성은 상대적으로 나약해질 수도 있을 것이다. 그래서 예를 들어, 생존을 위해 침략이 시작되면 곧 전쟁이 벌어질 수밖에 없을 것이며, 전쟁을 일으키게 한 근본적이지만 간접적 원인이라고 할 수 있는 자연적 환경이나 지리적 영향 등은 역사에는 전혀 기록되지 않을 수도 있는 것이다. 바로 이와 같은 점을 신채호는 중요하게 여기고 살폈지만, 다른 역사가나 역사학자들은 단지 자연이 '무역사적'이라는 것 때문에 역사의 요소로 인정하지 않고 있는 실정이다.[37]

비록 자연 자체는 무역사적이지만, 그래서 사람들은 자연을 생명체로 인정하지 않는 경향이 있고, 자연의 경제적 가치 또한 사람들에 의해서 인정되지 않을 때는 전혀 가치 없는 것으로 간주하고 있지만, 인간을 포함해서 '생명 있는 모든 것은 결국 죽는다'는 지극히 평범한 자연의 이치가 자연을 역사의 무대로 끌어들인다. 국가나 민족이 위치한 지리적 환경이 '민족성'이나 '국민성'을 형성하는 데 사실은 지대한 영향을 끼

---

37 신채호는 역사의 3대 요소를 "시 · 지 · 인(時 · 地 · 人)"(「『朝鮮上古史』總論」, 위의 책, 36쪽)이라고 분명히 말하고 있다. 그는 시 · 지 · 인을 역사의 요소로 삼아야 하는 역사가의 임무를 다음과 같이 규정하고 있다. "역사의 필(筆)을 집(執)한 자 ─ 필야(必也) 기(其) 국(國)의 주인되는 일종족을 선(先) 발현하여, 차(此)로 주제를 작(作)한 후에, 기 정치는 약하(若何)히 장이(張弛)하였으며, 기 실업(實業)은 약하히 창락(漲落)하였으며, 기 무공(武功)은 약하히 진퇴하였으며, 기 습속(習俗)은 약하히 변이하였으며, 기 외래각족(外來各族)을 약하히 흡입하였으며, 기 타방이국(他方異國)을 약하히 교섭함을 서술하여야, 어시호(於是乎) 역사라 운(云)할지니, 만일 불연(不然)하면, 시(是)는 무정신의 역사라. 무정신의 역사는 무정신의 민족을 산(産)하며, 무정신의 국가를 조(造)하리니, 어찌 가구(可懼)치 아니하리요." 신채호, 「讀史新論」, 같은 책, 472쪽.

치고, 그것을 극복하는 과정에서 인간만의 역사가 발생한다고는 하지만, 직접적이든 간접적이든 자연을 역사의 요소로서 인정하는 순간부터 역사는 결코 진보하거나 발전한다고 단정적으로 규정할 수는 없을 것이다. 인간은 무엇을 근거로 역사가 발전 또는 진보한다고 할 수 있는가? 인간의 평균수명이 늘어나는 것이 곧 발전인가? 물론 그럴 수도 있다. 그러한 것이 개인에게는 발전으로 보일 수도 있지만, 유적(類的) 존재로서 인간만이 아니라 생물계 전체로 봤을 때는 인류가 멸망의 길로 들어섰는지 이미 오래되었을지도 모를 일이다. 오염된 땅과 물, 공기 등은 인류 전체를 한 순간에 멸망시킬 수도 있기 때문이다. 또한 인간이 다른 동물들을 살육하는 것도 모자라서 같은 인간에 대한 살상도 아무런 죄의식 없이 행하고 있는 게 분명한 현실이다. 이 모든 것이 인간이 '발전'이라고 생각하고 자랑스러워하고 있는 문명의 결과물에 의해서 행해지고 있다.

자연은 인간이 행하는 모든 행위를 받아들이는 듯하지만 실상은 그렇지 않을 때가 많다. 핵실험조차도 자연이 견디어 낼 수 있는 범위 안에서만 가능한 행위이다. 땅 속 깊숙한 곳, 저 아래에서 어떤 일이 일어나고 있는지 인간은 알지를 못한다. 거듭되는 핵실험이 어떤 지각변동을 일으키는지 구체적으로 모르면서도 연구의 결과물을 잘도 내놓는 게 인간이다. 한 순간의 지진해일은 수십만 명의 생명뿐만 아니라 해일이 발생한 지역을 초토화시켜버린다. 이외에도 산사태나 지진, 가뭄과 홍수, 화산폭발 같은 천재지변에 대해 인간은 속수무책이다.

자연은 전체가 '생명'이다. 생물학적 의미의 생명만 생명인 것은 아니다. 예를 들면, 인간이 광물질을 함께 먹어야만 살 수 있듯이, 모든 생명체가 무생명체를 생존의 바탕으로 삼고 있으며, 생명체와 무생명체를 모두 포함해서 우리는 '자연'이라고 부른다. 이러한 자연이 인간의 역사에 직접적이든 간접적이든 영향을 주어 온 것은 분명하며, 따라서 이제부터라도 자연을 역사의 필수 요소로 인정하지 않으면 안 될 것이다.

김부식은 『삼국사기』에서 역사에 끼친 자연의 여러 가지 영향과 사건을 매우 비중 있게 다루고 기록하였다. '자연과 인간의 대응'이라는 차원에서 『삼국사기』를 집중적으로 분석한 신형식에 따르면, "『삼국사기』의 내용 중에서 천재지변의 기사가 전체의 27.4%나 되고 있어 전쟁·외교기사보다 훨씬 높은 비중을 갖고 있었다. 더구나 이러한 천재지변은 그에 대응하는 정치적 변화를 수반하고 있기 때문에 각각의 천변·괴이가 갖고 있는 의미를 살펴볼 필요가 있다"[38]고 할 정도로, 김부식은 역사에서 자연의 변이가 차지하는 역할을 중요하게 생각하였다. 그러한 것을 우리는 김부식이 왕의 죽음을 천재지변이 발생한 것과 함

---

38 신형식, 『삼국사기의 종합적 연구』, 271쪽. 신형식은 계량적 분석과 통계적 방법을 사용하여 『삼국사기』의 내용을 분석했는데, 그의 목적은 다음과 같다. "자연의 변화(천재지변)와 인간(왕)의 활동(정치·전쟁·외교)이 어떠한 상관관계를 갖고 있었고, 시대에 따라 그것이 변화하는 과정을 주목하려는 것이다. 그리고 「본기」 분석을 계량사학적 이론에 의한 통계적 방법을 취하였다. 특히 천재지변의 오행적 설명과 정치적 의미에도 많은 관심을 두려는 것이다. (…중략…) 「본기」 내용은 크게 정치·천재지변·전쟁·외교의 4부분으로 구분할 수 있다. 이러한 구별은 원자료나 편찬자의 작사(作史) 태도에서 나온 것이 아니다. 어디까지나 「본기」 내용을 분석한 결과로 나타난 것이며 『삼국사기』의 기록에 나타난 고대사회에 있어서의 역사서술의 내용에서 추출한 저자의 생각일 뿐이다. 다시 말하면 위에 든 4항목의 내용은 '자연의 변화'와 '인간의 대응' 속에서 천상(자연이변)과 지상(정치행위)의 상관관계를 설명하는 것으로서, 그 속에서 군신의 도리, 국가의 안위, 인민의 이란(理亂) 등을 찾아 역사서술의 목적을 제시하려는 것이라 믿는다." 같은 책, 23~27쪽. 따라서 『삼국사기』의 기사내용을 주요항목에 따라 고찰하기 위해서는 이 연구 성과가 매우 많은 도움을 줄 것이라고 생각한다.

께 기록한 곳에서 엿볼 수 있으며, 천재지변과 일상에서 일어난 일들을 직접적으로 관련 짓고 있지는 않지만, 전염병의 창궐이나 외부의 침입을 유성이 떨어진 것과 함께 기록한 내용도 있으며, 가뭄에 왕이 기우제를 지낸 기록도 찾아 볼 수 있다. 이렇게 김부식은 자연이 역사에 미친 영향에 대해 인과관계를 두고 기록한 것은 아니지만, 『삼국사기』에 기록할 만큼의 역사적 사건으로 간주한 것은 분명하다고 하겠다.

　그런데도 김부식이 발해를 우리 역사에서 제외한 것을 보면 공시적 역사와 천연재해를 완전히 별개로 취급했다고 할 수 있다. 그가 자연에서 발생하는 온갖 현상은 역사와 관련지으면서도, 역사적 정신을 함께 공유하는 지리적 위치에 대해서는 소위 대국(大國)인 중국을 의식하여 발해의 역사를 제외한 것은 아닌가 하는 의구심마저 들기도 한다. 반면에 자연현상들은 왕의 치세(治世)나 민심의 동향 그리고 대외적인 전쟁 등의 역사적 사건들과 함께 기록함으로써 중요시하였다.

　이와 대조적으로, 일연은 『삼국유사』에 자연현상이나 천재지변에 대해서는 세세하게 기록하지 않았다. 어쩌면 그런 기록들이 『삼국사기』에 자세하게 기록되어 있어서 일연 스스로는 『삼국유사』에 더 이상 기록할 필요성을 느끼지 못했을 수도 있을 것이다. 명칭 그대로 『삼국사기』에 대한 '유사(遺事)'라면 더욱 그러 할 것이다. 저자가 이렇게 짐작하는 까닭은 일연이 역사에서 지리적 위치, 즉 공시적 역사를 매우 중요하게 생각한 결과 발해를 우리 역사에 포함시켰으며, 또한 『삼국유사』에 신이(神異)한 여러 현상들은 기록하면서 천재지변과 역사적 사건들을 의도적으로 제외했다고 보기는 어렵기 때문이다. 그렇다고 해서 그가 천재지변을 전혀 기록하지 않은 것은 아니며, 기록한 내용도 신이한 현상들과 관련짓고 있는 것에서 그의 의도가 충분히 드러난다고 할 수 있다. 예를 들면, 「연오랑과 세오녀」 조에는 다음과 같은 내용이 있다.

세오는 그 남편이 돌아오지 않음을 괴이히 여겨 가서 찾다가, 남편의 벗어 놓은 신이 있음을 보고 또한 그 바위에 올라가니, 바위는 또한 그 전처럼 세오를 싣고 갔다. 그 나라 사람들이 보고 놀라서 왕께 아뢰니, 부부가 서로 만나게 되어 귀비(貴妃)로 삼았다. 이때 신라에서는 해와 달이 빛이 없어지니, 일관(日官)이 말했다. 해와 달의 정기가 우리나라에 있었던 것이 지금 일본으로 가버린 때문에 이런 괴변이 일어났습니다.[39]

이로 보아 일연이 천재지변이나 자연의 특이한 현상을 기록하지 않은 게 아니라 그러한 현상들을 신이한 사건들과 관련지어 기록한 것이라고 할 수 있다. 그렇기 때문에 일연은 역사의 요소로서 지리적 위치와 영토의 중요성뿐만 아니라 자연현상이나 천재지변이 역사적 사건에 끼친 영향에 대해서도 함께 기록했다고 하겠다.

2) 인간

역사라 하면 분명 인간의 역사인데, 저자는 역사의 요소로서 인간에 대해 가장 먼저 논하지 않고 어찌하여 자연을 먼저 논한 다음에 인간을

---

39 『삼국유사』, 121쪽.

다루려고 하는 것일까? 그 까닭은 대부분의 역사가나 역사학자들이 인간의 삶에 있어서 자연의 중요성을 인식하면서도 무역사성으로 인해서 역사를 논하는 데에서 자연을 배제함으로써 역사적 사건과 자연의 관련성을 거의 다루지 않기 때문이다. 그래서 저자는 역사에서도 자연이 얼마나 중요한지를 강조하기 위하여 인간보다 앞서서 다루었을 뿐이다. 하지만 역사는 자연의 역사가 아니라 인간의 역사인 것은 분명하며, 저자도 이를 결코 부정하지 않는다. 더욱이 자연이 역사의 요소이기는 하지만 역사의 주체는 어디까지나 '인간'뿐이다. 그렇기는 하지만 모든 사람이 역사의 주체로 기록될 수는 없는 노릇이다. 저자는 여기서 주로 역사의 주체가 '민중'인지 '영웅'인지에 대해서 논하려고 한다.

특히 『삼국사기』와 『삼국유사』에 관한 연구들을 살펴보면, 한 마디로 말해서 『삼국사기』는 왕을 중심으로 한 지배층을 중심으로 편찬된 반면에, 『삼국유사』는 상대적으로 민중의 삶을 많이 다루었다는 평가를 받고 있다. 그것은 『삼국사기』가 관찬서인 정사이고 『삼국유사』가 사찬서인 야사이기 때문이기도 할 것이다. 물론 『삼국사기』는 '영웅사관'을 반영하고 『삼국유사』는 '민중사관'을 반영한다는 식으로 한 마디로 단정해서 규정해서도 안 되지만, 『삼국사기』 열전에는 김유신을 비롯해서 후세에 영웅이라고 칭해지는 사람들에 관한 기록이 대부분인 것은 사실이며, 『삼국유사』에는 지극히 평범한 사람들에 관한 기록이 많은 것 또한 사실이다.

어쨌든 모든 사람이 역사서에 기록될 수 없는 것은 분명하며, 이러한 점은 앞으로도 영원히 그럴 수밖에 없다. 지금까지 모든 역사서에는 소수의 영웅이나 지배층이 역사의 주체로 기록되어 왔지만, 여기서는 '민중'[40]의 역할도 반드시 고려해야만 된다. 왜냐하면 지금까지 다른 나라의 역사이건 우리나라의 역사이건 간에 많은 역사적 사건이 결국에는 영웅이 역사의 주체인 것으로 기록하고 있지만, 출발에서는 민중을 중심으로 시작된 것들도 많이 있기 때문이다. 아니 그보다는 결과적으로 영웅으로 기록된 사람도 민중의 호응이나 적극적인 지지가 없었더라면 역사에서 제 역할을 수행할 수 없었을 것이고, 따라서 민중의 역할이 영웅을 탄생시킨다는 측면에서 보더라도 역사에서 민중의 역할은 매우 중요하기 때문이다. 그렇다고 해서 역사의 기록에 남아 있는 모든 사람이 영웅인 것도 아니다. 어쩌면 후세 사람들은 역사의 기록에 남아 있는 민중을 영웅으로 간주할 수도 있을 것이다. 만일 그렇다면 역사의 기록에는 오로지 영웅만 있는 셈이 된다.

역사는 인간 삶의 발자취를 기록한 것이다. 개개인의 삶에 인생관이 있듯이 국가나 민족이 나아갈 길에도 이념이 있다. 그것은 예를 들어, 자유나 평등이 될 수가 있으며 평화도 이념이 될 수 있다. 역사의 이념이 무엇이든 인간의 구체적 삶과 관계가 없는 것은 없다. 그렇지만 그러한 이념은 현실의 삶에서 가시적인 것으로 드러나지 않으면서도 삶을 이끄

---

40 "여기서 우리는 민중(民衆)이라는 개념을 다시 정립할 필요가 있다. 지금까지 우리의 역사에서는 민중이 이데올로기적 개념으로서, 지배층과 대립적인 관계에 있는 다수의 일반 국민을 가리키는 말로 사용되어 왔다. 이 개념은 영어로도 'the people / the public / the mass of people'로 표기되는 것처럼, 저자는 피지배층을 아우르는 개념으로 사용하기를 거부한다. 역사적 이념과 목표를 공유하는 경우라면 지배층이건 피지배층이건 모두가 민중으로 규정될 수도 있을 것이고, 이념과 목표가 다르다면 민중은 피지배층으로서 좁은 의미로만 사용될 수도 있을 것이다. 하지만 저자는 역사는 민족 단위에서만 가능하다는 점을 밝히는 것이 본 연구의 중요한 목적 가운데 하나이므로, 민족의 역사적 이념과 목표에 동의하는 사람이라면 누구나 민중의 범주에 포함된다고 전제한다." 문성화, 『철학의 눈으로 본 민족사』, 94쪽, 각주 55 재인용.

는 바탕이 된다. 이러한 이념이 역사를 주도하기 위해서는 대다수를 차지하는 민중의 힘을 현실에서 구체화시켜야 한다. 민중의 힘이 뒷받침되지 않는 영웅의 탄생은 불가능하기 때문이다. 따라서 민중과 영웅은 둘이 아니라 사실은 하나인 셈이다. 개개인이 모여서 집단을 형성하게 되며, 아직까지는 특정한 개인을 영웅이라고 칭할 수 없는 상황에서 집단의 힘을 끌어내고 집단을 움직이게 하는 자가 나타나면 그가 곧 역사에서 영웅으로 기록될 수 있는 것이다. 그렇기 때문에 역사에서 민중은 영웅이 없이도 언제나 존재하지만 영웅은 민중이 없이는 탄생할 수가 없으며, 역사에 기록된 영웅이 있다면 거기에는 그 영웅을 영웅이 되게끔 뒷받침한 민중이 함께 있었다는 사실을 후세 사람들은 반드시 의식해야만 된다.

문제는 이런 역할을 하는 모든 민중이 역사에는 기록될 수 없을 것이기 때문에 소수의 민중만 사료에 기록될 수밖에 없을 것인데, 그렇게 기록되고 나면 그들은 후세에는 대부분 영웅으로 간주될 가능성이 크다는 것이다. 저자의 이 말은 부정적인 의미가 아니다. 말하자면 영웅을 비판하는 뜻이 아닌 것이다. 영웅은 많을수록 좋다. 하지만 모든 사람이 영웅이 될 수는 없다. 그런데 현대의 역사적 사건에서 보더라도 영웅은 탄생하기 보다는 만들어지는 경향이 매우 강하다. 자신이 한 행동이 영웅적 행동인지 어떤지를 전혀 의식하지 않은 채 거의 본능적으로 한 행동도 기록되는 순간 영웅적 행동으로 묘사되는 경우가 허다하다. 그렇다면 결국 영웅은 역사에 기록되는 동시에 영웅으로 만들어지는 것이라고 할 수 있는데, 누가 영웅을 만들어내는가? 바로 역사가가 영웅을 탄생시킨다. 그러므로 다음과 같은 촘스키(N. Chomsky)의 지적과 비판은 역사가를 비롯하여 오늘날의 지식인들이 반드시 명심해야할 내용이다.

실제로 수천 년 전부터 그랬지만, 지식인의 역할은 민중을 소극적이고 순종적이며 무지한 존재, 결국 프로그램된 존재로 만드는 데 있습니다. 19세기 미국의 위대한 수필가이자 철학자였던 랄프 왈도 에머슨(Ralph Waldo Emerson)도 교육 프로그램을 시작하면서 '민중이 우리 멱살을 잡지 않도록 민중을 교육시켜야 한다'라고 말했습니다. 달리 말하면, 민중을 소극적인 사람으로 만들어 우리에게 저항하지 못하게 만들어야 한다는 뜻입니다. 사실 많은 부분에서 지식인이 이런 역할을 하고 있습니다. 물론 예외가 없지는 않지만 결코 부인할 수 없는 사실입니다. (…중략…) '저명한 지식인'이 곧 진정한 지식인이라 말할 수는 없습니다. '저명한 지식인'은 어떤 사람입니까? 그들만의 고유한 권력체계 내에서 '책임 있는 지식인'이란 직함을 부여받은 사람입니다. 게다가 서구 사회에서 그들은 스스로 '책임 있는 지식인'이라 자처합니다. 적어도 내 생각에는 그렇습니다.[41]

아무리 부정하려해도 부정되지 않고 오히려 역사가 증명해주고 있는 것 가운데 하나는 인간 사회에는 '계급'이 존재하거나, 그것도 아니면 최소한 '계층'이 존재한다는 사실이다. 일반적으로 계급이라고 하면 마르크스의 계급투쟁이론을 가장 먼저 떠 올릴 수가 있을 텐데, 꼭 마르크스가 아니더라도 지배계급과 피지배계급으로 나눌 수가 있으며, 계급의 변화가 매우 어려운 경우를 생각할 수 있다. 그래서 오늘날 대부분의 국가에서는 계급이라는 용어를 현실에서 적용하지 않고 있다. 반면 계

---

41 노암 촘스키, 강주헌 역, 『촘스키, 누가 무엇으로 세상을 지배하는가』, 시대의창, 2004, 22~31쪽.

층이라는 용어는 지금 현재에도 여전히 사용하고 있으며, 계층 간의 이동은 자신의 능력에 따라 얼마든지 가능하다는 점을 강조한다.

그러나 고려시대 당시에는 계층이 아니라 계급이 존재했던 것이 사실이며, 김부식은 오늘날의 국무총리에 해당하는 문하시중의 지위까지 오른 사람이었고, 일연은 불교가 국교이다시피 한 고려에서 승려로서 최고의 지위인 국사(國師) — 공식 직함은 국존(國尊) — 에 오른 사람이었다. 말하자면 김부식과 일연은 왕을 제외하고는 최고의 계급이었던 셈이다. 따라서 이들은 촘스키가 지적하는 것처럼 당시의 지식인이라고 할 수 있을 것인데, 이들은 과연 어떤 역할을 했는가?

앞에서도 살펴보았듯이, 묘청의 난을 진압한 후에 편찬한 『삼국사기』의 목적은 「진삼국사기표」에 인종의 말을 빌려 잘 표현되고 있다. 그것은 바로 "군주의 착하고 악함, 신하의 충성됨과 사특함, 국가의 안전함과 위태로움, 백성의 다스려짐과 어지러움을 모두 펴서 권하거나 징계할 수 없다"는 이유로 해서 『삼국사기』를 편찬한다는 것이었다. 『삼국사기』가 관찬서인 만큼 군주의 행적에 관해서 기록하는 것은 당연한 것이겠지만, "신하의 충성됨과 사특함"은 엄밀하게 말해서 국가에 대한 것이라기보다는 군주에 대한 신하의 자세라고 해야 할 것이다. 당시는 분명 '군주는 곧 국가'라는 인식이 자리 잡고 있던 시대이기 때문에, 특히 신하의 충성됨은 군주의 착하고 악함과는 무관하게 가져야 할 자세였던 것이다. 이것이 바로 김부식이 『삼국사기』「열전」을 편찬함에 있어서 적용한 기준이라고 할 수 있다. 또한 "백성의 다스려짐과 어지러움"이라는 표현에서 우리는 지배층과 피지배층의 이분법적 구조를 분명히 볼 수 있으며, 피지배층으로서 역사서에 기록되기란 무척이나 어려웠을 것이라고 짐작할 수 있다. 결론적으로 말하자면, 김부식은 『삼국사기』에 군주, 즉 국가에 충성한 사람들을 군주와 더불어 역사의 주체로서 기록하였지, 군주에 의해서 다스려지는 사람들을 역사의 주체로 간주하지는 않았다는 말이다. 이처럼 국가와 군주를 영웅시하고 그에 충성하는 소수의 신하도 영웅시하여 본받도록 함으로써 대다수의 민중을 더욱 나약한 존재로 인식시키고, 나아가서 민중으로 하여금 그러한 영웅들을 따르도록 하여 최소한 군주에게 저항을 하지 못하도록 하는 것이 지식인, 즉 김부식의 역할이었던 것이다.

열전 10권 중 특히 김유신전은 3권이나 달하여 열전 중에서 가장 강조된 부분이다. 열전 제4의 을지문덕, 거칠부, 거도, 이사부, 김인문, 김양, 흑치상지, 장보고, 사다함은 외적의 침입으로부터 국가를 지키거나 영토를 넓히고, 또는 대 전쟁 등에서 국가나 왕실에 큰 공을 세운 사람들을 뽑아놓은 것이다. (…중략…) 열전 제5는 어진, 재상, 충성스런 신하, 충언을 한 직신, 생명을 바친 신하를 모아놓았고, (…중략…) 열전 제6은 문장가를 모아놓았으며, (…중략…) 열전 제7은 전쟁에서 장렬한 죽음을 바친 자를 모았다. (…중략…) 열전 제8은 효행, 음악가, 화가, 서가, 정조를 지킨 기인들이라 할 수 있다. (…중략…) 열전 제9는 역신전이며, (…중략…) 열전 제10은 반신전이라 할 수 있다. 『삼국사기』 열전에는 52명의 전기와 34명의 부수인(附隨人)이 기술되어 있다.[42]

---

42   『역주 삼국사기』 2, 39~40쪽.

위의 인용문에 기록된 사람들 가운데 역신전과 반신전에 등장하는 사람들을 제외한 나머지 사람들은 처음부터 영웅이었을까? 그랬을 수도 있지만, 전혀 그렇지 않다가 김부식에 의해서 『삼국사기』에 기록되는 순간 영웅으로 재탄생했을 가능성도 얼마든지 있다. 물론 김부식이 『삼국사기』를 편찬하면서 참고한 여러 역사서에 이미 기록으로 남아 있었기 때문에 『삼국사기』에 다시 기록될 수 있었다면, 단순히 김부식만이 독자적으로 기록한 것이라고 말하기는 어렵다. 그렇지만 김부식은 과연 어떤 기준을 두고 그들을 기록했을까? 역사가는 영웅만을 선별해서 역사에 기록해서는 안 된다. 오히려 영웅과 민중을 구별하지 않고 역사의, 역사적 사건의 진정한 주체를 기록해야만 된다. 모든 인간은 '인간'이라는 유적 존재에 속하지만 구체적으로는 개개인이므로 영웅이건 민중이건 또는 역사가이건 간에 모두가 개개인이라는 점에서 삶을 시작한다. 개개인이 모여서 사회가 형성되고 나아가 국가가 건국될 수 있다. 그렇기 때문에 인간의 모든 역사적 사건과 행위는 개개인에서 출발해야 한다. 개개인의 생각이 모여서 형성된 집단의식에서 역사는 비로소 이루어진다. 따라서 역사가는 역사적 사건 자체만 보아서 안 되며 역사적 사건과 함께한 다수 민중의 의식을 반드시 고찰해야 한다. 다수 민중의 의식이 뒷받침되지 않는다면 영웅은 탄생할 수 없기 때문이다. 그런데 다수 민중의 이름을 모두 역사서에 기록할 수는 없다. 여기에 역사가의 고뇌와 함정이 있다. 역사가의 고뇌란 과연 누구를 기록으로 남길 것인가에 대한 것이며, 그래서 특별히 누군가를 선별해서 기록에 남기는 순간 다수의 민중은 역사에서 사라져버린다는 함정이 있다. 이 때문에 스스로 역사가라고 자처한다면 카의 다음과 같은 말을 유념해야 한다.

사가가 연구하는 과거는 죽은 과거가 아니라 어떤 의미에서는 현재에도 살아있는 과거이다. 사가가 과거 행위의 배후에 깔린 사상을 이해하지 못하는 경우 그 과거의 행위는 사가에게는 죽은 행위, 곧 무의미한 행위이다. (…중략…) 역사 사실은, 순수한 형태로 존재하지도 않고 또한 존재할 수도 없으므로, 우리에게 '순수한' 것으로 나타나지 않는다. 역사 사실은 언제나 기록자의 마음을 통해 굴절된다. (…중략…) 사가는 자신이 연구하고 있는 사람들의 마음과 그들의 행위의 배후에 작용하는 사상을 상상적으로 이해할 필요가 있다. (…중략…) 오직 현재의 눈을 통해서만 과거를 볼 수 있고 과거를 이해할 수 있다. (…중략…) 사가가 사용하는 낱말들 — 예컨대 민주주의·제국·전쟁·혁명 등의 낱말 — 은 사가 자신도 벗어날 수 없는 시대적 함축을 갖고 있다.[43]

김부식이 편찬한 사기의 대상인 삼국이 당시에는 죽은 과거가 아니다. 아니, 죽은 과거라고 했으면 『삼국사기』를 편찬하지 않았을 것이다. 달리 말하면, 죽은 과거였던 삼국의 역사가 김부식이 『삼국사기』에

---

43 E. H. Carr, 『역사란 무엇인가』, 26~37쪽. "바로 이러한 측면 때문에 우리나라에서도 일제 강점기에 이병도(李丙燾, 1896~1989)를 중심으로 형성된 실증주의 사학이 비판을 받고 있다. 그 까닭은 다음과 같다. 일제 강점기에 식민사관(植民史觀)을 극복하고 민족사를 회복하기 위한 역사학적 경향, 즉 민족주의사학, 사회경제사학, 실증주의 사학이 있었다. 이 가운데 민족주의 사학과 사회경제 사학은, 각각 극단적인 경향으로 흐르고 이데올로기로 무장한 면이 없지 않았지만, 일제에 대항하고 궁극적으로는 민족을 해방시키기 위하여 자신들의 신체적 불이익까지 감수하면서도 끝까지 노력한 반면에, 실증주의 사학은 사료를 통해 실증(實證)되지 않은 것은 역사가 아니라고 하여, 결국에는 식민 사학에 동조하는 결과를 초래하게 된다." 문성화, 『철학의 눈으로 본 민족사』, 35쪽, 각주 11. 이에 대해서는 1986년 8월 17일『조선일보』의「광복 41주년 특별기획 '우리 歷史 점검'」이라는 기사를 참조하기 바람.

편찬하는 순간 다시 살아나는 과거가 된 것이다. 김부식은 자기 나름대로 그리고 당시 왕인 인종의 생각에 부합하도록 삼국의 역사를 편찬하고, 그러기 위해서 그것을 뒷받침할 수 있는 사건과 인물 위주로 과거를 이해하였을 가능성은 매우 크다. 왜냐하면 만일 그렇지 않다면 굳이 묘청의 난 이후에 삼국의 역사를 편찬할 까닭이 없기 때문이다. 이러한 것은 비단 김부식만의 문제는 아니다. 과거의 모든 사건은 누군가에 의해서 다시 기록되고 언급되는 순간부터 더 이상 시간적으로 과거의 사건으로만 머무는 게 아니다. 그래서 이러한 것을 카는 '역사적 사실이 순수한 형태로 존재할 수 없다'고 말하는 것인데, 사건 자체도 앞뒤의 인과연관성 등을 반드시 고려해야 하듯이, 그 사건에 대한 기록도 기록 자체만을 보아서는 안 된다. 더구나 시간이 흐른 후에 재인용하는 것이라면 반드시 전체적인 문맥 안에서, 그리고 역사가 개인과 개인이 속해 있는 집단, 사회 전체와의 관계를 고려하면서 이해해야만 된다. 그래서 카는 역사란 "사가와 사실 사이의 지속적인 상호작용 과정, 즉 현재와 과거 사이의 끊임없는 대화"[44]라고 정의하는 것이다.

하지만 민중이 다수를 차지하고 있다고 해서, 결국 민중의 힘이 뒷받침되지 않으면 영웅이 탄생할 수 없다고 해서 특정한 역사적 사건에 참여한 민중 모두를 기록할 수는 없다. 그 보다 더욱 중요한 것은 다수의 생각, 즉 민중의 생각을 무조건 따라야만 하는 것인가? 그리고 그러한 다수의 생각이 역사적 사건을 주도하고 시대의 정신을 지배했다고 해서 역사의 주인공이 될 수 있는 것은 아니다. 왜냐하면 다수의 생각이라고

---

44 E. H. Carr, 위의 책, 37쪽.

해서 반드시 '옳은 것'이라고 할 수는 없기 때문이다. 앞에서 우리는 후세 사람들이 과거의 역사를 배우는 이유 가운데 중요한 것은 과거로부터 '교훈을 얻기 위해서'라고 했다. 교훈이란 배우는 것이다. 그렇다면 무엇을 배운다는 말인가? 그것은 과거의 잘못을 되풀이하지 않는 것을 배우는 것이다. 이때의 '잘못'이란 도덕적 의미의 잘못을 가장 먼저 떠올려야 된다. 도덕적으로 선악을 가리고 따져서 후세에는 과거의 악행과 그로 인해 발생한 사건이 되풀이되지 않도록 하는 것을 배워야 한다. 다음으로는 역사에 승리자로 또는 영웅으로 기록되었을지라도 그 승리자 또는 영웅이 도덕적으로는 정반대의 생각을 행위로 나타내었을 수도 있을 것이기 때문에 그러한 교훈도 얻어야 된다.

그런데 인간이 살아가는 사회에서는 예나 지금이나 다수가 동의하는 생각이라면 도덕적으로 '선(善)'이라고 인정해버리는 경향이 있다. 또한 역사에 승리자로 기록된 사람은 물론이고 역사에 기록되어있다는 사실 자체만으로도 후세 사람들은 그들의 생각과 행위를 선으로 간주해버리기도 한다. 하지만 사실은 전혀 정반대일 수도 있다. 사람들은 특히 자신의 경제적 이익에 따라 움직인다. 행동뿐만 아니라 생각까지도 자신의 이익을 가장 먼저 생각한다. 의식주에 관련된 것을 인간의 본능이라고 할 만큼 먹고 사는 문제에 집착하는 게 사람이다. 본능이 어느 정도 해결되고 나면 그 다음에는 권력욕, 명예욕 등과 같은 다른 욕망과 욕심을 가지게 된다. 이러한 것과 관련되는 문제를 해결하기 위해서 채택하는 방법이 바로 '다수결의 원리'와 같이 다수의 의견을 수렴하는 일이다. 자신의 이익을 앞세워서 내리는 의사표현이 과연 도덕적으로 선이라고 할 수 있을까? 다수의 의견이라고 해서 반드시 도덕적으로 선이라는 보장은 그 어디에도 없다. 다수의 의견이라도 반드시 도덕적으로 어떠한가를 분석하고 따져봐야만 한다는 게 저자의 생각이다. 역사에서 기록된다고 영웅이 되는 게 아니라 진정한 영웅이기 위해서는 도덕적인 면을 갖추어야만 된다는 말이다.

이를 위해서는 역사가도 또한 도덕적이어야 한다. 왜냐하면 역사가가 특정한 인물을 기록으로 남기는 순간부터 역사가는 후세에 대한 책임을 져야하기 때문이다. 비록 역사가가 의도하지 않았을지라도, 역사가가 자신이나 자신이 속한 집단만의 (이기적) 이익을 대변하는 사람을 영웅으로 기록할 가능성은 매우 높기 때문이기도 하다. 우리나라의 역사이건 다른 나라의 역사이건 역사가 진정으로 발전하기 위해서는 역사를 이끄는 이념뿐만 아니라 다수의 의견을 모아서 인도하고, 그래서 사회가 더욱 도덕적인 방향으로 나아가도록 하는 모든 토대가 이전보다는 도덕적으로 더욱 발전해야만 가능하다. 따라서 진정한 영웅은 역사에 기록된다고 영웅이 되는 게 아니라 역사의 전개를 도덕적으로 이끄는 사람이며, 그래야만 비로소 역사가 올바른 방향으로 나아간다고 할 수 있을 것이다.

어떤 연구자는 김부식이 열전에 기록한 인물들을 분석하면서, 『삼국사기』가 관찬 역사서이기 때문에, 그리고 그것이 관찬 역사서의 한계라고 말할는지도 모를 일이다. 만일 그렇다면 그것은 매우 잘못된 생각이다. 역사 또는 사(史)라는 서명(書名)으로 글을 남기는 사람이라면 관찬서와 사찬서를 막론하고 과거와 현재, 미래에 대한 책임의식을 당연히 가져야 하며, 그러한 책임의식이 없이 남겨진 기록이라면 폐기하는 게 옳다고 생각한다. 그렇다고 해서 저자는 김부식이 열전을 잘못 편찬했다고 주장하는 것은 결코 아니다. 오히려 김부식이 소홀하게 다룬 내용에 대해서 언급하고 주장한 것이었다. 역사는 인간의 역사이기 때문에, 역사가는 역사서에 언급할 수 있는 한 최대한 많은 사람을 기록해야 한다. 이에 대해 또 오해를 해서는 안 되는 것은 어떻게 모든 사람의 이름을 올릴 수 있는가 하는 비판이다. 다시 한 번 말하지만, 역사의 주체는 '인간'이지 소수의 영웅이 아니라는 말이다.

인간은 '보편개념'이지 '특수개념'이 아니다. 인간이라는 보편개념 안에는 영웅과 민중의 차별이 없으며 왕과 백성의 구별도 없다. 영웅과 왕이 특수개념이라면 상대적으로 민중과 백성은 보편개념에 가깝다. 저자는 '보편적 세계사'란 이론상으로는 가능할지라도 실제로는 불가능하다고 생각하며, 지금까지의 역사가 증명해주고 있다. 역사는 국가나 민족 단위로 기록되는데, 모든 국가와 민족이 자신들에게 유리한 방향으로 역사를 기록해온 것이 사실이다. 이는 부정할 수 없는 역사적 현실이다. 보편적 세계사를 제아무리 주장하고 추구할지라도 현실은 절대로 그렇게 흘러가지 않았다는 말이다. 현실의 역사적 흐름을 무시한 채 끝없이 보편적 세계사만 강조하고 주장한다면 그것은 공허한 울림이 되고 만다. 세계사의 흐름이 전 인류를 언제나 그 당시보다는 더 나은 방향으로 나아갔고, 그것이 보편적 세계사를 이끄는 이념에 의해서 가능했다는 점이 사실이었다면 지금 하고 있는 저자의 주장은 틀린 게 될 것이다. 하지만 "'세계사'라는 제목으로 표현되는 모든 자료는 어떠한 세계관이든지 반드시 특정한 관점을 근거로 삼기 마련이다. 만일 그렇지 않다면 그것은 여러 나라 또는 여러 민족의 역사를 단순히 모아서 나열해 놓은 것에 불과할 뿐이다. 과연 지금까지 세계사라는 제목으로 지역적·시대적으로 세계를 아우르고, 각각의 요소를 동등하게 다룬 역사의 기록이 있었던가를, 우리는 깊이 있게 고찰해 보아야 한다. 역사의 단위를 세계로 단정 지을지라도, 그 내용에 있어서까지 진정한 세계사라고 부를만한 자료는 없다. 언제나 특정 국가나 민족이 통치의 이념으로 삼고 있던 것이 자료에서 강조될 뿐이다."[45]

---

45 "폴리비오스(Polybios, B. C. 201~120)의『세계사』— 40권, 앞부분의 5권만 현존 — 는, 비록 그리스인의 폴리스 중심주의를 초월하였으나, 로마 패권사(覇權史) 이상의 것은 아니었다. 아우구스티누스(Augustinus, 354~430)는『신국론』— 22권 — 에서, 기독교적 역사관에 입각하여, 아담과 이브의 낙원추방으로부터 그리스도의 탄생과 속죄에 의해서 인류의 구원이 완성되기까지의 긴 역사를 기록했다. 이후 서양에서, 역사는 신의 섭리 아래서 인간이 자유의지로 만들고 최종목표를 향해서 시간적인 발전을 이룩한다는 관념으로 형성되어, 근세에 이르기까지 — 요셉 괴레스(J. Goerres, *Wachstum der Historie*, 1807), 프리드리히 슐레겔(F. Schlegel, *Philosophie der Geschichte*, 1829) — 유럽의 전통적 역사관이 되었다. 근대에 이르러 그 관념은 여러 양상으로 변모하였다. 헤르더(Herder, *Auch eine Philosophie der Geschichte zur Bildung der Menschheit*, 1774; *Ideen zur Philosophie der Geschichte der Menschheit*, 1784 / 91)와 칸트(Kant, *Geschichtsphilosophie, Ethik und Politik*, Hrsg. von Karl Vorländer, Hamburg, 1959, S.VII-XXIV : A. Geschichtsphilosophische Schriften; *Allgemeine Naturgeschichte und Theorie des Himmels*), 헤겔(Hegel. *Die Vernunft in der Geschichte*, Hamburg, 1955)의 역사철학 등이 그 예이다."

"마이어호프(Hans Meyerhoff)는 특히 신의 섭리라는 이념에 따라서 역사를 기술하고 있는 서구의 역사관을 다음과 같이 비판하고 있다 : "전역사(全歷史)는 창세기에서의 불명확한 근원으로부터 역사 안에서 또는 역사를 넘어서서 구세적(救世的)이며 종말론적인 종착점에 이르는 활동과 방향을 의미 있게 전시(展示)한다. 이런 점에서 유태인과 기독교인의 전통은 역사의식의 새로운 형태를 표현해 주었다. 이것은 서방세계의 역사관의 특징이 되었다. (…중략…) 종교적인 전통은 성 아우구스티누스의『신국론』이라는 역사에 관한 위대한 신학적인 해석을 낳았다. (…중략…) 이 견해에 의하면, 역사는 하느님이 창조하신 세계의 일국면(一局面)이다. 그것은 전 인류의 생을 포용한다. 그러므로 하느님의 역사는 어떤 지방의 지역사나 로마와 희랍사가의 국가 단위의 역사가 아니라 '보편사'이다. (…중략…) 현대의 아우구스티누스파(派)인 아놀드 토인비의 말처럼, 만일 '역사가 그것의 기원인 신으로부터 그것의 목표인 신에게로 운동하는 신의 창조의 비전'이라고 한다면, (…중략…)『역사의 연구』는『신국론』과 마찬가지로 기독교 호교론(護敎論)의 작품이다. (…중략…) 이와 같이 역사를 호신론(護神論)으로 변하시킨 기독교 역사관은 천년 이상이나 서구사상을 지배했다." Hans Meyerhoff, "History and Philosophy", Meyerhoff, ed., *The Philosophy of History in Our Time*, 1959, pp.1~25(이기백·차하순 편,『歷史란 무엇인가』, 113~137쪽); 토인비의 말(Arnold Toynbee, *A Study*

따라서 우리는 세계사를 논할 때에는 특수개념인 민족사를 면밀하게 분석하고 고찰해야 할 것이고, 민족사를 고찰할 때는 그 안에서 또한 보편개념과 특수개념에 해당하는 것이 무엇인지를 반드시 살펴보아야만 한다. 민족 안에서는 왕과 백성, 민중과 영웅의 구별이나 차별이 있을 수 없다. 아니 구별은 가능할지라도 차별을 해서는 결코 안 된다. 민족사 안에서는 백성과 왕, 민중과 영웅이 하나가 되어야하기 때문이다. 민족사에서는 민족의 구성원 모두가 민족사의 주체이다. 민족을 이끄는 지도자가 있을지라도, 그도 민족 구성원의 일부일 뿐이지 계급구분과 같은 의미의 특수계층으로 분류되는 것은 민족사의 발전을 위해서도 역사의 도덕적인 측면을 위해서도 결코 바람직하지가 않다. 민족이 평상시에는 계층적으로, 지역적으로 나누어져서 생활하는 것처럼 보일지라도, 국가 단위 또는 민족 단위의 문제가 발생할 때면 언제나 국가와 민족 단위로 움직여 왔다는 사실을 역사가 증명해주고 있다. 그래서 "신채호는 역사를 **민족사**로 분명하게 설정하고 있다. 그에 따르면 비록 세계사라 할지라도, 그것은 여러 민족 간의 투쟁의 역사, 즉 아(我)를 이루는 특정한 민족과 비아(非我)를 이루는 다른 민족과의 투쟁의 역사라는 것이다."[46]

무릇 주관적 위치에 선 자를 '아(我)'라 하고, 그 외에는 '비아(非我)'라 하나니, 이를테면 조선인은 조선을 아라 하고, 영·미·법·노……등을 비아라 하지만, 영·미·법·노……등은 각기 제 나라를 아라 하고, 조선

---

of History, Vol. X, London and New York, 1954, p.3)은 재인용"(이 각주는 문성화, 『철학의 눈으로 본 민족사』, 36~37쪽의 각주 12를 인용한 것임).

46 문성화, 『철학의 눈으로 본 민족사』, 99~100쪽.

은 비아라 하며, (…중략…) 그리하여 아에 대한 비아의 접촉이 번극(煩劇)할수록 비아에 대한 아의 탈투(奪鬪)가 더욱 맹렬하여, 인류사회의 활동이 휴식될 사이가 없으며 역사의 전도(前途)가 완결될 날이 없나니, 그러므로 역사는 아와 비아의 투쟁의 기록이니라.[47]

신채호의 글에서는 마치 국가만을 강조하고 있는 것처럼 보일 수도 있으나, 주지하다시피 신채호는 민족을 국가와 꼭 같은 비중으로 중요하게 생각하고 또 강조하였다. 아니, 오히려 민족을 더 강조했다고도 할 수가 있다. 그 까닭은 시간이 흐름에 따라 국가는 없어지고 바뀔 수도 있고, 또 실제 역사에서 그러한 것이 많이 있어 왔지만, 민족은 비록 흩어질 수는 있을지언정 사라지지는 않기 때문이다. 따라서 우리는 위의 신채호의 글에서는 민족과 국가를 둘이 아니라 하나로 읽어야만 된다. 여기서 한 걸음 더 나아가자면, 민족적 정통성을 가진 역사라면 '조선·영·미 ……' 등의 국호(國號)에 내재해 있는 민족도 함께 읽어내야만 한다. 왜냐하면 각각의 국호에는 그 나라나 민족의 통시적 역사와 공시적 역사가 그 민족과 나라의 역사적 토대로서 밑받침이 되어 작용하고 있기 때문이다. 그래서 저자는 신채호의 다음과 같은 말처럼 역사와 민족, 국가를 구별할 게 아니라 오히려 이들의 상관관계에 초점을 맞추어야 된다고 생각한다.

국가의 역사는 민족 소장성쇠(消長盛衰)의 상태를 열서(閱叙)할 자라. 민

---

47 신채호, 「『朝鮮上古史』總論」, 『丹齋申采浩全集』 상권, 31쪽.

족을 사(捨)하면 역사가 무(無)할지며, 역사를 사하면 민족의 기(其) 국가에 대한 관념이 부대(不大)할지니, 오호라, 역사가의 책임이 기역(其亦) 중의재(重矣哉)인저. (…중략…) 국가가 기시(旣是) 민족정신으로 구성된 유기체인즉, 단순한 혈족으로 전래한 국가는 고사(姑捨)하고, 혼잡한 각족(各族)으로 결집된 국가일지라도, 필야(必也) 기중(其中)에 항상 주동력(主動力)되는 특별종족이 유(有)하여야, 어시호(於是乎) 기 국가가 국가될지니,[48]

『삼국사기』와 『삼국유사』의 역사인식 가운데 역사의 요소로서 '인간'을 논하고 있는 여기에서 신채호의 위의 글은 매우 중요하다. 신채호는 역사는 민족의 역사이며 국가는 민족정신의 결집이 국가라는 유기체로 모습을 드러낸 것이라고 말하고 있다. 그러면서도 그는 굳이 단일 민족을 주장하는 게 아니라 구심점이 되는 특별 종족을 말하고 있을 뿐이다. 이를 우리는 인종이나 종족 차별적으로 이해해서는 결코 안 되며, 오히려 '민족정신'이라고 말할 때, 그 민족정신을 지니고 있는 다수가 누구인가 하는 것이 특히 중요하다는 점이다. "국가가 비록 정치조직이긴 하지만, 신채호는 이것을 정치적 의미로만 보지는 않는다. 하나의 민족이 일정한 지역에서 동일한 정신적 토대를 가지고 국가를 형성한다면, 그리고 국호(國號)가 변할지라도 언제나 동일한 정신을 소유한 민족이 국민이라면, 이것은 역사적인 생명력을 언제나 유지하는 것이 된다. 이때도 구심점을 이루는 것은 언제나 **민족정신**이다. 그러므로 신채호에게 있어서 역사는 민족, 더욱 엄밀하게는 민족정신의 형성과정과 변화

---

48   신채호, 「讀史新論」, 위의 책, 471쪽.

과정을 서술한 것이며, 나아가서는 민족의 정신적 이념을 공고히 하면서 확대하는 작업인 것이다."⁴⁹

역사의 요소로서 '인간'이라는 주제와 관련하여 우리가 『삼국유사』에서 확인할 수 있는 것도 신채호의 생각과 매우 유사하다. 일연(1206~1289)이 생존했던 시대와 신채호(1880~1936)가 생존했던 시대의 대내외적 상황도 흡사하다.

저 달단(達旦, 몽고)의 완종(頑宗)이 까닭 없이 우리나라를 침범해서 우리 변방을 탕패(蕩敗)시키고 우리 인민을 살육하면서 경기(京畿)까지 짓밟고 사방으로 날뛰어 마치 호랑이가 고기를 고르는 것처럼 하니 백성들이 피겁(被劫)을 당하여 물고자(物故者)가 길에 낭자합니다.⁵⁰

위의 글은 이규보가 몽고에 의해 유린된 고려와 고려 백성들의 상황을 묘사한 내용이다. 하지만 이규보의 글은 몽고의 침략에 의해 유린된 고려의 상황만을 묘사했을 뿐, 여기에 더해서 대내적으로 무인정권의 폭압정치에 의해서 피폐해진 백성의 상황이 함께 고려되어야 한다. 신채호가 생존했던 당시는 일제의 폭압적 식민지배가 행해지던 시대였다. 몽고의 침략이건 일제의 침략이건 간에 외적의 침략을 초래한 데에는 각각 당시 지도자들의 무능력함에 가장 큰 책임이 있을 수밖에 없다. 당시의 왕과 정치 지도자들은 자신들에 의해서 통치를 받던 백성들

---

49 문성화, 『철학의 눈으로 본 민족사』, 102쪽.
50 김광식, 「『삼국유사』는 왜 필요했을까」, 이범직·김기덕 편, 『한국인의 역사의식』, 청년사, 2004, 123쪽.

과는 분명히 다른 계층적 또는 계급적 지위와 수많은 특권은 누리면서도 외적의 침략을 막아내지 못하였다. 따라서 그들에게 당연히 일차적인 책임이 있다는 말이다. 그러한 대내외적인 상황에서 나라와 민족을 구하기 위해 앞장 선 사람들은 적어도 당시에는 이름 없던 백성들과 민중이었다. 그래서 신채호는 역사의 주체를 민중이라고 했으며, 일연은 『삼국유사』에 가난하고 힘없는 백성들의 삶도 함께 기록했던 것이다.

특히 『삼국유사』 제5권 「신주(神呪)」편을 비롯해서 「감통(感通)」, 「피은(避隱)」, 「효선(孝善)」편은 영웅이 아니라 백성들의 삶을 위주로 기록한 내용들이다. 더 엄밀하게 말하면 「효선」편에 기록된 사람들이 가장 백성들의 삶에 가깝다고 할 수 있겠지만, 다른 곳에 등장하는 사람들도 적어도 『삼국사기』 「열전」에 기록된 사람들의 내용과는 다른 것이다. 물론 저자의 이런 주장에 대해서, 그들도 효와 선을 행한 까닭에 왕으로부터 포상을 받고, 나아가서 『삼국유사』에 기록됨으로써 백성에서 영웅으로 재탄생한 것이 아니냐고 비판할 수 있을 것이다. 당연히 제기될 수 있는 비판이라고 생각한다. 하지만 그들은 자신들이 행한 효와 선의 결과로 포상을 받기는 했지만, 그들이 나라를 구한 장군이었다든가 아니면 나라에 도움이 되는 유익한 업적을 쌓았다든가 하는 것은 아니기 때문에, 일연이 그들을 『삼국유사』에 기록한 의도를 분명히 알 수 있다는 말이다.

효를 쌓고 선을 행한 사람이 「효선」편에 등장하는 사람들만은 아닐 것이다. 일연은 전거(典據)에 근거해서 『삼국유사』를 기록한 것들도 있지만 민간에 전승되어 오던 이야기들도 함께 기록하였다. 그런데 역사서를 저술하면서 한편으로 보면 역사적 내용과 전혀 관련 없어 보이는 사람들의 행적을 어찌하여 유사로 남겼을까? 「효선」편의 내용을 잘 살펴보면 대부분이 불교와 관련되어 있으며, 또한 극한 어려움을─물론 그들이 그렇게 의식했는지 어떤지는 알 수가 없지만─결국에는 이겨냈다는 것을 알 수 있다. 그리고 더욱 중요한 것은 그러한 사람들의 삶도 유사로 남길 가치가 있다고 본 일연의 생각을 저자는 매우 가치 있다고 주장하는 것이다.

　　『삼국유사』는 그 서술의 차례부터가 국가와 왕권의 비중을 크게 말하고는 있으나, 또 한편으로는 강렬한 서민적 생활의식으로써 그 내용을 점철하고 있음이 큰 특징이다. (…중략…) 뿐 아니라 『삼국유사』에는 비록 왕공 귀족의 일이라 할지라도 기본적으로는 서민생활과의 일체의 정조(情調) 위에서 전개되고 있음을 살필 수 있다. 통일을 완수한 문무왕이 세간의 영화를 싫어하고 호국(護國)을 위해서는 축생도(畜生道)에 떨어지는 것도 사양치 않았다는 사례가 그 하나다. (…중략…) 『삼국유사』가 소박하며 기본적으로는 인간 자신의 영탄(詠嘆)인, 그리고 뭇사람들의 입을 통하여 전승되어온 향가(鄕歌)를 특히 채록하고 있는 것도 한 사례가 될 것이다. 결국 『삼국유사』는 국가와 정치권력에 대한 사회와 민중생활과 인간의 옹호라는 입장을 취하고 있으며, 양자 간의 조화를 역설하고 있다 할 것이다.[51]

한 나라의 왕이건 신하이건, 또는 역사가이건 일반 백성이건 간에 모든 인간은 근원에서는 개개인이다. 개인은 어떤 시대, 어떤 상황, 어떤

51　김태영, 「『三國遺事』에 보이는 一然의 歷史認識에 대하여」, 이우성·강만길 편, 『韓國의 歷史認識』 상, 139~141쪽.

위치에 있건 자신이 속한 시대와 시대정신을 뛰어넘을 수 없다.[52] 김부식도 일연도 각각 그 당시의 시대적 상황과 시대정신을 뛰어 넘지 못하였다. 아니 어쩌면 그 당시의 시대적 상황과 시대정신을 적극 수용하여 『삼국사기』를 편찬하고 『삼국유사』를 저술했다고 할 수 있다. 그러는 가운데 김부식과 일연은 역사의 주체가 영웅인지 아니면 민중인지를 주목했다고 볼 수 있다. 하지만 분명한 점은 영웅은 소수임에 틀림없고 민중은 다수라는 사실이다. 즉 김부식은 역사의 주체가 소수라는 입장에 있고, 일연은 다수가 역사의 주체라는 입장이라는 말이다. 여기서 저자는 역사의 주체로서 다수를 차지하는 '민중' 개념을 신채호의 말을 빌려 정의하고자 한다.

　　민중이란 무엇인가. 민중이기 때문에 관리 기타 특권계급일 수는 없다. 즉 민중의 첫째 특징은 관리가 아닌 것이다. 다음에 민중이기 때문에 소수 계급일 수는 없을 것이다. 그러므로 소수인 재산계급은 민중이 아니요, 소수인 지식계급은 민중이 아니요, 소수인 자유업자는 민중이 아니다. (…중략…) 그것은 다수라야 할 것이니 그런 의미로 보아 조선의 민중은 농민·어민·노동자를 합한 것이라 할 것이다. 그중에 가장 다수를 점령한 것이 전 인구의 10분의 8강(强)이나 되는 농민인즉 조선민중의 중심은 농민에 있을 것이다.[53]

---

52 근대 독일의 철학자 헤겔은 자신의 역사철학 강의록에서 다음과 같이 말한다. "모든 개인은 그 국민의 특정한 발전단계 위에 있는, 바로 그 국민의 아들이다. 어느 누구도 자기가 딛고 선 이 대지를 뛰어넘을 수 없듯이, 또한 그는 자기 국민의 정신을 뛰어넘을 수도 없다." G. W. F. Hegel, *Die Vernunft in der Geschichte*, hrsg. v. Johannes Hoffmeister, 5. Aufl., Hamburg, 1955, S.95(임석진 역, 『역사 속의 이성』, 140쪽).

"신채호가 여기서 말하는 **민중**은 이데올로기적 개념이 아니다. 그는 실제로 특정 계급을 염두에 두고 역사의 주체로서 이데올로기적 의미의 민중을 강조한 것이 아니라, 아와 비아의 투쟁 과정에서 비아에 대항하여 아의 단위를 이룰 수 있는 민족의 구성원 모두를 말한 것이다. 다만 민족의 대다수를 점하고 있는 농민을 민중의 중심에 세웠을 뿐이다. 그렇기 때문에 설령 역사의 지도자·주도자로 평가되는 사람이 있을지라도, 그가 대다수 민중의 의지 — 즉 민족정신 — 에 반(反)하여 행위 했을 때에는 진정한 지도자일 수가 없다."[54]

역사를 이끄는 자가 역사의 진정한 지도자가 되기 위해서는 다수를 차지하는 민중의 정신을 하나로 결집시켜서 역사를 발전하는 방향으로 이끌어나가야만 한다. 그 정신의 단초는 소수에게서 비롯될 수도 있다. 그러나 그것이 다수에게 호응을 얻지 못한다면, 그리고 그 정신이 도덕적으로 용납될 수 없는 것이라면, 그러한 정신은 다수를 이끄는 정신 또는 민족정신으로 승화되지 못한다. 다시 한 번 강조하지만, 영웅 없는 민중은 존재할 수 있어도 민중 없는 영웅은 탄생할 수가 없다. 그렇기 때문에 비록 역사에 소수의 영웅만 기록될지라도 역사의 주체는 여전히 구성원 모두이며, 역사가는 바로 이점을 잊어서는 결코 안 된다.

---

53 『동아일보』, 1924.2.6; 안병직, 「丹齋 申采浩의 民族主義」, 이우성·강만길 편, 『韓國의 歷史認識』 하, 창작과비평사, 1993, 466쪽 재인용.

54 문성화, 『철학의 눈으로 본 민족사』, 109쪽.

3) 정치

모든 인간은 혼자서 이 세상에 태어날 수 없다. 태어난 모든 인간은 최소한 어머니와 아버지를 필요로 한다. 자기 자신을 기준으로 할 때 부모는 타자이며, 모든 인간이 살아간다는 말은 이렇게 타자인 부모님을 비롯하여 다른 타자와 관계를 맺고 있다는 의미이기도 하다. 그리고 살아가면서 모든 인간은 자신뿐만 아니라 자신과 관계를 맺고 있는 타자들의 삶도 언제나 지금보다는 더 나은 삶을 살아가기를 희망하는 게 일반적이고 상식적인 생각이다. 이와 같은 희망을 사람들은 살아가면서 배우고 익혀서 알게 되며, 자신과 직접적인 관계에 있지 않은 더 많은 사람들이 존재한다는 것도 알게 되고, 그들과 더불어 살아가지 않으면 안 된다는 것도 분명하게 인식한다.

역사는 그 안에 존재한다. 이는 공간적인 의미가 아니라 정신적인 의미이다. 현재에 살아가는 인간이 세상을 알기 시작하면서 자신의 과거만 있는 것이 아니라 타인의 과거도 있었다는 것을 배우게 되며, 아직 오지 않은 미래도 삶의 일부라는 것을 의식하게 된다. 하지만 자신의 과거이건 타인의 과거이건, 자신의 미래이건 타인의 미래이건, 이 모든 것은 현재가 아니기 때문에 확신을 할 수가 없으며, 그렇기 때문에 사람들은 현재와 미래에 대한 희망을 확신하기 위하여 역사를 연구하고 배우는 것이다.

정치를 뜻하는 정(政)을 『논어(論語)』에서는 정(正)이라고 했다. 무엇을 바로잡는다는 말인가? 그것은 현재의 잘못된 것을 바로잡는다는 뜻이다. 무엇을 위해서 현재의 잘못된 것을 바로잡아야 하는 것일까? 현재보다 더 나은, 발전된 미래를 보장하기 위해서이다. 이를 위해 기준이 되는 것이 과거의 역사인데, '역사에서 배운다'는 말은 바로 이와 같은 의미이며, 과거의 역사가 중요한 까닭이기도 하다. 그런데 현재에 대한 평가, 즉 현재가 잘못된 방향으로 흘러가고 있는지 어떤 지에 대한 생각도 사람마다 모두 같을 수가 없고, 과거의 역사에 대한 평가도 제각각인 경우가 허다하기 때문에, 미래에 대한 설계도 판이하게 달라지기도 하는 것이다.

이처럼 분분한 의견 때문에 인간 사회에서는 언제나 대립과 분쟁이 끊이지 않고 있으며, 심한 경우에는 내란과 전쟁이 벌어지기도 하는 것이다. 내란과 전쟁은 말할 것도 없고 대립과 분쟁도 사회를 무질서하게 만드는 요소이기 때문에, 어떤 사람, 어떤 집단이건 간에 분쟁과 대립이 하루빨리 종식되기를 원한다. 이때 대개는 전통적인 관습이나 도덕이 먼저 적용되며, 이에 의해 무질서가 자율적으로 해결되기를 바라는 게 사람들의 일반적인 마음이다. 그러나 모든 경우가 관습이나 도덕에 의해 해결되지는 않는다. 그럴 때에는 외부의 강제적인 수단에 의존하게 되는데, 그것은 바로 '법'과 '정치권력'이다.

정치는 잘못된 것을 바로잡기 위해서 법에 근거한 강제력을 수단으로 동원한다. 그렇기 때문에 정치는 자율성에 의한 문제의 해결을 목표로 하는 것이 아니라 문제만 해결되면 된다는 목적을 가지고 있다. 이를 위해서 필요한 것인 권력이다. 인간사회에서 최고의 권력기관은 국가이다. 국가에서는 전체가 중요하고 우선시되며, 이를 위해서는 개인의 개별성이 철저히 무시된다고 해도 좋을 것이다. 물론 전체라는 국가가 지향하는 길이 각 개인을 위한 것이기도 하지만, 그것은 각 개인의 지향점이 국가가 지향하는 것과 일치할 때만 가능하다.

그러나 엄밀하게 살펴보면, 국가는 전체이지만 정치권력은 전체가 아니라 전체 속의 집단일 뿐이다. 그래서 정치권력은 전체로서의 국가권력을 획득하는 것을 목표로 하며, 어떤 정치집단이건 권력을 획득한 뒤에는 그 권력을 쉽게 내놓으려고 하지 않는다. 정치권력은 이렇게 전체 속의 한 부분임에도 불구하고 전체로서의 국가권력이기를 원하며, 이를 유지하고 행사하기 위해 다른 정치집단이나 다수의 민중과 마찰을 일으키거나 분쟁과 대립을 발생시키기도 한다. "이러한 과정 속에서 크든 작든 여러 가지 정치적 사건이 발생하며, 이러한 사건들이 모여서 역사를 형성한다. 한 국가나 민족 또는 특정한 정치 집단이 외부 또는 내부로부터 어떤 자극을 받았을 때 거기에 반응하여 적응하거나, 아니면 자극을 무시하거나 그에 대해 적대적인 자세를 취할 때의 결과가 일반적으로 역사에서 중요한 사건이 될 것이다."[55]

정치집단은 백성의 입장에서 봤을 때 결코 다수가 아니지만, 그 집단이 국가권력을 가졌을 때에는 국가 자체와 다를 바가 없다. 하지만 그 집단의 권력을 백성이 인정하지 않는다면, 그들이 가진 권력은 자기 집단만의 권력일 뿐이지 국가를 대표할 수가 없다. 따라서 그들의 권력이 국가권력으로 인정받기 위해서는 백성 모두가 받아들일 수 있는 '정치적 이념'을 제공하지 않으면 안 된다. 그렇지만 백성 모두가 받아들일 수 있는 오직 하나의 이념은 존재할 수 없으며, 그런 이념이 존재할 수 있다고 하더라도 백성 모두가 받아들일 수도 없다. 바로 이러한 측면 때문에

---

55 위의 책, 139쪽.

어쩌면 정치는 '대립'을 바탕으로 하고 있다고 할 수 있으며, 대립을 해결하는 과정에서 상대를 복종시키고 굴복시키거나 아니면 자신들이 굴복하고 복종해야 하는 반대의 현상이 일어나기도 하는 것이다. 지금까지 기록된 역사를 보면 대부분은 이런 현상들이 역사적 사건으로 기록되어 왔다.

일단 권력을 쥐게 된 정치집단은 역사에 기록될만한 부정적인 사건을 일으키려고 하지는 않는다. 오히려 그들은 자신들의 권력을 유지하기 위해 최대한 평온한 상태를 유지시키려고 노력한다. 그러기 위해서는 백성들을 자신들의 통치이념하에 평화롭게 끌어들여야 되는데, 그렇기 때문에 정치권력이 제시하는 이념이 매우 중요한 것이다. 하지만 자신만의 개성과 특수성을 지니고 있는 모든 개인이 오로지 하나의 이념만을 아무런 반대의식이나 반발이 없이 수용하기란 매우 어렵다. 이런 상황을 무마시키기 위해서 정치권력은 대부분 최후 수단으로는 힘, 즉 '폭력'을 앞세우게 된다. "그렇기 때문에 정치는 대립의 항쟁관계 속에서 상대방을 복종시키고, 스스로의 활동을 관철시키고자 하는 것을 본질로 삼는다. 또한 자기편에게는 가장 우호적인 단결과 협력을 제공하고, 상대편에게는 적대적인 태도를 취하는 것이 정치의 속성이다."[56]

결국 대부분의 역사적 사건은 정치와 불가분의 관계에 있다고 보아야 한다. 물론 정치를 제외하고도 역사적 사건의 원인이 되는 것은 다양하게 있지만, 그런 문제들에 있어서도 해결의 과정이나 결과에 이르기까지 정치가 개입하지 않는 곳은 없다고 보아도 무방할 것이기 때문에, 모

---

56 위의 책, 140쪽.

든 역사적 사건은 정치적 사건이라고 할 수 있다. 좀 더 엄밀하게 말하면, 한 국가 안에서 일어나는 모든 일에는 그리고 한 국가와 다른 국가 간에 일어나는 모든 일에는 국가권력인 정치가 크게 또는 작게라도 개입하지 않을 수 없기 때문에, 정치적 사건으로 마무리된다는 말이다.

이렇게 마무리 되는 사건에서 과연 주체는 누구라고 할 수 있는가? 국가 안에서 일어나는 모든 일에 처음부터 정치권력이 개입하는 것은 아니다. 처음에는 개인 간에 또는 개인과 집단 간 아니면 집단과 집단 간에 어떤 일이 발생하여, 이들 개인이나 집단이 스스로 주체적으로 일을 해결하려고 하겠지만, 만일 그것이 불가능할 경우 국가권력에 의존하게 된다. 이렇게 됨으로써 일의 주도권은 개인이나 집단에서 국가권력에게로 넘어가버리며, 처음의 주체들은 수동적인 자세를 취하지 않으면 안 되게 되어버리는 상황에 처한다. 상황이 이렇게 됨으로써 대다수 백성, 즉 민중이 주체이던 것이 소수의 권력집단이 주체가 되어버리고, 그것이 역사적 사건으로 기록될 경우에는 거기서 민중은 제외되는 결과를 가져오는 것이다.

지금까지의 역사에서 민중의 생각을 반영하지 못하고 민중과 함께 행동하지 않은 정치는 언제나 악(惡)으로 기록되어 왔으며, 설령 선(善)으로 기록되었더라도 그것은 특정한 사건에서 승리한 자들이 자신들의 편에서 기록한 역사일 뿐이다. 한 마디로 말해서, 민중과 함께 하지 않는 정치권력은 소수에 불과한 자신들의 이익만을 보호하기 위해서 움직이는 이익집단에 불과하다. 그리고 이런 집단은 자신들의 이익에 반하는 다른 모든 집단을 정치적으로 지배하고 탄압해 온 것도 사실이므로, 이렇게 본다면 역사는 이들 집단에 대항하여 정치적 자유를 얻기 위해 투쟁하는 과정이라고 해도 좋을 것이다.

흔히 정치를 '생물'이라고 말한다. 즉 정치는 죽은 것이 아니라 생동적인 것이라는 말이다. 생동적인 것은 현재의 것이지 과거의 것이 아니다. 그렇기 때문에 정치는 과거보다는 현실에 관심을 많이 기울인다. 그렇다고 해서 만일 정치가 과거에 무관심하다면, 그것은 역사에 무관심하다는 뜻이고, 역사에 무관심하다면 정치는 역사로부터 교훈을 얻고자 하는 게 없다는 말이 된다. 물론 모든 정치가가 그렇다는 의미는 결코 아니다. 그것보다는 정치행위를 올바르게 하기 위해서는 현재의 사소한 것들에까지 관심을 기울여야 되는데, 이런 일이 정치에서는 당연한 것이기는 하지만, 그럼으로써 결국 그들은 과거를 소홀히 해버릴 가능성이 매우 크게 되고, 자신들의 이익만을 추구할 가능성도 농후하다는 말이다. 그렇기 때문에 정치는 역사에 있어서 매우 중요한 요소인 것이다. "정치는 구체적인 상황과 구체적인 인간을 대상으로 하며, 구체적인 문제를 다루어야 한다. 이렇게 정치가 직면하는 여러 상황과 문제, 대상을 선(善)의 방향으로 이끌기 위해서 사람들이 역사를 연구하는 것이다."[57]

그렇다면 김부식에게 정치는 무엇이었을까? 신형식의 연구는 통계적 방법을 사용해서 『삼국사기』의 내용을 계량화하여 일목요연하게 잘 보여주고 있다.[58] 신형식에 따르면, 『삼국사기』 「본기」의 내용이 "자연의 변화와 인간(왕)의 활동은 27 : 73의 비율"로 이루어져 있으며, 정치 기사는 세부적으로 "정치, 전쟁, 외교"로 구성되어있다.[59] 자연과 지리

---

57 위의 책, 141쪽.
58 신형식, 『삼국사기의 종합적 연구』 참조.
59 이에 대한 상세한 연구내용은 위의 책, 195~564쪽 참조.

적 환경과 위치가 역사의 요소로서 얼마나 중요한지에 대해서는 이미 앞에서 논한바 있다. 신형식은 『삼국사기』의 내용을 자연의 변화와 정치로 크게 나누고 있는데, 이는 저자가 위에서 강조했듯이 역사의 기록이 대부분 정치적 사건에 관련된 기록임을 뒷받침해주는 것이다.

　대부분의 나라에서도 그렇지만 고려에서도 왕은 국가의 실제적인 통치자인 동시에 지배자였다. 그렇기 때문에 왕은 나라 안에서 일어나는 모든 일에 관여하였고, 심지어는 자연의 변화에까지도 영향력을 행사 — 물론 이러한 것을 한낱 미신적인 행위였다고 할 수도 있겠지만 — 하였다. 한 마디로 말하면, 나라의 중심이자 전부는 곧 왕이라는 말인데, 김부식은 당시 최고의 관직인 문하시중의 자리에 있으면서 이러한 지위에 있는 왕을 위하여 『삼국사기』를 편찬하였다고 해도 과언이 아니다. "전쟁·외교기사 속에 나타난 강렬한 국가의식은 『삼국사기』에서 보여주는 가장 큰 특징이다. 열전은 바로 국가의식의 구체적 표현이지만, 전체적으로 볼 때 그것은 국가에 봉사하고 충성을 다하는 인간의 기록인 것이다. 특히 국가의 전제로서 왕(王)은 어떠한 이유에서도 제거될 수 없으며, 사직을 침해한 자는 역사의 심판을 받는다는 것이다. 그러므로 왕은 '왕권의 근거'가 되는 민(民)의 입장을 대변함으로써, 학민자(虐民者)는 반드시 패망한다는 논리를 전개하였다. 백제와 고구려의 멸망이나 궁예·견훤의 패망도 '백성을 못 살게 군 죄'로 설명하고 있다."[60]

　『삼국사기』를 이와 같은 내용으로 편찬한 데에는 김부식이 추구한 유교정치이념의 실현이라는 욕망과 관련이 있다고 할 수 있다. 김부식의

60　위의 책, 649~650쪽.

역사관을 '유교사관'이라든가 '유교적 사대주의 사관' 또는 '유교적 윤리사관' 등으로 평가하고 비판한 측면에서 쓴 논문과 저술들은 지금까지 매우 많이 발표되고 출판되었다. 그래서 저자는 이와 평가를 같이 하면서 이를 뒷받침할 내용을 『삼국사기』에서 인용하려고 한다.

> 아버지가 그 뜻을 알아보고자 하여 '너는 불교를 배우겠느냐? 유교를 배우겠느냐?' 하고 물었다. 이에 대답하였다. '제가 들으니 불교는 세속을 도외시한 가르침인데, 저[愚]는 인간 세계의 사람으로서 어찌 부처가 하는 것을 배우겠습니까? 유교의 도를 배우고 싶습니다.' 아버지는 '네가 좋은 대로 하라!' 하였다. 드디어 스승을 찾아가 효경, 곡례(曲禮), 이아(爾雅), 문선(文選)을 읽었는데 들은 바는 비록 낮고 비근하여도 얻는 바는 높고 깊어서 우뚝 솟은 당시의 인걸이 되었다.[61]

위 인용문은 「열전」의 강수(強首) 편에 나오는 기록이다. 강수가 어릴 때 아버지와 나눈 대화 내용이기 때문에 언뜻 보면 별다른 것이 없는 것처럼 보이기도 하겠지만, 사실은 전혀 그렇지가 않다. 아이를 인걸로 키우기 위해 불교와 유교 중에서 어떤 가르침을 받겠느냐는 아버지의 물음에 아이는 유교를 배우겠다고 답하는데, 그 이유가 불교는 세속의 것을 도외시한다는 것 때문이다. 즉, 불교는 인간 사회에 전혀 쓸모없는 가르침이라는 의미를 내포하고 있는 것이다. 그리고 문선(文選)을 제외하고는 모두 유교의 경전으로서 강수는 유교의 가르침을 통해서 인

---

61 『역주 삼국사기』 2, 779쪽.

걸이 되었다는 내용이다. 따라서 여기서 김부식이 굳이 불교를 비판하는 게 아니라 인간 사회에서는 유교의 가르침이 불교의 그것보다 더 필요하다고 강조하는 듯이 소극적인 해석도 가능해진다. 그러나 『삼국사기』「신라본기」에서는 신라패망의 원인을 불교에서 찾고 있다.

> 그러나 불교의 법을 신봉하여 그 폐단을 알지 못하였다. 마을마다 탑과 절이 즐비하게 되고 백성들은 도망하여 승려가 되어 병사와 농민은 점차 적어져 나라가 날로 쇠퇴해 갔으니, 어지럽게 되어 망하지 않기를 어찌 바라겠는가?[62]

김부식의 이 말은 물론 사실일 수 있다. 더구나 김부식이 전거(典據)를 가지고 편찬한 내용이라면 더욱 신뢰할 수 있을 것이며, 실제로 지금까지 남아 있는 신라의 유적 가운데 탑과 절이 상당수를 차지하고 있는 것도 사실이기 때문이다. 하지만 그렇다고 해서 불교의 가르침이 무조건 옳지 못하다는 식으로 평가하는 것은 무척이나 잘못된 견해이다. 김부식의 비판처럼 만일 불교의 가르침이 그토록 잘못되었다면, 그리고 그러한 잘못으로 신라가 패망하였다면 신라의 불교 전통이 고려에 고스란히 전해지지 못했을 것이다. 그러므로 김부식이 신라패망의 원인을, 적어도 그의 사론(史論)에 따르면, 불교에서만 찾는다면 그가 유교적 사대주의의 신봉자라는 비판을 피할 수가 없는 것은 당연해진다. 왜냐하면 위 인용문에 이어지는 사론을 보면 더욱 분명해지기 때문이다.

62 　『역주 삼국사기』 2, 306쪽.

경순왕이 태조에게 귀순한 것은 비록 마지못해서 한 것이지만 역시 칭찬할만하다. 그때 만약 결사적으로 지키려고 힘써 싸워 왕의 군사에게 대항하였다가 힘은 꺾이고 세력이 다 되었다면, 반드시 그 종실(宗室)은 엎어지고 해(害)가 죄 없는 백성에게까지 미쳤을 것이다.[63]

그 어떤 통치자이건 간에 백성의 생명과 안위를 최우선시해야 된다는 것은 지극히 온당한 말이다. 그렇지만 백성의 안위와 통치자 자신의 안위는 문제가 다른 것이다. 백성의 안위보다 통치자 자신의 안위를 먼저 염려하지 않아야 참된 통치자라고 할 수 있을 것이다. 그런데 경순왕의 행위가 과연 자신의 안위를 먼저 생각한 것인지 백성의 안위를 우선시한 것인지는 지금으로써는 알 길이 없다. 그렇기 때문에 저자는 위 인용문들의 내용을 종합해봤을 때, 김부식이 『삼국사기』를 편찬하면서 고려 왕실과 김부식 자신에게 유리한 방향으로 해석하여 역사를 기록했다고 평하는 것이다. 다시 말해서, 김부식의 입장으로써는 이미 고려의 최고 신하이므로 고려를 신라에 대해서 상대적으로 대국(大國)으로 생각하고 멸망한 신라를 소국(小國)으로 간주하여 사론을 썼다는 말이다. 이러한 관점은 그의 사론 곳곳에 드러나고 있는데 특히 중국과 삼국의 관계에 대한 사론에서는 그 정도가 더욱 심하다. 그 가운데 몇 개만 인용하면 다음과 같다. (여기서는 논의의 편의상 번호를 붙이도록 하겠다.)

① 아내를 맞이할 때 같은 성씨를 취하지 않는 것은 분별을 두터이 하기

---

63 『역주 삼국사기』 2, 307쪽.

때문이다. (…중략…) 비록 외국은 각기 그 습속이 다르다고 하나 중국의 예속(禮俗)으로 따진다면 도리에 크게 어긋났다고 하겠다.[64]

② 변두리의 작은 나라로서 천자의 나라에 신하로 속한 자라면 진실로 사사로이 연호를 칭할 수 없다. 신라와 같은 나라는 한결같은 마음으로 중국을 섬겨 사신의 배와 공물 바구니가 길에서 서로 마주 볼 정도로 잇달았다. 그런데도 법흥왕이 스스로 연호를 칭한 것은 알지 못할 일이다. 그 후에도 그 잘못된 허물을 이어받아 여러 해를 지냈다. 태종의 꾸지람을 듣고도 오히려 머뭇거리다가 이때에 와서야 당나라의 연호를 받들어 행하였다. 비록 어쩔 수 없이 한 일이라 할지라도, 이는 잘못을 저지르고 능히 허물을 고친 것이라 할 만하다.[65]

③ 당나라 태종은 뛰어나고 총명하며 세상에 드문 임금이다. 난을 다스린 것은 탕왕(湯王)과 무왕(武王)에 견줄만하고, 다스림을 이룬 것은 성왕(成王)·강왕(康王)과 비슷하다. 군사를 쓰는 데 이르러서는 기이한 책략을 내는 것에 끝이 없고 향하는 곳에 적수가 없었는데, 동방을 정벌하는 일에 안시성에서 패하였으니 그 성주는 호걸이요 비상한 인물이라 할 수 있다. 그러나 사기에서 그 성명을 전하지 않으니, 양자(楊子)가 말한바 제나라와 노나라의 대신이 사기에 그 이름을 전하지 않는다고 한 것과 다름없다. 매우 애석한 일이다.[66]

『역주 삼국사기』 2, 127~128쪽.
65 『역주 삼국사기』 2, 172쪽.
66 『역주 삼국사기』 2, 427~428쪽.

④ 고사(古史)에 이르기를 『백제는 고구려와 함께 부여에서 같이 나왔
다』고 하였으며 또 『진(秦)나라·한(漢)나라 난리 때에 중국인이 해
동(海東)으로 많이 도망하여 왔다.』고 하였으니 삼국의 선조가 어찌
옛 성인의 후예가 아니겠는가? (…중략…) 백제 말기에 이르러서는
행하는 일이 도(道)에 어긋남이 많았으며 (…중략…) 이에 당나라의
천자가 두 번이나 조서를 내려 그 원한을 풀도록 하였으나 겉으로는
따르는 척하면서 속으로는 명령을 어겨 대국에 죄를 얻었으니 그 망
하는 것이 또한 당연하도다.[67]

　우선 ①번 사론의 내용을 살펴보면 동성(同姓) 혼인에 대한 것을 문제
삼고 있는 것인데, 그것이 우생학적으로도 좋지 않다는 사실이 밝혀진
것은 지역적으로나 시대적으로 고려와는 상관이 없다고 하더라도, 그때
나 지금이나 윤리적인 측면에서 되도록이면 피하는 게 바람직하다고 생
각했을 터이다. 그런데도 김부식은 굳이 중국의 예속(禮俗)에 견주어서
그 잘못을 비판하고 있다.

　②번 사론에서 김부식은 중국을 천자의 나라, 신라는 변두리의 작은
나라로 묘사하고 있으며, 그런 소국의 왕인 법흥왕이 독자적인 연호를
사용하는 것은 매우 잘못된 일이라고 논하고 있다. 어떤 학자는 이를 두
고 "유교적 예법 준칙에 대한 합당 여부를 논한 것"[68]으로 평하고 있으
나, 저자는 이러한 평으로는 부족하다고 생각한다. 왜냐하면 당시나 지

67　『역주 삼국사기』 2, 520~521쪽.
68　고병익, 「『三國史記』에 있어서의 歷史敍述」, 이우성·강만길 편, 『韓國의 歷史認識』 상,
　　43쪽.

금이나 중국이 강한 나라임에는 틀림없지만, 그렇다고 해서 우리 역사의 정통성을 잇고 있다고 평하는 신라를 변두리의 작은 나라로 평가절하하고 독자적인 연호를 쓰면 안 된다고 생각할 까닭이 없기 때문이다. 더구나 당시의 신라가 중국의 속국이 아닌 다음에야 정신적인 독립성을 바탕으로 중국과 대등하게 위치시킬 수도 있었을 것인데도 김부식은 오히려 반대로 생각하였고, 바로 이러한 점 때문에 그가 사대주의의 신봉자라는 비판과 비난까지 받는 것이다.

③번과 ④번의 사론도 마찬가지이다. 김부식은 중국에 관련해서는 중국의 왕이건 일반 평민이건 간에 극찬을 하고 있는 반면에, 심지어 백제와 고구려의 멸망 원인까지도 중국에 죄를 지어서 그렇다고 논하고 있으니, 김부식이 '극단적 사대주의자'라고 칭해지는 것은 당연하다 하겠다. 그렇다면 우리는 어찌하여 김부식이 이렇게까지 극단적으로 중국을 중심으로 하고 기준으로 하는 사론을 전개했을까를 생각해볼 당위성이 생긴다. "『삼국사기』는 역사를 교훈으로 삼았으며, 후세의 귀감으로 파악하였다. 따라서 편찬 당시의 사회문제에 대한 비평과 반성의 자료를 『삼국사기』의 기록에서 추출시킴으로써 '현실에 대한 간접적인 비판'을 하였다. 즉, 역사서술을 현실비판의 도구로 이용하였다는 것이다. 이것은 12세기 당시 귀족사회의 대립·갈등 등 현실모순을 스스로 극복하려는 자세로 '분열과 갈등을 국가의 우환'으로 지적한 후, 묘청의 난을 진압한 자신의 입장을 국가적 차원에서 승화시키려는 것이다."[69]

다시 말해서, 김부식은 당시 자신이 속한 사회의 구체적 현실과의 관

---

69 신형식, 『삼국사기의 종합적 연구』, 652쪽.

계를 과거의 기록보다 훨씬 더 중요한 것으로 생각하면서 『삼국사기』를 편찬한 것이라고 볼 수가 있다는 말이다. 역사가가 언제 어디서나 구체적 현실을 도외시해서는 안 된다는 점은 지극히 옳으며, 마찬가지로 역사학도 구체적 상황과 관련이 없다면 쓸모없는 학문으로 전락하고 말 것이다. 그리고 역사가와 역사학이 구체적 현실의 문제점을 해결하는 데 도움을 주지 못한다면, 그 또한 바람직하다고 할 수는 없을 터이다. 하지만, 그렇다고 해서 역사가가 역사적 기록에 대해서 자신의 지극히 주관적인 생각을 바탕으로 평을 하면서, 그것의 옳고 그름을 논한다는 것은 올바른 태도가 아니다. 이런 태도는 역사가의 태도가 아니라 '정치가의 태도'이다. 아마도 역사가는 스스로가 역사의 기록에 대해서 내리는 평에 대해 현실의 구체적 상황에서 직면하고 있는 문제점을 해결하기 위해 역사를 연구하고 평을 한다고 강변할 수 있을 것이다. 그리고 정치가 역시 현실의 문제점을 가장 잘 해결할 수 있는 방향으로 정치를 해나가는 것이라고 말할 것이다. 그들 모두는 나라와 백성을 위해서 정치를 하고 역사를 연구한다고 할 것이다. 김부식도 이와 같은 관점을 가지고 있었음에 틀림없다. "다시 말하면, 김부식은 역사를 교훈으로 삼았기 때문에 현실비판의 자료를 전시대의 특정사실에서 추출시켰던 것이다. 따라서 제려의 내분, 후삼국의 혼난 등을 국가멸망의 징조로 강조함으로써 묘청의 난과 같은 분열이나 반란을 응징할 수 있었다. 그러므로 민을 외면한 무도는 역사의 대세 앞에 스스로 멸망된다는 필연적 당위성을 제시함으로써, 역사를 국민적 교화와 계몽의 수단으로 이해하였다."[70]

---

70   신형식, 『삼국사기의 종합적 연구』, 653쪽.

이렇게 함으로써 김부식이 얻고자 한 것은 무엇이었을까? 그것은 바로 정치적 주도권이었을 것이다. 개인과 개인, 집단과 집단, 개인과 집단 또는 국가와 국가 간이건 한 번 획득한 주도권을 아무런 까닭이 없이 상대에게 넘겨주는 경우는 없으며, 이는 지금까지의 역사가 증명하고 있는 바이다. 개인이나 집단 간의 주도권 다툼은 권력쟁취 정도로 끝이 나지만, 국가 간의 주도권 다툼은 극단적으로 전쟁으로 이어지기도 하며, 식민과 피식민의 결과를 낳기도 하였다. 즉, 지배받기를 거부하고 정의롭지 못한 모든 행위에 대항하는 국가와 국민 — 또는 민족 — 그리고 그들을 부당하게 지배하려는 세력 간의 갈등이 인류의 역사이다.[71] 하지만 이러한 역사가 종식되지 않고 되풀이 되는 것을 보면 인류는 역사에서 교훈을 얻는 게 아니라 역사에서 자신에게 유리한 것들만을 배운다고 해야 할 것이다. 그 까닭을 촘스키는 흄(David Hume)의 말을 빌려 "힘은 언제나 피지배자인 민중에게 있지만 민중은 지배자에게 종속되기" 때문이라고 한다.[72]

이렇게 역사에서 배우는 게 자신에게 유리한 것들뿐이라고 한다면, 정치가 역사의 요소로서 역사를 주도해나가는 추진력이기도 하지만, 그렇다고 해서 역사과정에서 정치가 반드시 긍정적인 역할만을 하는 것은 아니라고 할 수 있다. "사회에는 다양한 제도가 있고, 억압과 지배 시스템이 있게 마련이다. 지배력을 지닌 사람들, 다른 사람들을 딛고 일어선 사람들은 자신들의 입장을 합리화시켜야 한다."[73] 이런 합리화 과정에

---

71 노암 촘스키, 강주헌 역, 『촘스키, 세상의 권력을 말하다』, 시대의창, 2004, 129쪽 참조
72 위의 책, 129쪽 참조
73 위의 책, 117쪽. 위와 같은 이유 때문에, 정치권력에 의해서 인위적으로 행해지는 '역사

서 역사를 재해석하기도 하며, 그 결과를 국민에게 국가권력을 동원하여 강요하기도 하는 일이 벌어진다. 문하시중이었던 정치권력자로서 김부식의 사론은 바로 이런 목적에서 썼다고 할 수도 있다. 만일 그렇다면 한 마디로 말해서, 정치는 자국(自國)의 역사일지라도 역사를 얼마든지 왜곡시킬 가능성을 갖고 있으며, 나아가서 왜곡시킨 역사를 국민들에게 강요함으로써 정치권력자 자신들의 미래를 결정하려고 한다고 볼 수 있다. 그 까닭을 저자는 "귀족 집단은 민중을 두려워하고 불신하기 때문에 민중에게서 모든 권력을 빼앗아 엘리트계급에 넘겨주려고 합니다. 실제로 오늘날 많은 사회에서 존경받는 지식인들이 이런 관점을 지지하고 있습니다"[74]라고 하는 촘스키의 견해에서 찾을 수 있다고 본다.

『삼국사기』 이후 그렇게 이어지던 엘리트주의는 급기야 무신정변을 야기하고 무신정권을 탄생시킨다. 『한국민족문화대백과사전』에는 무신정변의 원인을 다음과 같이 요약하고 있다.

첫째, 고려 전기 사회가 문벌 귀족들에 의한 문신 중심의 정치가 행해져 상대적으로 무신들에 대한 차별 대우가 있었다는 점이다. 제도적으로도 무반은 정3품직인 상장군(上將軍)을 최고 관직으로 했고, 2품 이상인 재상(宰相) 직에는 올라갈 수 없었다. 따라서 재상은 문신이 독점하게 되었으며,

---

바로 세우기'또는'역사 청산 작업'등은 결코 성공할 수가 없으며, 역사왜곡으로 흐를 수밖에 없는 것이다.

74 위의 책, 154쪽 이 시점에서 우리는 『논어(論語)』의 가르침에 주목할 필요기 있다. "己所不欲 勿施於人(자기가 바라지 않는 것은 남에게도 베풀지 않는다. 顔淵, 2장), 夫仁者 己欲立而立人 己欲達而達人(인이란 자기가 서고자 하면 남을 세워주고 자기가 도달하고자 하면 남을 도달하게 하는 것이다. 雍也, 28장)."

군대의 최고 지휘 통솔권마저도 문신이 장악하였다. 구주대첩(龜州大捷)의 강감찬(姜邯贊), 묘청(妙淸)의 난을 토벌한 김부식(金富軾), 여진 지역을 토벌하고 9성(城)을 쌓은 윤관(尹瓘) 등 당시 군의 최고 지휘권을 가진 이들은 모두 문신 출신이었다.

둘째, 무신정변에 적극적인 협조를 한 군인들의 불만도 원인의 하나가 되었다. 이들은 전시에는 물론 평상시에도 공역(工役)에 동원되었으며, 심지어는 군인전(軍人田)도 제대로 지급받지 못하였다.

셋째, 무신들에 대한 외면적인 멸시와 천대에도 불구하고, 무신들의 실제적인 세력이 성장하고 있었던 것도 중요한 원인의 하나였다. 이와 더불어 비대해진 문신 세력과 국왕 간의 권력에 대한 갈등과 마찰이 정변에 큰 영향을 끼쳤다는 사실도 지적되고 있다. 즉 국왕 의종이 자신의 신변 보호의 주축이었던 견룡군(牽龍軍)을 이용하여 문신 세력을 처단했다는 친위 쿠데타적인 성격이라는 주장이 그것이다.[75]

주지하다시피 무신정권은 1170년에 무신(武臣)들이 정변을 일으킨 이후로 100여 년간 계속되었다. 정변이 일어난 해는 『삼국사기』가 편찬된 지 25년밖에 지나지 않았을 때였다. 물론 저자가 무신정변의 한 가지 원인에 『삼국사기』가 있다고 주장하는 것은 결코 아니다. 오히려 정치가인 동시에 역사가인 김부식을 비롯하여 당시의 다른 정치가들도 국가와 백성이라는 전체를 위하여 움직인 것이 아니라, 정치의 속성상 자신들 개개인 또는 자신들이 속한 집단만을 위한 정치를 했기 때문에, 무신

---

75 『한국민족문화대백과사전』(http://encykorea.aks.ac.kr), 검색어 "무신정변" 참조

정변이 발생하게 되었다는 말이다. 정변을 발생시킨 원인들이 그 이전부터 존속하고 있었는데도 불구하고 그 원인들을 제거하지 않은 것은 자신들만의 이익을 위해서라는 것 말고 다른 이유를 찾을 수가 없다. 문신이건 무신이건 당시에는 백성들에 비해서 상대적으로 지배층을 형성하고 있었던 것이 분명하지만, 말하자면, 심지어 지배층 안에서도 권력을 가진 자와 그렇지 못한 자들 간에 대립과 갈등의 골이 엄청나게 깊었다는 말이다.

고려 초기 건국과정에서 공헌을 한 초기 무신들을 제외하고는 시간이 흐르면서 정국이 안정되어감에 따라 문신(文臣) 중심의 정치가 행해지면서 권력의 추가 문신에게로 급격하게 기울어졌고, 그 와중에 이자겸의 난(1126)과 묘청의 난(1135)도 일어나게 된다. 10년마다 발생한 난이 진압되고 1145년에 『삼국사기』가 편찬되었다. 따라서 『삼국사기』에 기록되어 있지는 않다고 하더라도, 김부식이 『삼국사기』를 편찬한 정치적 의도가 없었다고 단정하기는 매우 어려운 게 사실이다. 결국 『삼국사기』의 내용이 충(忠)과 예(禮)를 바탕으로 편찬된 것은 지극히 당연하다 하겠으며, 유교의 경전을 그다지도 많이 인용하는 김부식에게 정치는 자신들의 잘못된 정치권력을 바로잡는(正) 데에 적용한 것이 아니라, 자신들에게 이익이 되는 것들만을 올바르다(正)고 생각했을 것이다.

백성들은 힘이, 아니 더 정확하게는 무력(武力)이 없었지만 무신들은 그렇지 않았다. 무신들은 더 이상 참지 않고, 자신들에게 이익이 되는 것이 정(正)이라는 생각에 정변을 일으키고 100여 년간 집권을 계속해 나간다. 무신들은 자신들이 차별대우를 받았던 것과 같은 그 이전 상황의 모순들을 해결하지 못한 채, 자신들도 여전히 백성들과 다른 집단들을 역차별하면서 역사의 과오를 되풀이하다가 몽고의 침략까지 당하게 된다. 이 과정에서 무신들이 행한 대몽항쟁(對蒙抗爭)에 대해 긍정적인 평가를 하는 경우도 있지만, 다른 한편으로는 무신들의 대몽항쟁이 자신들의 정권유지 차원에서 행한 것이라는 평가도 함께 있다. 1231년부터 1259년까지 계속된 몽고의 침략과 100여 년 동안 이어진 무신정권은 백성의 삶을 뿌리부터 흔들어 놓았으며, 이 시기와 일연의 삶은 겹치게 된다.

1206년에 태어난 일연은 김부식과 같은 정치가가 아니라 불교의 승려이다. 그렇지만 그는 1283년에 국사(國師)와 같은 지위인 국존(國尊)에 책봉될 정도로 신망이 두터웠는데, 그런 그가 사찬서(私撰書)인『삼국유사』를 저술했다는 사실은『삼국사기』와 다른 의의를 갖는다고 할 수 있다. 가장 중요한 점은 일연이 불교승려이자 동시에 역사가라는 사실이다. 김부식은 정치가이면서 역사가였기 때문에, 비록 자신이 의도하지 않았다고 하더라도,『삼국사기』를 편찬함에 있어서 자신의 정치적 견해를 많이 개입시킬 수밖에 없었음이 당연하다고 한다면,『삼국유사』에는 승려로서의 일연의 관점이 바탕이 될 수밖에 없었을 것이다. 그래서 신형식은 일연이『삼국유사』를 편찬한 이유를 다음과 같이 정리하고 있다.

먼저 민족의 자주성을 강조하려는 의도였을 것이다. 즉, 우리 역사를 단군조선에서 시작함으로써 몽고족이 갑자기 일어난 신흥국가임에 비해 우리나라는 중국과 대등한 오랜 역사를 가졌음을 나타내고, 나아가 일시적으로 몽고의 압제를 받고 있지만 곧 자주성을 회복할 수 있다는 것을 주장하려고 했다고 보인다. 둘째로 유교사관에 입각한『삼국사기』와 달리, 불교를 진흥시키고 불법을 선양하기 위한 의도가 있었을 것이다. (…중략…) 그리고 『삼국사기』에 누락된 불교 문화유산, 불교적 전승, 기록 등을 전함으로써 문화적 유실과 망각에서 구하려고 했을 것이다. 셋째, 불교교리에 대한 유교의 비판에 대응하여 불교정신을 옹호하려는 의도가 있었다. (…중략…) 유교에서는 승려들이 머리를 깎고 출가함으로써 부모의 은혜를 저버리고 가문을 끊는다고 비판하였다. 일연은 여기에 대해 현세의 효뿐 아니라 내세의 효를 강조함으로써 불교정신을 옹호하고 있다.[76]

『삼국사기』와는 달리 일연의 개인적인 의견이라 할 수 있는 『삼국유사』 사론에는 정치적 주장으로 읽어야 할 특별한 내용이 없다. 물론 사론을 제외한 다른 기록에는 『삼국유사』도 역사서인 만큼 정치기사가 있는 게 당연한 것이다. 그 대신 많은 학자들은 일연이 『삼국유사』를 분명한 의도를 가지고 저술했다고 평하고 있다. 예를 들어, 이기백(李基白)은 일연에 대한 최남선(崔南善)의 평가가 잘못되었다고 지적하면서 다음과 같이 말하고 있다.

일연은 자기가 하고 싶은 이야기의 주제를 스스로 선택하였다. 그리고 선택된 주제에 대한 자기의 의견을 전거에 의하여 뒷받침하려고 하였다. 요컨대 그는 간절히 하고 싶은 이야기가 있었던 것이다. '유사(遺事)'라는 겸손한 책제(冊題)로 인하여 이를 한낱 한가한 여업(餘業)의 성과로서 생각한다면 이는 잘못이다. 적어도 『삼국유사』의 저술에 필요한 사료를 수집하는

---

76   신형식 편, 『韓國史學史』, 삼영사, 1999, 101~102쪽.

데 소요되었을 노력만도 적은 일이 아니었을 것임은, 그런 작업을 해본 사람이면 누구나 쉽게 알 수 있는 일이라고 하겠다.[77]

일연이 승려이기 때문이었는지는 알 수 없지만, 그는 『삼국유사』에서 자신의 정치적인 관점이나 의도 등을 드러내고 있지는 않다. 그렇지만 『삼국사기』에는 기록되어 있지 않은 단군조선을 『삼국유사』의 단초로 삼고 있다는 면에서, 그리고 일연 당시의 시대적인 상황에 비추어봤을 때 분명한 의도를 가지고 『삼국유사』를 저술했다고 평가하는 것이다. 그 의도란, 위의 인용문을 통해 알 수 있듯이, 당시의 시대적 상황을 극복하기 위해서 백성들과 왕, 그리고 관리들에게 절실하게 필요한 것이 무엇일까를 고민하고, 그 결과를 우리 역사를 통해서 제시하고자 한 것이라고 볼 수 있다. 그것은 바로 '자주의식(自主意識)'이다.

이를 위해 저자는 『삼국사기』와 『삼국유사』에 기록되어 있는 신라 태종무열왕(太宗武烈王)의 시호(諡號)에 관련된 내용을 각각 인용하여 설명하려 한다. 먼저 『삼국사기』에는 다음과 같이 기록되어 있다.

당나라 중종(中宗)이 사신을 보내 조칙을 말로 전하였다. '우리 태종 문황제(太宗文皇帝)는 신묘한 공과 거룩한 덕이 천고(千古)에 뛰어났으므로, 황제께서 세상을 떠나신 날 묘호(廟號)를 태종이라 하였다. 너희 나라의 선왕 김춘추도 그것과 같은 묘호를 쓰니 【이는】 매우 분수에 넘치는 일이다.

---

77 이기백, 「『三國遺事』의 史學史的 意義」, 이우성·강만길 편, 『韓國의 歷史認識』 상, 117~118쪽.

모름지기 빨리 칭호를 고쳐야 할 것이다.' 이에 왕이 여러 신하들과 함께 의논하여 대답하였다. '저희 나라[小國]의 선왕 춘추의 시호(諡號)가 우연히 성조(聖朝)의 묘호와 서로 저촉되어 칙령으로 이를 고치라 하니, 저희가 어찌 감히 명령을 좇지 않을 수 있겠는가? 그러나 생각건대 선왕 춘추는 자못 어진 덕이 있었고, 더욱이 생전에 어진 신하 김유신을 얻어 한마음으로 정치를 하여 삼한을 통일하였으니, 그 공적을 이룩한 것이 적다고 할 수 없다. 그리하여 그가 별세했을 때 온 나라의 백성들이 슬퍼하고 사모하는 마음을 이기지 못하여 추존한 묘호가 성조와 서로 저촉되는 것을 깨닫지 못하였던 것이다. 지금 교칙(教勅)을 들으니 두려움을 이기지 못하겠다. 엎드려 바라건대 사신께서 대궐의 뜰에서 복명할 때 이대로 아뢰어 주시오.' 그 후에 다시는 별다른 칙명이 없었다.[78]

『삼국유사』의 기록은 다음과 같다.

신문왕(神文王) 때에 당나라 고종(高宗)[79]이 신라에 사신을 보내어 일렀다. '나의 성고(聖考 = 唐太宗)는 어진 신하 위징(魏徵), 이순풍(李淳風)들을 얻어서 마음을 합하고 덕을 같이 하여 천하를 통일했다. 그래서 태종황제

78　『역주 삼국사기』 2, 226~227쪽.

79　신문왕(神文王)이 681년에 즉위하고 당나라 고종(高宗)이 683년에 죽었는데, 『삼국사기』에는 중종(中宗)으로 『삼국유사』에는 고종으로 기록되어 있다. 만일 당나라가 태종(太宗)이라는 시호를 문제시 했다면 태종무열왕이 죽고 곧바로 시호를 사용하지 못하게 했을 것이다. 그런데 『삼국사기』에 따르면 신문왕 12년(692년)에 이르러서야 비로소 당나라가 시호를 사용하지 못하게 했다는 것은 이해가 되지 않는 부분이다. 그렇기 때문에 저자는 『삼국유사』에 기록된 '당 고종'이 정확하다고 본다.

(太宗皇帝)라 했지만, 너희 신라는 해외의 작은 나라로서, 태종(太宗)이란 칭호를 사용하여 천자(天子)의 칭호를 참람하게 씀은, 그 뜻이 불충한 데에 있으니 속히 그 칭호를 고치라.' 신라왕은 글을 올려 답했다. '신라는 비록 작은 나라지만, 거룩한 신하 김유신을 얻어서 삼국을 통일했으므로, 태종(太宗)이라고 한 것입니다.' 당나라 황제는 그 글을 보고 생각했다. 그가 태자로 있을 때에 하늘에서 '삼십삼천(三十三天 = 忉利天)의 한 사람이 신라에 태어나서 김유신이 되었다'고 해서 책에 기록해 둔 것이 생각나서 꺼내어 보고 놀라 마지아니하였다. 다시 사신을 보내어 태종(太宗)의 칭호를 고치지 말도록 했다.[80]

『삼국사기』와 『삼국유사』 모두 동일한 일에 대해 기록하고 있지만 표현은 사뭇 다르다는 것을 알 수가 있다. 『삼국사기』의 내용이 시종일관 부탁을 들어달라고 애원하고 있다면, 『삼국유사』에서는 경위를 설명하는 형식으로 표현되어 있다. 그런데 여기서는 그보다 더욱 중요한 것이 일연의 의도라고 할 수 있다. 일연은 「고조선」 조의 내용부터 시작해서 삼국 시조의 탄생을 신이(神異)함으로 기록하고 있듯이, 여기서도 신이한 현상을 부연하면서 태종무열왕의 시호문제를 해결하고 있다. 물론 이러한 기록의 내용을 현대에서는 기록 내용 그대로 믿을 리는 없겠지만, 적어도 일연이 어떤 의도를 가지고 『삼국유사』를 저술했는지를 잘 알 수 있는 부분일 것이다. 여기에는 그의 정치적인 의도도 없으며, 그렇게 해석할 필요도 없다. 그 대신 그가 어찌하여 신이한 내용을 덧붙여

---

80 『삼국유사』, 169쪽.

서 기록하였는가 하는 점은 되새겨야 할 필요가 있다. 이는 『삼국유사』가 『삼국사기』의 내용을 보충하는 차원을 넘어서 『삼국사기』의 기록이 잘못된 것들에 대해 비판하는 의미까지 포함된다고 보아야 할 것이다.[81] 따라서 일연의 정치적 의도는 왕을 비롯해서 백성 모두가 주체가 되는 우리 역사의 주체성을 바로잡는 것이라고 규정할 수 있다. 일연의 개인적인 의도나 자신이 속한 산문(山門)에 대한 조금의 이기심도 없이, 오로지 대몽항쟁과 무신정권하에서 피폐해진 백성을 위하고 나라의 역사적 정기를 바로 세우기 위해서 신이한 요소를 덧붙였다고 생각한다. 이렇듯 굳이 일연의 정치적 의도라고 한다면 개인이나 특정 집단을 목적으로 한 것이 아니라 모두를 위한 것이었다고 할 수가 있겠다.

그런데 신이한 현상은, 엄밀하게 말해서 분명히 객관적인 것은 아니며 가시적인 것도 아니지만, 사람들을 끌어 모으는 힘이 있다. 그것은 비가시적이지만, 오히려 비가시적이기 때문에 사람들의 마음을 쉽게 움직일 수 있다. 이렇게 움직여진 대수의 마음은 역사적 사건을 일으키기도 하는데, 이럴 때 결정적으로 작용하는 비가시적인 힘이 바로 종교이다.

---

81 그래서 이기백은 일연의 업적을 다음과 같이 평가하기도 한다. "『삼국유사』는 『삼국사기』와 서로 반발하는 것이기보다는 이를 보족(補足)하는 것으로 보아야 하지 않겠느냐 하는 의견이 있을 수 있다. 그러나 일연이 『삼국사기』에 만족해하고 이에 아무런 불평이 없었다면, 굳이 『삼국유사』를 저술하여 이를 보완하려고 했겠는가 하는 점이 고려되어야 하지 않을까. 그것이 결과적으로 보완하는 것이 되었다 하더라도, 어떤 내용의 것을 선택하느냐 하는 것은 전혀 저자의 의도에 따르는 것이다. 그리고 일연은 신이(神異)한 일들을 보완한 셈이 된다. 저자는 따라서 일연이 『삼국사기』에 불만해 한 점이 무엇이었는가 하는 것을 파악하는 게 필요하리라고 생각하며, 이는 일연의 『삼국사기』에 대한 비판이라고 믿는다. 그리고 구체적으로 일연은 『삼국사기』가 합리적인 사실만을 취한 점에 불만스러워 했던 것이라고 믿는다." 이기백, 「『三國遺事』의 史學史的 意義」, 이우성·강만길 편, 『韓國의 歷史認識』 상, 120쪽 각주 12.

4) 종교

『역사의 기원과 목표(*Vom Ursprung und Ziel der Geschichte*)』를 쓴 야스퍼스 (K. Jaspers, 1883~1969)는 "역사란 신앙의 교화를 통하여 인간이 자유하는 과정이다. 신앙에서부터 폭력을 굴복시키는 법률이 창안되고, 어떠한 것에도 신뢰를 포기하지 않을 때 정당성(Legitimität)이 구성되며, 무제약적 요구에 복종함으로써 인간은 인간 자신으로 되는 것이다"[82]라고 하면서 역사와 종교의 관계를 규정하고 있다. '자유'란 인간의 삶에서 매우 중요하기에 역사의 전개에 따라 인간의 자유가 어떻게 변천해 왔는가를 고찰한다는 것은 필수적이라 할 수 있지만, 그렇다고 해서 역사와 자유를 반드시 신앙과 관련지을 필요는 없다. 서양에서는 기독교가 공인된 이후로 인간의 모든 삶과 모든 학문 영역에서 신앙을 배제하고 성립될 수 있는 것은 아무것도 없었다. 16세기에 종교개혁이 이루어지기는 했지만, 그 이전까지 1천년이 넘는 동안 교황은 신(神)과 같은 존재로 인식 되었으며, 종교개혁 이후로도 여전히 그 지위를 유지하고 있었고 오늘날에 이르기까지도 그 지위는 변함이 없다. 서양의 학문적, 사상적 풍토도 여전히 신을 배제하지 않고 있다. 자연과학이 급격하게 발전하였지만, 근원에 대한 인간의 지적 한계가 극복된 것은 아니며, 그때마다 학자들이 의존하는 것이 다름 아닌 절대자이다. 그 까닭은 신앙은 이론적 증명을 요구하는 게 아니라 이념에 대한 믿음만 있으면 모든 걸 해결해주기 때문이다.

---

[82] 칼 야스퍼스, 백승균 역, 『역사의 기원과 목표』, 이화여대 출판부, 1986, 359쪽.

학문은 가시적인 것을 대상으로 하기 때문에 사람들에게 주장의 신빙성과 믿음을 심어주기 위해서는 증명을 해야 하지만, 신앙의 대상은 비가시적인 절대자이기 때문에 이론적인 체계를 통한 증명이 필요 없다. 대신 신앙은 사람들에게 삶의 이념과 이상을 제시해주고 심적인 안정을 가져다주기만 하면 된다. 실제로 모든 종교는 사람들이 가지고 있는 막연한 불안감을 해소해주는데, 그중에서도 질병과 고통 그리고 사후세계에 대해 경전과 교리를 바탕으로 믿음을 가져다주고 있다. 종교의 이러한 특성 때문에 사람들은 특정 종교를 바탕으로 결속하는 힘이 매우 강하다.

종교를 바탕으로 한 결속력은 정치지도자들에게는 자신들의 권력을 유지하기 위해 더 없이 좋은 무기로 작용한다. 역사는 스스로 정치나 종교를 이용할 수 없지만, 정치나 종교는 종교와 역사 또는 정치와 역사를 항상 자신들에게 유리한 방향으로 각각을 해석하여 이용한다. 그러나 정치와 종교의 가장 큰 차이점은 정치는 현실, 즉 현재에 관심을 쏟는 반면, 종교는 미래에 초점을 맞춘다는 사실이다. 그래서 특히 서양에서는 중세 때 정치와 종교가, 정치는 물리적인 힘을 동원해서 종교를 보호해주고 종교는 절대자의 힘으로 정치를 보증해주면서, 서로 공생관계를 유지했던 것이다. 그런 까닭으로 서양에서는 종교로 인한 역사적 사건, 그것도 인류에게 긍정적이었다기보다는 부정적인 결과를 낳은 사건이 무척 많이 발생하였다. 정치와 종교가 결부된 사건 가운데 가장 부정적인 것은 두 말할 나위 없이 '전쟁'이다. 오늘날까지의 서양 역사가 증명해주듯이 서양에서는 수많은 전쟁이 종교로 인해서 발생했으며, 이를 보면서 사람들은 종교가 없으면 전쟁도 없어지리라고 생각할 것이다.

여기서는 굳이 신 존재에 대해서 증명을 한다거나 하는 논의를 전개할 필요가 없지만, 신이 아닌 종교는 인간 삶의 여러 한계상황, 그중에서도 '죽음'이라는 한계상황을 해결하기 위해 인간이 만들어 낸 창조물이라는 사실만은 분명하다. 인간의 한계상황으로 인하여 과학이 발전하고 있지만, 무엇보다 죽음이라는 한계상황이 없다면 종교는 등장하지 않았을 가능성이 매우 크다.[83] 그렇다면 종교는 죽음을 바탕으로 해서만 가능하다는 결론이 도출된다. 그런데 인간의 삶에서 절대자나 초월자가 전제되고, 모든 것이 절대자의 섭리대로 진행된다면, 우리는 역사를 별도로 연구할 필요가 없을 것이고, 다른 학문들도 의미가 없어질 것이다.[84]

그러나 절대자의 존재가 종교의 모든 것을 대표하지는 않는다. 서양 언어와 달리 한자(漢字)로는 종교의 뜻이 최고(宗)의 가르침(敎)이다. 이 최고의 가르침을 체계적으로 행하기 위해서 교단이 형성되어 있거나 경전이 갖추어져 있는 경우 절대자를 전제하지 않더라도 종교로 인정하고 있다. 그렇기 때문에 종교를 이렇게 넓게 정의한다면 저자는 종교의 가르침을 부정할 생각은 없다. 더구나 동양의 대표적인 종교인 불교, 유교, 도교의 경우 기독교적인 의미에서의 절대자를 전제하지 않고 있다. 이

---

83 "죄와 두려움에 대한 들뤼모(Jean Delumeau)의 연구(『죄와 두려움(Sin and Fear)』, 1983)는 두려움이 실질적으로 종교에 복종하는 유일한 원동력이었음을 보여주었다. 힘든 세상에서 희망과 은총과 위안을 얻는 방법에 대한 설명은 찾아볼 수 없다. (…중략…) 사실 오늘날 가톨릭교회에서도 두려움이란 강력한 요소가 미사 참여를 유도하는 노력에서 여러 가지 형태로 나타나고 있다. 더욱이 지난 300년 동안 두려움은 사람들이 교회에 종교적·도덕적으로 순응하도록 만드는 데 성공했다." 데이비드 캐너다인, 문화사학회 역, 『굿바이 E. H. 카』, 푸른역사, 2005, 125~128쪽.

84 본 장의 각주 45 참조

들 종교는 그야말로 '최고의 가르침'이라는 문자의 의미에 가깝다고 할 수 있다. 따라서 이들 종교의 가르침이 인간 삶의 지침이 되거나 국가의 통치 이념으로 작용할 수는 있어도 역사의 법칙이나 원리와는 아무런 관련이 없다. 만일 그렇지 않고 인간의 삶과 역사가 오로지 절대자의 의지대로만 움직인다면 삶과 역사는 아무런 의미가 없어진다는 것은 자명하다.

역사의 전개과정을 절대자의 섭리와 행적으로 인식하는 한, 그리고 역사마저도 신앙의 일부라고 간주한다면, 역사는 인간이 살아온 흔적이 아니라 절대자의 명령을 충실히 수행한 인간의 성적표로만 남을 뿐이다. "또한 만일 신에 의한 창조와 더불어 인간의 역사가 시작되고 심판과 함께 역사도 동시에 종말을 맞이한다면, 인간은 역사에 대해서 아무런 책임을 질 필요가 없을 것이다. 하지만 종교, 신앙, 신, 초월자, 절대자, 섭리, 역사 등의 모든 용어가 인간에 의해서 만들어졌듯이, 이러한 것들을 수용하거나 하지 않거나 하는 것도 지극히 인간의 주관적인 관심사에 불과 할 수가 있다. 우리가 종교를 역사에서 수용할 수 있는 근거도 바로 이 때문이다. 이에 따라서 볼 때 인간의 삶에서 최고의 가르침이라는 종교가 역사의 방향을 제시할 수도 있을 것이다."[85]

인간은 이성적인 동시에 감성적이다. 이성을 사유능력이라고 한다면 감성은 감각능력이라고 할 수 있다. 우리는 대상을 인식하는데 있어서 감각기관을 사용하여 받아들인 것을 이성적으로 정리한다. 그런가 하면 인간은 감성적인, 즉 가시적인 대상을 인식하고 기억하는 능력만 가지고 있는 것이 아니라 비가시적이고 초감성적인 것들을 상상하는 능력도

---

85 문성화, 『철학의 눈으로 본 민족사』, 152~153쪽.

함께 가지고 있다. 이를테면 '황금'과 '송아지'를 결합시켜서 '황금송아지'를 상상해내는가 하면, 세상의 일부를 보고 세계 전체를 상상하기도 한다. 또한 육체적 구속을 경험하면서 정신적 자유의 한계를 논하기도 하며, 인간을 몸과 정신으로 구분하면서 죽음 이후에 영혼이 있느냐 없느냐를 두고 논쟁을 벌이기도 하고, 세상 만물의 궁극적인 근원을 탐구하여 도(道)라든가 신(神)이라고 규정하기도 한다. 이들 비가시적이고 초감성적인 모든 것은 감성적인 대상이 아니라 오직 사유의 대상일 뿐이다. 사유의 대상이기 때문에, 그것에 대한 확신을 가지고 있는 사람들은 그것들을 쉽게 보편화시키고 보편개념이라고 명명한다. 그것들은 비가시적이기 때문에 가시적으로 존재하는 모든 것에 보편적으로 적용될 수는 있다. 이렇게 정립되고 규정된 보편자라면 인간의 삶과 역사에 커다란 영향을 줄 수 있기 때문에 저자는 종교를 역사의 요소로서 수용하는 것이다.

지구상에 인류가 출현한 이후로 인간의 삶에 영향을 준 것은 헤아릴 수 없이 많다. 그 가운데에는 긍정적인 영향을 준 것도 있고 부정적인 영향을 준 것도 있으며, 소수에게 영향을 준 것도 있고 인류 전체에 영향을 준 것도 있다. 종교도 그 가운데 하나인데, 과연 종교가 인간의 삶에 끼친 영향은 긍정적일까 부정적일까? 이에 대해 한 마디로 답하기란 무척 어렵다. 서양 역사에서 종교와 전쟁의 상관관계를 보면 종교가 반드시 긍정적인 영향을 주었다고 단정하기는 더욱 어렵다. 물론 종교가 개개인의 삶에는 긍정적인 영향을 주는 게 월등하게 많을지라도, 종교분쟁으로 인해서 발생하는 전쟁은 한꺼번에 수많은 사람의 생명을 앗아가 버리는 비극적 사건이기 때문에, 종교가 반드시 긍정적인 영향을 끼쳐

왔다고 할 수도 없는 노릇이다. 어쨌든 종교가 역사와 떼려야 뗄 수 없는 관계에 있다는 사실만은 분명하다.

그렇다면 우리 역사에서는 종교가 어떻게 작용했을까? 우리 역사에서는 우선 대표적으로 불교와 유교를 들 수 있는데, 불교는 우리나라에 전래된 정확한 연대를 알 수 있지만 유교의 전래에 대해서는 여러 설이 있어서 확정하기 어렵다. 다만 유교는 우리나라에 한자가 전래되면서 자연스럽게 함께 전래된 것이 아닌가 하고 추측해 볼 수 있다. 한 가지 흥미로운 점은 고구려가 소수림왕 2년(372년)에 태학(太學)을 세워 귀족의 자제를 교육시키기 시작했는데, 같은 해에 불교도 고구려에 전래되었다는 사실이다. 따라서 본 논의에서는 유교와 불교가 각각 우리나라에 언제 전래되었는지를 집중 탐구하는 것이 아니라, 이들 사상이 우리 역사에서 어떤 영향을 끼쳤는지를 살펴보는 것이기에, 저자는 여기에 초점을 맞추고자 한다.

고구려가 교육기관인 태학을 설립한 연도와 불교를 도입한 연도가 같다고 해서 유교와 불교가 삼국에 동일한 영향을 주었던 것은 아니다. 그리고 태학을 설립할 정도이면 유교가 우리나라에 전래된 시기는 그 보다는 훨씬 이전으로 보아야 할 것인데, 그 까닭은 외래사상이 들어올 경우 정착하는 데 어느 정도의 시간은 반드시 필요하기 때문이다. 이렇게 보면 불교는 고구려에 가장 먼저 전래되었지만 삼국을 통일한 신라에서 국교로 공인을 받기까지는 고구려보다 거의 2세기나 지난 까닭을 이해할 수 있게 된다. 특히 신라에서는 이차돈의 순교가 있은 후에야 불교가 공인되었는데, 이는 유교가 사회의 제도로 자연스럽게 정착된 것과는 분명한 차이라고 보아야 한다. 그렇다면 유교와 불교가 각각 어떤 특징을 갖고 있고 어떤 차이가 있기에 그런 일이 일어났을까?

선진유가(先秦儒家)의 대표적 개념은 인(仁)과 의(義)이다. 이로부터 출발하는 유교의 내용에 대해 대부분의 사람들은 유교가 윤리적이고 정치적인 가르침을 가장 중요시한다고 생각한다. 여기서는 유교경전에 대한 내용을 모두 언급할 수는 없지만, 우선 그 내용이 전반적으로 매우 사회적이고 현실적이며 개인과 사회 그리고 국가의 나아갈 방향이 어떠해야 하는지에 대해 지침을 제시하고 있다고 할 수 있다. 바로 이 때문에 삼국에서는 유교의 경전을 과거(科擧)의 주요 과목으로 정하기도 하였다. 그리고 주역(周易)으로 대표되는 음양오행(陰陽五行)사상을 자연에 대한 면밀한 관찰의 결과라고 본다면, 유교를 과학적이라고도 할 수 있을 것이다. 그런가 하면, 유교가 조상(祖上)과 천(天)에 대한 제사(祭祀)를 중요시하기 때문에 종교로 간주되는 것도 사실이다. 하지만 이와 관련해서 반드시 고려해야 할 것은 공자(孔子)가 귀신(鬼神)이나 괴력난신(怪力亂神)에 대해서는 구체적으로 언급하지 않았다는 점이다. 특히 공자가 계로(季路)의 물음에 "사람도 섬길 수 없는데 어찌 귀신을 섬길 수 있는가[未能事人 焉能事鬼]", "아직 삶도 모르는데 어찌 죽음을 알겠는가[未知生 焉知死]"라고 답한 것을 보면, 우리는 제사를 죽은 조상이나 귀신에 대해 행하는 종교적 행위라고 단정지어서는 안 될 것이다.

그래서 학자들은 유교를 논할 때 도덕성과 합리성을 가장 먼저 보아야 한다고 말한다. 이때 도덕은 개인에게만 해당되는 게 아니다. 유교경전은 가족윤리에서 출발하여 그것이 왜 중요하고 도덕의 근거가 되는지를 개인에게 가르치고, 나아가서 그 윤리가 사회와 국가에 어떻게 적용되어야 하는지를 제시한다. 이 때문에 유교의 가르침은 사회윤리적 성격을 강하게 드러낸다고 하며, 지극히 현실적이고 정치적이어서 정치가들도 정책을 만들고 집행할 때 유교의 가르침에 적합한지 어떤지를 살피는 것이다. 삼국시대와 고려시대뿐만 아니라 조선시대를 거쳐 20세기에 이르기까지 유교의 이와 같은 기본적 특징은 우리 사회와 정치에 변함없이 작용하고 있었다.

하지만 어느 시대를 막론하고 그것을 적용한 사람들에 따라서 유교는 각각 나르게 해석되고 적용되었다고 할 수 있다. 삼국시대와 고려시대에 유교는 조선시대와는 달리 국가의 통치이념으로까지 발전했다고 보기는 어렵다. 왜냐하면 비록 과거시험(科擧試驗)의 과목으로 정해져서 관직에 진출하기 위해서는 반드시 익혀야 할 내용이었지만, 왕실을 비롯해서 백성들의 일상생활에서 절대적인 비중을 차지하고 있었던 것은 불교였기 때문이다. 유교가 당시의 통치이념까지는 아니었다고 할지라도, 기본적으로 예법(禮法)을 중요시한 까닭에 유교의 가르침도 백성의 일상에서 빼놓을 수 없는 것이었다. 더구나 불교도 그러하지만 유교에서는 기독교에서와 같은 절대자가 전제되지 않기 때문에, 조상에 대한 예의나 윗사람 또는 대국(大國)에 대한 예의가 절대적인 지침으로 작용했다고 할 수 있다. 그리고 무엇보다도 유교경전이 과거시험의 과목이었다는 사실은 특히 중요한데, 그 까닭은 유교가 국가의 명시적인 통치이념은 아니었을지라도 관료들이 관직에 오르는데 필수적인 요소였고, 자연스럽게 유교의 가르침이 사회생활 전반에 골고루 영향을 끼쳤다고 볼 수 있기 때문이다.

이처럼 절대자를 전제하지 않는 종교인 유교는 삼국시대와 고려시대 때 특별한 정치·사회적인 사건을 야기하지 않으면서도 일상생활의 근본으로 작용하면서 역사를 이끌어왔다. 앞에서도 언급한 바 있지만, 기독교적 의미에서 절대자가 전제되어야만 종교인 것은 아니다. '교단(教團)'으로서의 체계를 갖추고 경전에 입각해서 사람들의 삶에 최고의 가르침으로 작용한다면 모두가 종교라고 할 수 있다. 유교는 바로 그런 의미에서 종교라고 할 수 있으며, 그것이 특별한 사건을 일으켜야만 역사의 요소가 될 수 있는 것은 아니다. 그보다 오히려 특별한 사건을 야기하지 않으면서도 그것의 가르침을 받는 사회나 국가의 민중들의 삶을 올바른 방향으로 인도해간다면, 그것이야말로 역사의 참된 이념이라고 해야 할 것이다.

유교와 비슷하게 불교에도 절대자가 전제되고 있는 것은 아니지만, 실제로는 불교의 창시자인 석가모니(釋迦牟尼)가 많은 불교도에게 절대자로 인식되고 있는 것도 사실이다. 부처(佛)는 불교에서 말하는 '깨달은 자', 즉 인간으로서 최고의 경지에 이른 깨달은 사람이지만, 많은 불교도와 불교도가 아닌 사람들도 그를 신적인 의미의 절대자로 생각하는 경향이 있는 게 사실이다. 이러한 이유 때문에, 불교는 삼국시대, 특히 신라 통일 이후와 고려시대에 백성들의 삶에서 정신적 지침으로 역할을 수행하였다.

『삼국유사』에 근거한 것이지만, 그 가운데 대표적인 것은 불국토(佛國土) 사상이다. 불국토란 깨달은 사람들, 해탈(解脫)한 사람들이 사는 곳이기 때문에 현실세계를 일컫는 게 아니다. 그렇지만 사람들은 현실세계가 불국토가 되기를 소망한다. 사람들은 비록 스스로가 부처가 될 수는 없을지라도, 자신이 사는 세상이 불국토가 되면 자신도 자연스럽게 부처가 된다고 생각하면서 부지런히 불교의 가르침을 따르게 된다. 『삼국유사』의 기록에 근거하면, 고구려와 백제의 불교 관련 기록이 미비하기도 하지만, 어쨌든 특히 신라에서는 수많은 탑과 절이 건립되고 고승들이 배출되었으며, 백성들의 불교신앙 활동뿐만 아니라 왕실의 호국불교정책까지 더해져서 불교는 최전성기를 맞이하였다.

『삼국유사』에는 불교와 관련한 구체적인 기록들이 전반에 걸쳐 모두 나오고 있지만, 구체적으로 편목의 제목으로 등장하는 것을 살펴보면 「흥법(興法)」, 「탑상(塔像)」, 「의해(義解)」, 「신주(神呪)」, 「감통(感通)」에 이르기까지 5편이나 된다. 그리고 『삼국유사』의 내용에도 백성들의 신앙생활과 활동이 구체적으로 기록되어 있다. 물론 일연 스스로가 불교의 승려이기도 하지만, 왕실과 백성들의 삶 전반에 걸쳐서 불교가 영향을 주지 않았다면, 『삼국유사』의 내용이 불교를 중심으로 저술되지는 않았을 것이다. 그만큼 삼국시대와 고려시대에 백성들의 일상생활에서 불교의 영향은 절대적이었다고 할 수 있다.

그러나 역사의 기록에 따르면 불교 역시 유교와 마찬가지로 삼국시대와 고려시대에는 그다지 부정적인 역사적 사건을 일으키지는 않았다. 물론 몇몇 승려와 관련된 부정적인 기록이 없지는 않다. 그런 기록이 있다고 해서 불교가 우리 역사에 끼친 영향이 부정적으로 평가되지는 않는다. 오히려 오늘날까지 남아있는 문화재들은 조선시대를 제외하고는 거의 전적으로 불교와 관련된 것들이다. '문화(文化)'는 특정한 시대에 살았던 사람들의 삶의 흔적이다. 문화가 삶의 흔적이라는 의미에서 서양의 문화도 동양의 문화두 그리고 우리나라의 문화도 모두 동일하다고 할 수 있다. 하지만 서양과 달리 우리나라의 문화에는 서양의 종교가 야기한 수많은 부정적인 역사적 사건들과는 달리 긍정적인 면들을 기록이 보여주고 있다. 한 마디로 말해서, 불교와 관련해서 우리나라의 역사를 살펴보면 '문화사(文化史)'를 대변해준다고 표현해도 지나치지 않을 것이다. 반드시 역사적 사건을 야기해야만 무엇인가가 중요하게 취급되는 것은 아니다. 오히려 역사적 사건들은 대부분 인간의 삶에 부정적인 영향을 주었다는 측면에서 보았을 때, 그러한 사건을 일으키지 않으면서도 인간의 삶에 지속적이면서도 절대적인 영향을 준 것이 있다면, 저자는 그런 것이야말로 우리가 오늘날도 그리고 미래에도 여전히 살려나가야 할 '유산'이라고 생각한다.

종교도 역사도 그리고 다른 그 무엇이라도 인간의 삶에, 더 나아가서 생명 있는 모든 것에 도움이 되는 것이라야 가치가 있는 것임에는 분명하다. 그렇기 때문에 특별히 부정적인 사건을 야기하지 않으면서도 인간의 삶에 긍정적으로 작용해서 역사의 기록으로 남아 있는 불교는 우리나라의 역사에서 매우 중요한 요소로 작용하고 있다. 현대의 역사에서도 예외가 아니지만, 동양이건 서양이건 특히 과학이 발달하기 이전에는 정치가 종교를 이용하는 경우가 매우 많았다는 것을 우리는 역사의 기록을 통해서 무수히 접해왔다. 그 까닭은 정치가 종교를 이용하여 인간의 삶 깊숙한 곳까지 간섭하였기 때문이었다. 만일 그렇지 않았다면 종교로 인한 전쟁이라든가 특정 종교에 대한 박해와 순교 등은 일어나지 않았을 것이라는 점이 반증해준다고 해야 할 것이다. 그렇다면 저자는 반대로 생각해서, 정치는 종교를, 그리고 종교는 정치를 이용하지 않아야만 인간의 삶에서 종교가 본연의 역할을 다할 수 있을 것이고, 그렇게 될 때 역사는 진정으로 발전할 수 있으리라고 생각한다. "우리가 종교의 본래성에 대해 말하려고 할 때, 어느 누군가가 '종교는 무엇

무엇이다'라고 규정하는 것을 언급하는 것은 그다지 중요하지가 않다. 앞서 언급했듯이, 무엇을 중심으로 해서 종교를 정의하는 것은 각자의 몫일뿐이다. 절대자를, 교단을, 또는 경전을 중심으로 하더라도, 이 모든 것보다도 더욱 중요한 것은 바로 **인간 자신**이다. 비록 현실성보다도 초월성에 더욱 강조점을 두는 종교라 할지라도, 초월성을 위해서라도 현실성은 초월성만큼이나 중요성을 가질 수밖에 없다. 그러기에 칸트(Kant) 같은 경우에도 『순수 이성의 한계 내에서의 종교(*Die Religion innerhalb der Grenzen der bloßen Vernunft*)』를 주장하기에 이른 것이다. 말하자면 칸트는 종교를 인간의 도덕적 측면과 결부시키고, 도덕적인 절대 명제를 절대자의 초월성으로 담보하고 있는 셈이다."[86]

종교는 현실과 절대로 무관하지 않다. 모든 종교가 제아무리 절대자나 초월성을 근거로 할지라도 종교는 인간에 의한 창조물이기 때문에, 현실의 인간 삶을 떠나서는 존재할 수가 없다. 그리고 절대자가, 신이 신앙의 대상일 뿐이라고 해서 인간과 관계없는 존재인 것은 아니며, 오히려 신앙심을 갖는 주체는 인간이기 때문에, 절대자는 인간에게 전적으로 의존한다고 할 수도 있다. 모든 종교의 경전도 해당 종교의 절대자가 아니라 인간이 만든 것이다. 이렇게 모든 종교는 절대자와 경전을 바탕으로 해서 탄생하기만 하면 세력을 넓히기 위해서 수단과 방법을 가리지 않았으며, 이를 우리는 역사를 통해서 배워왔다. 이런 과정에서 종교가 세력을 확장하는데 가장 좋은 방법이 국가권력 또는 정치권력과 결탁하는 일이었다. 종교와 정치가 서로 공생관계를 유지하면서 자신들

---

[86] 위의 책, 156~157쪽.

의 권력을 확장하는 동안, 백성들은 별다른 저항 없이 수용해왔지만, 그것들의 부정적인 측면이 강하게 드러날 때는 목숨을 내걸고서라도 저항해온 게 또한 백성들의 모습이었다. 그러한 현상이 가장 극단적으로는 종교전쟁으로까지 확대되었지만 말이다.

이렇게 종교의 세력이 막강하고 그래서 권력도 쉬 가질 수 있다면, 그럴 때 일수록 종교는 본래성을 회복해야만 역사를 발전으로 이끌 수 있다. "단순히 개인적인 행복을 희망하는 차원이 아니라 인류 전체의 진정한 행복을 위하여, 배타적인 모든 요소를 해당 종교에서 제거해 나가야 한다. 마치 **내가 나를 진정으로 나**[我]**라고 부를 수 있기 위해서는 나 아닌 너를 다른 나**[非我] ― **즉 타인도 자기 자신을 나라고 부른다** ― **로서 인정하지 않으면 안 되는 것**과 같은 이치이다. 또한 이 세상에는 인간만 존재하는 것이 아니다. 인간이 인간으로서 살아가기 위해서는 필연적으로 인간이 아닌 여타의 사물들과도 관계를 맺으며 살아갈 수밖에 없는데, 따라서 우리 인간은 인간을 제외한 다른 존재에 대해서도 인간과 동일한 존재 의미를 부여해야만 한다. 이러한 모든 관점을 도외시하고서 종교가 인간의 삶과 역사에 이념을 제공해 준다거나 제공해 줄 수 있다는 말은, 한 마디로 말해서, 어불성설(語不成說)이다. 그러므로 현재의 모든 종교는 신성, 역사 또는 삶을 말하기 이전에 철저한 자기반성을 먼저 해야 할 때이다."[87]

---

87 위의 책, 159쪽.

4. 역사와 전거(典據)

'역사와 전거(典據)'라고 하면 '역사서에 인용된 기록물의 근거'를 누구나 떠올릴 것이다. 역사적 사건은 과거에 이미 지나가고 현재에는 없지만, 그 사건을 기록한 내용은 현재를 넘어 미래에까지 계속 이어질 것이기 때문에 역사서의 전거를 살피는 일은 무엇보다 중요하다. 그런데 문제가 있다. 사료와 기록만이 진실이라고 주장하는 것은 실증주의 역사학의 기본 명제일 뿐만 아니라 모든 역사학에도 진리로 통용된다. 그렇다면 문자에 의한 기록으로 남아 있지 않은 것은 역사가 아니란 말인가? 또는 문자에 의한 기록이라 할지라도 국가에 의해서 편찬되고 기록된 것만 진실이고, 개인적으로 기록한 것은 역사로 간주할 수 없다는 말인가? 물론 개인에 의한 기록을 무조건 기록으로 인정하지 않는다는 뜻은 아니다. 하지만 개인의 기록보다는 국가의 기록을 더 우선시하는 게 일반적인데, 국가가 개인보다 진실을 보장한다는 근거는 어디에도 없다. 그렇기 때문에 국가와 여러 개인의 기록을 내용적으로 함께 살펴보아서 역사적 진실 여부를 가려야만 옳은 것이다.

또 다른 문제는 국가와 개인의 기록을 비교하고 대조하여 분석하면서, 결국에는 이런 과정에서 연구자들의 해석이 반드시 첨가된다는 데에 있다. 이러한 과정이 역사에 대한 새로운 해석의 가능성을 말하고, 역사는 언제나 새롭게 써진다고 하는 것이다. 그렇기 때문에 단초가 되는 역사적 기록의 진실성이 무엇보다 중요하다는 점이 역설적으로 강조되어야 한다. 저자는 여기서 『삼국사기』와 『삼국유사』의 내용의 진실성을 문제 삼으려고 하는 게 아니다. 그것은 지금 저자의 연구 범위 밖에 있다.

『삼국사기』는 1145년에 편찬되었는데, 현재 전하고 있는 것은 16세기에 간행된 게 가장 오래된 것이다. 그렇다면 그동안에『삼국사기』의 내용에 임의로 변조된 것은 없을까? 이는 저자의 연구범위를 넘어서는 것이지만, 적어도 '역사와 전거'를 소제목으로 하여 글을 쓰면서는 반드시 생각해보아야 할 문제이기에 언급하는 것이다. 그 까닭은 또한『삼국사기』에 인용된 전거를 신뢰할 수 있는지 어떤 지에 대해서도 무수한 논란과 연구가 있기 때문이기도 하다. 그래서 저자는 저자의 연구범위를 넘어서는 것이 아닌 한에서『삼국사기』와 전거에 대해 고찰하고자 한다.『삼국유사』도 사정은 마찬가지이다.『삼국유사』는 1281년에 저술되었다고 하지만, 현재 온전하게 남아 있는 판본은『삼국사기』와 마찬가지로 16세기의 것일 뿐이다. 그렇다면 이 역시 위에서 말한 것처럼 내용에 첨가되었는지 어떤 지에 대해 의심해 볼 수 있을 것이다.

그런데 내용에 대해 의심하기 시작하면 끝이 없다.『삼국사기』와『삼국유사』모두 내용을 편찬하고 저술함에 있어서 많은 전거를 들고 있는데, 지금은 그 전거들이 대부분 없어졌지만, 설령 그것들이 남아 있다고 하더라도 그 기록 내용을 어떻게 신뢰할 수 있느냐고 묻기 시작하면, 그러한 의심은 무한소급 될 수밖에 없을 것이고 결국 모든 내용 자체를 부정하는 결과를 낳을 것이기 때문이다. 앞에서 언급한 바 있지만, 실증주의 역사학의 대표학자인 랑케는 "단지 사실을 본래 그대로(wie es eigentlich gewesen) 보여주는 것"[88]이 역사가의 임무라고 했지만, 그 어떤 경우에도 기록내용의 객관성은 보증될 수 없다고 카에 의해서 맹렬하게 비판받았다. 가장 극단적으로는 역사적 사건의 현장에서 직접 사건을 기록하더라도, 그 순간 역사가가 어떤 단어를 선택하느냐에 따라, 나중에는 다양한 해석의 가능성이 얼마든지 존재하기 때문이다. 따라서 저자는 다른 많은 역사학자들이 『삼국사기』와 『삼국유사』의 내용에 대한 진실성 여부를 연구하고 있기 때문에라도, 이 분야를 논외로 하고 여기서는 두 역사서가 근거하고 있는 전거에 대해 포괄적으로 다루는 것이 옳다고 생각한다.

『삼국사기』는 김부식이 편찬의 책임자로서 모두 11명이 인종의 명을 받아 1145년에 편찬을 완료하였다. 그런데 그 이전에 역사서가 없었던 것이 아니라 이미 여러 종류가 있었지만, 새로이 삼국의 역사서를 편찬한 이유를 인종의 말을 빌려서 「진삼국사기표」에서 "옛 기록[古記]은 표현이 거칠고 졸렬하며 사건의 기록이 빠진 것이 있으므로"라고 편찬의 변을 하고 있다. 여기서 말하고 있는 '고기(古記)'에 대한 연구는 지금 무척 많이 있지만, 그중 하나를 들어보면 다음과 같다.

古記의 광의의 뜻은 옛 기록을 통칭하는 말이나 이것을 책명으로 볼 수도 있다. 그 이유는 『삼국사기』의 잡지에 고기에서 인용한 기사가 보이고 구체적인 서명인 듯한 《해동고기(海東古記)》, 《신라고기(新羅古記)》 등의 이름이 보이고 있기 때문이다. 여기서는 뒷 문장에서 표현이 거칠고 졸렬하며 교훈을 주기에 적합하지 않다는 표현으로 보아 몇 가지 내용을 수록하고 있는 단편적인 기록류로 볼 수는 없다. 그렇다면 김부식이 본서를 서술할 때 가장 기초적인 자료로 이용한《구삼국사(舊三國史)》를 제1 대상으로 생각할 수 있다. 그런데 왜 김부식은 이를 서명으로 적지 않고 통칭명사인 '고기'라고 하였을까는 학계의 공통된 의문점이다. 추측컨대 이를 고기의 집합체로 보고 서술이라고 보지 않은 김부식의 평가절하가 작용한 것이 아닐까 한다. 따라서 본서 잡지(雜志)에서 고기라고 칭한 것도《구삼국사》를 의미한다고 보아야 한다(정구복, 「고려 초기의 삼국사편찬에 대한 일고」, 『國史館論叢』45, 1993 참조).[89]

저자는 '고기'가《구삼국사》일수도 있고 그냥 '옛 기록'일 수도 있다고 생각한다. 이렇게 말하면 매우 무책임한 말로 들릴 수 도 있겠지만, 《구삼국사》도 '옛 기록'임에는 틀림없기 때문에, 여기서 저자가 중요시하는 점은 『삼국사기』가 옛 기록을 검토하여 거칠고 졸렬한 표현을 고치고 빠진 기록들을 보충했다는 사실이다. 또한 국외인 중국 측의 자료는 차치하고서라도, 『삼국사기』에 인용되거나 언급되고 있는 자료들은 고기를 제외하고 여럿 있기 때문이기도 하다. 그리고 고기라는 명칭으로 표현되는 자료들은 '고기'뿐만 아니라《해동고기》,《삼한고기》, 《본국고기》 등이 있는데, 만일 이들 자료들이 지금도 남아 있다면 『삼국사기』에서 '고기'라는 명칭으로만 등장하는 자료가 구체적으로 무엇을 가리키는지를 쉽게 판별할 수 있겠지만, 지금은 이들 자료가 하나도 남아 있지 않기 때문에 문제가 되고 있는 것이다.

---

89 『역주 삼국사기』 3, 11~12쪽. 이런 견해에 대해 '고기'가 특정 사서를 가리키는 게 아니라 넓은 의미에서 '옛 기록'을 말하는 것이라는 주장도 있다. 대표적으로 이강래, 『三國史記 典據論』, 민족사, 1996 참조

바꾸어 말하면, 『삼국사기』에서 《해동고기》, 《삼한고기》, 《본국고기》 등을 비롯하여 '고기'라는 명칭으로 인용되고 있는 기록이 진실인지 아닌지도 문제가 될 수 있다는 말이다. 물론 『삼국사기』에 등장하고 있는 중국 측의 사서와 비교, 대조함으로써 내용의 진실성을 가려낼 수도 있겠지만, 어떤 역사가이건 간에 비록 의도하지 않더라도 자국에 조금이라도 유리한 표현을 쓸 수 있기 때문에 그 또한 문제가 될 수 있다. 그렇기 때문에 저자는 중국 측의 사료라고 해서 무조건 진실이라고 믿는 것도 조심해야 할 점이라고 생각한다. 그런데 이렇게 되면 모든 사료는 믿을 수 없다는 결론이 내려질 수 있기 때문에, 그만큼 역사가의 임무와 책임이 크다는 것을 저자는 강조하는 것이다.

또한 『삼국사기』에는 삼국의 역사와 직접 관련이 없는 중국의 경전을 기준으로 해서 사론(史論)을 덧붙인 경우도 있는데, 그 내용이 우려되는 것도 있다. 『삼국사기』 제10권 신무왕(神武王) 조에 덧붙인 사론을 보면 다음과 같다.

구양자(歐陽子)가 논하였다. "노(魯)나라 환공(桓公)은 은공(隱公)을 죽이고 스스로 왕위에 오른 사람이고 선공(宣公)은 자적(子赤)을 죽이고 스스로 임금이 된 사람이며, 정(鄭)나라 여공(厲公)은 세자(世子) 홀(忽)을 쫓아내고 스스로 왕위에 오른 사람이고 위(衛)나라 공손표(公孫剽)는 그의 임금 간(衎)을 내쫓고 스스로 임금이 된 사람이다. 성인(聖人)이 춘추(春秋)에서 그들이 임금이 된 것을 하나도 잘라 내버리지 않은 것은 각각 그 사실을 전하여 후세 사람들로 하여금 그것을 믿도록 하기 위함이었다. 그러면 【위의】 네 임금의 죄는 사람들의 귀를 가릴 수 없는 것이 되어, 사람들이 【그런】 악한 짓을 그치기를 바랐던 것이다." 신라의 언승(彥昇)은 애장왕을 죽이고 임금 자리에 올랐고, 김명(金明)은 희강왕을 죽이고 왕위에 올랐으며, 우징(雨徵)은 민애왕을 죽이고 왕위에 올랐다. 지금 그 사실을 모두 기록하는 것 또한 춘추(春秋)의 뜻이다.[90]

구양자(歐陽子, 1007~1073)는 북송(北宋) 때의 정치가이자 학자인데, 삼국의 역사를 기록하면서 굳이 중국 북송 때 사람이 논한 것을 기준으로 사론을 펼칠 이유가 있었을까? 여기서 더욱 중요한 것은 춘추(春秋)인데, 『삼국사기』에서는 사론뿐만 아니라 역사기록에 대해 내용적 평가, 즉 역사적 사건에 도덕적 평가를 덧붙일 때는 거의 대부분이 유교경전을 기준으로 삼고 있다. 이는 기록의 진실성 여부에 대한 기준이라든가 역사적 사건에 대한 도덕적 평가가 잘못되었다고 말하는 게 아니라, 도덕적 평가의 기준을 굳이 유교경전으로 삼지 않더라도 사람들은 얼마든지 도덕적으로 평가 할 수 있다는 뜻이다. 그리고 위의 인용문에는 "지금 그 사실을 모두 기록하는 것 또한 춘추(春秋)의 뜻이다"라고 하는데, '만일 춘추의 뜻이 그렇지 않다면 그런 기록을 남기지 않았을 것이라는 말인가?' 하는 의문이 들기도 한다. 결국 이런 물음이 가능하다면, 『삼국사기』에는 그 이전의 기록에서 필요한 것만 취사선택했을 가능성이 매우 크다는 사실을 추론할 수도 있어진다.

추론이 여기까지 나아간다면 "김부식이 자기의 옹유(擁有)한 정치상 세력으로 자기의 의견과 다른 사람은 죽이며, 자기의 지은 『삼국사

---

90   『역주 삼국사기』 2, 276쪽.

기』와 다른 의론을 쓴 서적은 불에 넣었도다"[91]라는 신채호의 비판은 충분한 설득력을 가지게 된다. 또한『삼국사기』분주(分註)에서는 전거로 인용된 내용이 중국 측 사료와 고기 또는 그 밖의 국내 사료가 서로 다를 경우 국내 측 사료를 훨씬 더 신뢰하는 것으로 되어있다. 예를 들어, 분주 몇 개를 인용하면 다음과 같다.

고기(古記)에 이르기를 "정관(貞觀) 6년(632년) 임진 정월에 죽었다"고 하였다. 그러나 신당서(新唐書)와 자치통감(資治通鑑)에는 모두 "정관 5년(631년) 신묘에 신라왕 진평이 죽었다"고 하였으니, 어찌하여 그것이 잘못되었을까?[92]

당서(唐書)에 이르기를 "정관 21년(647년)에 죽었다" 하고 통감(通鑑)에는 "22년에 죽었다"고 하였는데, 본사(本史)로써 고찰해 보건대 통감의 기록이 잘못이다.[93]

구당서(舊唐書)에서는 "장안(長安) 2년(702년)에 이홍(理洪)이 죽었다" 하였고, 여러 고기(古記)에는 "임인(702년) 7월 27일에 죽었다"고 하였는데, 자치통감에는 "대족(大足) 3년(703년)에 죽었다"고 하였으니 자치통감의 잘못이다.[94]

91 신채호,『失敗者의 神聖』하, 125쪽(이만렬,『丹齋 申采浩의 歷史學 硏究』, 문학과지성사, 1995, 80쪽 재인용),
92 『역주 삼국사기』2, 159쪽.
93 『역주 삼국사기』2, 167쪽.
94 『역주 삼국사기』2, 228쪽.

이로 미루어 보면 『삼국사기』가 삼국의 역사를 편찬함에 있어서 국내 자료와 중국 측의 자료가 기록이 서로 다를 경우에는 국내 측 자료를 더 신뢰했다는 것을 알 수 있다. 하지만 위에서 잠시 언급한 바 있지만, 역사적 사건에 대한 도덕적 평가에 대해서는 유교경전을 절대적인 기준으로 삼고 있으면서도 기록 자체의 진실성 문제에 대해서는 국내 측 자료를 더 신뢰했다는 점은 선뜻 납득이 되지 않는다. 이는 저자가 국내 측 사료보다 중국 측 사료를 더 믿어야한다고 주장하는 게 아니라, 『삼국사기』 편찬의 책임자인 김부식의 태도를 문제 삼고 있는 것이다. 즉, 도덕적으로는 유교경전에 절대적 지지를 보내고 있으면서도 기록에 대해서는 신뢰하지 않고 있는 태도가 문제 있다는 말이다.

그리고 「진삼국사기표」에서 "옛 기록[古記]은 표현이 거칠고 졸렬하며 사건의 기록이 빠진 것이 있으므로"라는 이유 때문에 삼국의 역사를 새로이 편찬한다고 했으면서도, 고기를 그렇게 신뢰했다는 사실은 『삼국사기』를 특별한 정치적 의도를 가지고 편찬했을 가능성을 열어두는 것이라 할 수 있다. 만일 이렇게 『삼국사기』 편찬이 정치적인 의도에 의해서 행한 것이라면, 중국 측 사료에 없는 내용은 얼마든지 왜곡할 가능성도 함께 생각할 수 있을 것이다. 더구나 『삼국사기』에서 인용하고 있는 고기(古記)가 구체적으로 무엇을 가리키는지에 지금도 여전히 논란이 되고 있기 때문에 더욱 그러하다.

어쩌면 이런 이유 때문에 일연은 『삼국유사』를 저술했을지도 모를 일이다. 『삼국유사』는 우리 고대사의 보고(寶庫)로 간주되며 매우 다양하게 읽히고 있다. 역사서로서의 『삼국유사』를 제외하더라도 불서(佛書)로서, 민속지(民俗誌)로서, 국어자료집으로서, 국문학 자료집으로서, 한

문문체 자료집으로서 등으로 읽히고 있다.[95] 바꾸어 말해서, 이 말은 『삼국유사』가 그만큼 다양한 분야의 내용을 담고 있으며, 여러 분야의 전거를 활용하고 있다는 뜻이 된다. 실제로 『삼국유사』에는 『삼국사기』에서처럼 고기를 비롯하여 수많은 전거가 명기되어 있다. 즉,『삼국유사』를 저술할 당시 마을에 내려오던 기록이라든가 절이 남아 있던 기록, 또는 개인이 간직하고 있던 기록, 비석(碑石)에 있던 기록 등, 그 기록이 삼국에 관련된 것이라면 『삼국유사』에 최대한 담기 위해 노력했다고 할 수 있을 것이다. 이러한 노력은 『삼국사기』가 국내 측이건 중국 측이건 간에 그 이전의 역사서와 유교경전을 전거로 사용한 것과는 대조적이라 할 수 있다.

이와는 다르게 『삼국유사』는 동일한 사건이나 일에 대한 기록이 전거에 따라 다를 경우에는 어느 하나를 선택하지 않고 모두 함께 기록으로 남겨둠으로써 기록의 객관성을 확보하려고 노력한 점이 여러 곳에서 보이고 있다. "그러나 이 책에 수록된 130여 항목 중 인용전거(引用典據)를 밝히지 않은 것도 반 정도나 된다는 사실에 유의할 필요가 있고, 많은 설화 자료가 수록되어 있음도 간과해서는 안 된다. 사료(史料) 사이의 차이를 가리고 자기의 고증을 첨가하거나, 미상(未詳)하거나 의심스러운 일에 대해서는 자기의 판단을 유보한 채, 서로 다른 사료를 그대로 인용해 두는 태도 등은 역사적 사실을 정확하게 파악하려는 것이며, 동시에 객관적인 서술 태도이기도 하다. 그리고 이 책은 각 항목간의 유기적인 관

---

95 이러한 연구내용을 한 권으로 엮은 대표적인 것으로 박진태 외, 『삼국유사의 종합적 연구』, 박이정 2002; 동북아세아연구회 편, 『『三國遺事』의 研究』, 중앙출판, 1982 등을 들수 있다.

계에 유의하며 서술한 흔적이 보이고, 번거로운 사료나, 당시에 쉽게 접할 수 있던 기록 등은 생략해버리기도 했다. 그렇다고 이 책이 완전하게 잘 정리된 사서(史書)라는 뜻은 아니다."[96]

그러나 이러한 견해와 달리 하는 연구도 있다. "다만 유감인 것은 본문의 인용문 중에는 전혀 출처를 밝히지 않은 것들도 상당히 있다는 점이다. 위에서 언급한 일연의 편찬방침과 어긋나는 이러한 대목들이 상당히 있다는 것을 근거로 위의 원칙이 처음부터 일연에 의해서 세워진 것이 아니라고 할 사람이 있을는지도 모르겠다. 그러나 이것은 필시 당시에는 거의 출처를 밝힐 필요가 없을 정도로 자명한 것이고, 따라서 너무 자주 출처를 밝혀야 하는 번거로움을 피한 때문이었을 것으로 생각된다."[97]

---

96 김상현, 「高麗後期의 歷史認識」, 한국사연구회 편, 『韓國史學史의 硏究』, 을유문화사, 2001, 96쪽. 전거와 더불어 『삼국유사』에 대해 전반적으로 의문을 제기하는 다음과 같은 평가는 『삼국유사』의 내용에 대한 신뢰성 문제를 야기할 수 있으므로 매우 치밀하게 연구되어야 할 것이다. (물론 논자는 자신의 오류가능성도 함께 열어두고 있지만 말이다.) "첫째, 『유사(遺事)』가 완성작인가에 대한 문제이다. 저자는 이에 대해서 『유사』가 적어도 일연 생전에는 완성되지 않았으며, 나아가 현재 유전되는 『유사』도 일연 및 무극 등의 찬자가 직접 편찬 및 간행에 참여하지 못한 관계로 미완성작이라고 사려된다. 둘째, 『유사』의 찬자가 몇 명인가에 대한 문제이다. 저자는 『유사』에 나타난 일연과 무극 이외에도 몇 명의 찬자가 존재했을 가능성에 주목하였다. 물론 『유사』의 내용 분석을 통해서 일관성이 결여되어 있으며 조목간의 유기적 관계가 결여되었다는 것 자체가 적어도 한 사람의 작품이 아니라는 증거라고 여겨진다. 셋째, 『유사』가 미완성작이라면 이후에 제3자에 의해서 추가된 것으로 볼 수 있는가 라는 문제이다. 이는 『유사』에 나타난바, 기이권제일(紀異卷第)의 서(序), 「왕력(王歷)」의 철원, 후주 등의 문제 등을 고려해 볼 때, 『유사』의 제조목이 단계적으로 완성된 것은 분명하다. 그리고 공동 편찬자 이외에도 필사본으로 유전되어 오던 『유사』를 읽었던 승려 등의 독자 등을 제3자로 고려해 볼 수 있다. 넷째, 「왕력」의 성격이 여타 『유사』의 제편목과 다른 성격을 띠고 있을 가능성에 대한 문제이다. 적어도 기이권제일 등의 「기이」 편과의 비교를 통해서도 극명하게 드러나는바, 「왕력」은 후대 아마도 간행에 즈음하여 편입된 것으로 보았다." 하정용, 『삼국유사 사료비판』, 민족사, 2005, 297~298쪽.

특히 이기백의 다음과 같은 평가는 상당히 중요하다고 생각한다.

　일연이 『삼국유사』에 향전(鄕傳)과 같은 민간 전승 기록을 전하여 준 것은 특기할 만한 일이다. 이 향전은 바로 민중의 견해를 말하여주는 것으로 생각되기 때문이다. 예컨대 법흥왕(法興王)이 이차돈(異次頓)을 사형에 처한 것을 흔히는 법흥왕의 위신을 손상하지 않은 방향에서 기록하고 있다. 그러나 향전은,

　촉(髑)이 왕명이라 하여 공사를 일으켜 절을 세울 뜻을 전하였는데, 군신(君臣)이 와서 간(諫)하였으므로 왕은 이에 촉에게 책임지어 노하고 왕명을 거짓 전했다는 이유로 처형하였다.(卷3 興法篇 原宗興法·厭髑滅身條)

고 했다. 이를 보면 마치 법흥왕이 이차돈에게 배신한 것 같은 느낌을 풍겨주고 있다. 이것은 향전이 아니고는 찾아볼 수 없는 면이고, 또 아마 이것이 진실이었을 것이다.

　요컨대 일연은 현대 역사가들의 사료수집을 연상시키는 노력을 하고 있다. 이러한 노력은 물론 자기의 논거를 굳게 뒷받침해주려고 한데서 나온 것으로 생각된다. 그리고 이러한 노력은 짧은 기간에 쉽게 이루어지는 것이 아니며, 따라서 『삼국유사』의 저술을 위하여 오랜 동안 많은 노력을 기

97　이기백, 「『三國遺事』의 中學中的 意義」, 이우성·강만길 편, 『韓國의 歷史認識』 상, 115·116쪽. 이기백은 이 글에서 『삼국유사』의 편찬원칙에 대해서 말하고 있는데, 전거를 밝혀서 인용하는 것을 원칙으로 하고 일연 자신의 의견은 협주(挾註)로서 첨가하는 형식이라고 정리하였다.

울였음을 말하여 준다. 일연은 여러 사료를 널리 수집하여 그들 사료 사이에 개재되는 차이점을 가리고 나아가서 자기의 고증을 첨가함으로 해서 역사적 사실을 정확하게 파악하려는 태도를 취하고 있다.[98]

이와 같은 평가를 바탕으로 생각해보면, 비록 『삼국유사』에 신이(神異)한 요소들이 있을지라도, 그것 때문에 『삼국유사』 내용 전체를 불신해서는 안 될 일이며, 오히려 이러한 요소들이 우리 역사에서 사라져버릴 수 있는 여러 사실을 후세에 알려주고 있다는 점에 대해 높게 평가해야 할 것이다. 역사적 기록의 행간(行間)에 숨겨져 있는 이러한 사항들에 대해서 마르크 블로크는 다음과 같이 말하고 있다.

사실 내용이 분명하게 드러나는 증거 — 때때로 이것은 고의적으로 드러나는 경우도 있다 — 는 오늘날 더 이상 우리의 주목을 끌지 못한다. 일반적으로 우리는 텍스트가 직접 말하는 것을 듣기보다는 우리 스스로의 이해에 맡겨진 것에 훨씬 더 많은 관심을 기울인다. (…중략…) 중세 전기(5세기부터 10세기까지)의 성인전(聖人傳) 가운데 적어도 4분의 3은 그것들이 서술하는 경건한 인물들에 관해서 우리에게 아무런 확실한 것도 알려주지 못한다. 반대로 이러한 성인전이 씌어졌던 시대의 특유한 생활방식이나 사고방식, 즉 성인전 작가가 우리에게 설명하려고 했던 것이 아닌 모든 것을 조사해보면 우리는 그것이 헤아릴 수 없을 만큼 풍부한 가치를 지니고 있다는 사실을 알게 된다. 필연적으로 과거에 대해 종속적인 입장에 있는 우리

---

98 위의 글, 117쪽.

는 그러니까 적어도 다음과 같은 점 때문에 자유로워진다. 즉 전적으로 흔적에 의해서만 과거를 알 수밖에 없는 우리는, 그럼에도 불구하고 과거가 우리에게 알려주어도 좋다고 생각하는 것보다 과거에 관해 훨씬 더 많은 것을 알 수 있다.[99]

역사서를 편찬하거나 저술함에 있어서 전거의 중요성을 강조하는 것은 두 말할 필요도 없는 기본 중에 기본이다. 그것은 올바른 '역사인식'을 위해서 가장 중요한 요소이며, 역사인식의 출발점이다. '인식'이란 '앎'이며, 역사와 관련해서 보면 앎은 '기록의 객관성'에서 시작된다. 그런데 역사적 사건이 지금 이 순간 바로 눈앞에서 펼쳐지고 있다면 감각기관을 통해서 받아들인 것을 있는 그대로 기록하면 될 터이지만, 그 이전의 역사를 새로이 편찬하거나 저술할 경우에는 제아무리 편찬자나 저술자가 노력한다 하더라도 자신들의 주관성이 개입되지 않을 수 없다. 아니 그 보다는 바로 눈앞의 사건을 기록할 때라도 사람에 따라서 모두 동일한 단어와 용어 그리고 같은 표현을 사용하여 기록할 수는 없는 노릇이다. 그렇기 때문에 과거의 역사서를 대하는 후세인들이 기록의 객관성을 문제 삼기만 할 뿐이고 행간에 감추어진 숨은 뜻을 읽어내지 못한다면 역사의 기록을 올바르게 독해(讀解)한 것이라고 볼 수 없다. 여기에 작용하는 것이 바로 '역사의식(歷史意識)'이다.

---

99 마르크 블로크, 『역사를 위한 변명』, 96~97쪽.

제3장
역사의식의 문제

　5·16은 일부 군부 세력이 헌법 절차를 거쳐 수립된 정부를 불법적으로 전복한 쿠데타였다. 그러나 정치기능 면에서 5·16쿠데타는 근대화라는 국민적 과제를 수행할 능력이 결여된 구정치 세력과 그에 도전한 급진이념의 정치 세력 모두를 대체할 새로운 세력이 국가권력의 중심부를 장악한 일대 변혁이었다. 30~40대의 인물들로 구성된 새로운 통치 집단은 기득권 집단의 이해관계로부터 자유로웠다. 그들은 당시 객관적인 현실에서 경제발전이야말로 가장 시급한 국민적 과제임을 잘 인식하고 있었다. 그리고 6·25전쟁에 참전한 군인 출신으로서 그들은 성급한 통일운동의 위험성과 비현실성을 확신하였다.

　그들은 합법적인 정부를 무력으로 전복했다는 점에서 이후 민주화 세력의 지속적인 도전과 비판의 대상이 되었다. 그러한 도덕적인 멍에를 안은 채, 그들은 군인 특유의 추진력과 실용주의적 방식으로 경제발전을 추진하였다. 그에 따라 한국 경제는 1961년 이후 35년간 연평균 7~8%의 고도성장을 거듭하였다. 그 결과 1961년에 82달러에 불과하던 1인당 국민소득이 1987년에 3,218달러로 급성장하였고, 1995년에는 1만 달러를 초과하였다. 이는 세계 자본주의의 역사에서 전례가 드문 기적적인 성장이었다. 급격한 경제성장은 한국인의 물질생활과 정신생활에 혁명적인 변화를 초래하였다. 그 점에서 5·16쿠데타는 근대화혁명의 출발점이기도 하였다.[1]

혁명 후 1년이 지난 1961년 5월 16일, 다시 한 번 총소리가 서울의 새벽을 뒤흔들었다. 박정희 소장이 지휘하는 군인들이 정변을 일으킨 것이다. 혁명의 씨앗이 싹터 뿌리를 내리기에는 너무나 짧은 기간이었다.

서울을 장악한 군인들은 군사혁명위원회를 설치하고, 이른바 '혁명공약'을 내걸어 정변을 일으킨 명분을 밝혔다.

정변의 주동 세력은 박정희 소장을 중심으로 한 200여 명의 장교와 그들의 지휘 아래 있었던 3,000여 명 정도의 군인에 불과했지만, 정변이 성공한 것은 그들이 내세운 반공, 친미, 경제 재건이 군부의 뜻을 잘 반영하였기 때문이었다. 또한 민주당의 잘못된 정치 운영과 경제 정책의 실패에 따른 민중들의 실망도 한몫하였다.

(…중략…)

박정희는 '민주주의라는 빛 좋은 개살구는 기아와 절망에 시달린 국민 대

---

1   교과서포럼, 『대안 교과서 한국 근·현대사』, 기파랑, 2008, 180~181쪽.

중에게는 너무나도 무의미한 것이다'라며, 경제 개발을 위해서는 모든 것을 희생할 각오로 나서야 한다고 주장하였다. 그리고 '조국 근대화를 통해 민족 중흥을 이룩하겠다'고 하였다.

박정희는 '국가와 기업이 손을 잡고 수출을 통해 경제를 성장시키자'며 기업의 성장을 우선적으로 강조하였다.

이제 경제 개발을 위해서는 개인의 자유와 인권도 희생할 수 있어야 하며, 심지어는 독재 정치마저도 인정되어야 한다는 주장도 일어났다. '선(先) 건설, 후(後) 통일'이라는 주장 아래 통일을 이야기하는 것조차 어려워졌다.[2]

위의 인용문들은 현재 출판되어 있는 '국사교과서' 내용의 일부이다.

---

2 전국역사교사모임, 『살아있는 한국사 교과서』 2, 휴머니스트, 2002, 212～214쪽. 『한국민족문화대백과사전』에서는 다음과 같이 의의와 평가를 싣고 있다. "5・16군사쿠데타는 향후 30년 이상 지속된 군사정권의 시작을 알리는 사건이라는 점에 그 중요성이 있었다. 박정희・전두환・노태우로 이어지는 군사정권 30여 년은 민주주의의 암흑기였다. 쿠데타는 헌정질서를 유린하는 행위이기에 절차적 민주주의를 심각하게 훼손한 것이었다. 정부 수립 후 불과 13년 만에 이루어진 군사쿠데타는 헌법 질서가 제대로 자리를 잡기도 전에 그것을 붕괴시킨 사건이었으며 한국 민주주의의 가장 큰 시련이었다. 다음으로 군사쿠데타는 전 사회의 군사화 내지 병영화에 결정적 영향을 미쳤다. 군사 엘리트들이 국가 권력을 장악함으로써 모든 가치의 중심에 군사적인 것이 놓이게 되었다. 전 사회를 군대식 관리와 통제하에 두고자 하였으며 국가 정책 또한 군사작전을 방불케 하는 방식으로 추진되었다. 쿠데타 이후 박정희 정권이 내건 근대화는 바로 이러한 군사적 견지에서 추진된 것이었다. 이는 한국 사회에 깊은 영향을 미치게 되었고 사회를 오직 효율성과 목적 달성이라는 군사주의적 시각이 지배적인 입장이 되도록 만들었다. 한편 5・16군사쿠데타는 본격적인 경제개발 추진과 밀접히 관련되었다. 경제개발계획은 이미 장면 정권에 의해 준비된 것이기도 했지만 실제 추진은 군사정부에 의해 이루어졌다. 군사정부와 그 뒤를 이은 제3공화국은 경제개발에 모든 사회적, 인적 자원을 집중 투입하였다. 노동자・농민 등의 삶을 희생시켜서라도 급속한 경제발전을 도모하고자 했던 군사정권은 비민주적이고 반동적인 근대화 정책을 집행한 것이었다."

저자는 1961년 5월 16일에 일부 군인들이 일으킨 정치적 사건에 대한 '인식'과 그에 대한 '의식'이 두 교과서에서 어떻게 다르게 표현되고 있는지를 보여주기 위해서 각각 인용하였다. 역사와 관련하여 '인식'을 말할 때는, 역사를 기록함에 있어서 그 범위와 내용 그리고 역사의 요소를 어떻게 설정하느냐에 따라 인식의 정도가 기록자에 따라서 차이가 난다면, '의식'의 문제는 역사적 사건과 기록에 대한 평가가 나타나기 때문에 그 영향력은 역사인식보다 훨씬 더 크다는 것을 사람들은 알아야 한다. 위의 두 인용문에서는 역사의식의 여러 가지 측면에서 뚜렷한 차이를 보이고 있기 때문에, 저자는 역사의식을 설명하기에 매우 좋은 사례라고 생각한다.

인식(認識)이란 앎이다. 제대로 알면 지식(知識)이 된다. 우리는 무엇인가를 알기 위해 눈, 코, 귀, 입, 촉각 등의 감각기관을 사용한다. 그런데 감각기관을 의식적으로 사용할 때도 있지만 보통은 감각기관을 사용하고 있다는 의식을 전혀 하지 않은 채 그리고 그에 대해서 사고하고 있는지 어떤 지도 의식하지 못한 채 대상을 있는 그대로 받아들인다. 물론 그 이전에 이미 인간의 정신(이성)에는 인식이나 사고의 틀이 잡혀 있을 수는 있지만, 아무런 의식이나 의도가 없이 대상을 있는 그대로 받아들이는 것이 '객관적 인식'이라고 할 수 있다. 하지만 이럴 때에는 아무런 의식이나 의도가 없기 때문에 그것이 인식인지 아닌지 조차 모른다. 따라서 인식이라 함은 의식적으로 행해질 수밖에 없다.

역사인식의 경우에는 그 어떤 식으로든지 의식적으로 행해진다. 즉, 감각기관 이외에 인식 주체의 정신적 활동이 첨가되지 않을 수 없다는 말이다. 비록 그럴지라도 기록자나 역사가는 최대한 객관성을 유지하기 위해, 랑케의 말처럼, 자신을 배제하고 사건 자체만을 기록하려고 노력한다. 그런데도 불구하고 어떤 역사적 기록이든지 간에 다른 사람이나 후세인들에 의해서 기록 자체의 표현이나 용어 등이 항상 논란되고 있는데, 『삼국사기』나 『삼국유사』도 예외가 아니다. 이렇게 논란이 되고 있다는 자체가 이미 기록의 신빙성에 대해서라기보다 기록의 객관성이 의심받고 있는 게 된다. 더욱 정확하게 말하면, 기록자의 주관성이 얼마나 개입되어 있느냐에 대한 논란이다. 이러한 논란은 역사인식에 관련된 것이 아니라 사실은 기록자나 역사가의 '역사의식'에 관한 문제이다.

그렇다고 해서 역사의식에 비해서 역사인식은 크게 문제되지 않는다는 뜻은 결코 아니다. 오히려 역사의식에 앞서서 역사인식이 더 큰 문제를 야기할 수 있다. 왜냐하면 어떤 사건이 일어났다고 가정할 때, 이 사건이 과연 후세에 역사적 사건으로 남을지 어떨지는 순전히 기록자에게 달려있기 때문이다. 이 말은, 어떤 사람은 특별한 사건으로 간주하는 반면에 다른 사람은 별 다른 사건으로 생각하지 않기 때문에 기록하지 않을 것이며, 여기에 이미 기록자의 주관적 의식이 개입된다는 뜻이다. 따라서 역사에 대한 진정한 보편적 인식은 애초부터 불가능하다는 결론이 도출된다. '역사의식'은 이러한 결론에서 출발한다. 하지만 여기서 분명히 해야 할 것은 역사의식의 문제가 역사를 왜곡해도 된다는 오해를 해서는 결코 안 되며, 오히려 주관성이 개입될 수밖에 없었던 역사인식의 결과를 어떻게 하면 최대한 객관적으로 해석하고 이해할 것인가를 목적으로 하고, 그 결과를 인간과 자연에 도움이 되는 방향으로 적용시킬 것인가를 다룬다는 사실이다.

위에 인용한 두 역사교과서를 보더라도 용어 선택부터 내용에 대한 표현에 이르기까지 매우 다르다는 것을 볼 수 있다. 즉, 1961년 5월 16일에 일부 군인들이 일으킨 군사적 사건을 기록하는 용어에서부터 그 이후의 일부 과정을 서술하는 표현이 이렇게 다르다는 것은, 역사의식은 말할 것도 없고, 역사인식도 다르다는 것을 분명하게 보여주고 있는 것이다. 이제부터 저자는 역사의식에 대해서 상세하게 논하고자 한다.

1. 역사와 인식론 – 역사해석과 역사이해

역사에서 공정성이라는 것이 과연 실제로 존재하는가? (…중략…) 여기에서 말하는 공정성에는 두 가지 종류가 있다. 즉 학자의 공정성과 재판관의 공정성이 그것이다. (…중략…) 학자들은 그들이 가장 소중히 여기는 학설을 뒤엎어버릴지도 모를 경험을 기록하거나 더 나아가 그러한 경험을 만들어낸다. 훌륭한 재판관의 마음 속 깊이 자리한 은밀한 소망이 무엇이건 간에 단지 있는 그대로의 사실을 알고자 하는 생각만 가지고 증인들을 심문한다. (…중략…) 학자의 임무는 관찰하고 설명하는 것으로 끝난다. 그러나 재판관에게는 판결을 내려야 하는 일이 남아 있다. 그는 일체의 개인적인 성향을 억누르고 법에 따라 판결을 내릴 수 있을까? 물론 재판관은 자기가 공정하다고 생각할 것이다. 사실 그는 학자로서가 아니라 재판관으로서 공정하다. 왜냐하면 어떠한 실증 과학의 범주에도 속하지 않는 일련의 가치관을 인정하지 않고서는 유죄나 무죄를 선고할 수 없기 때문이다. (…

중략…) 오랫동안 역사가는 죽은 영웅들에게 찬사나 비난을 부여하는 일종의 지옥의 심판관으로 행세하였다.[3]

인식은 인식 내용이 참인지 거짓인지를 문제 삼는다. 역사에서 인식의 문제는 사건이 실제의 사건이었는지, 기록의 내용은 참인지 거짓인지 하는 것과 관련이 있다. 그런데 사건이란 시간이 흐름에 따라 더 이상 기억할 수 있는 사람이 단 한 사람도 생존하지 않을 때가 되면 그리고 그에 대한 기록이 전혀 남아 있지 않는다면, 사건 자체가 발생하지 않은 것으로 간주되어버린다. 하지만 기록으로 남겨진 것이라면 문제는 달라진다. 기록된 사건 자체를 문제 삼기도 하지만, 당장 문제가 될 수 있는 것은 기록이 객관성을 띠고 있는가 하는 것이다. 그렇다면 기록의 객관성을 어떻게 증명할 수 있는가?

앞의 5·16 관련 인용문을 보면 정변을 일으킨 쿠데타의 주동 세력을 각각 "일부 군부 세력"과 "박정희 소장을 중심으로 한 200여 명의 장교와 그들의 지휘 아래 있었던 3,000여 명 정도의 군인"이라고 표현되어 있다. 언뜻 보기에는 아무런 문제가 없어 보이기도 하지만, 엄밀하게 들여다보면 내용적으로 매우 큰 차이가 난다. 기록의 정확성을 따져보자면 '일부'라는 용어가 가장 큰 문제이다. '일부'는 그야말로 '작은 부분'인데, 이것을 정확하게 알기 위해서는 '전부'의 규모를 알아야 된다. 그러나 이것만으로 문제가 해결되지는 않는다. '일부'는 정확한 수치가 아니기 때문이다. 따라서 읽는 사람마다 얼마든지 다르게 해석하고 이해

---

3 마르크 블로크, 『역사를 위한 변명』, 184~185쪽.

할 가능성이 매우 크다. 말하자면 그런 표현에는 글을 쓴 사람의 주관이 깊숙이 개입되어 있다는 것이고, 그렇게 된다면 기록이나 서술 자체의 신뢰성도 문제가 된다는 말이다.[4]

물론 위의 인용문들은, 엄밀하게 말해서, 5·16에 대한 역사적 기록 이라기보다는 그 날 일어난 사건에 대한 '역사적 평가와 의의'라고 해야 더욱 정확할 것이다. 하지만 그러기 위해서는 사건 자체에 대해서 구체 적이고 정확하게 기술한 다음에라야 역사적 의의와 평가도 제대로 할 수 있다. 하물며 그것이 실린 곳이 교과서라면 용어와 단어 선택, 표현 에 더욱 신중을 기해야 하는 것은 지극히 당연한 말이다. 이러한 것이 기 본적으로 전제되어야만 그 사건을 어떻게 해석하고 이해할 것인가의 문 제를 논할 수 있어진다.

딜타이(W. Dilthey, 1833~1911)는 해석학적 방법론으로 '체험(Erleben) −표현(Ausdruck)−이해(Verstehen)'의 순환관계를 제시하는데, 이에 따라 서 위의 인용문을 보면, 1961년 5월 16일에 발생한 사건을 직접 체험한 사람이 정확한 용어와 언어로써 표현한 것을 후세 사람들이 주관적으로 해석하고 이해하여 쓴 글이라고 할 수 있다. 즉, 과거 사건에 대한 역사 인식을 바탕으로 해서 교과서가 집필되었는데, 만약 집필자들이 그날의

---

4 제임스 로웬은 미국을 대표하는 역사교과서 12권을 분석 연구하여 "모든 역사교과서는 왜곡을 기본으로 한다"는 결론을 내렸다. 여기서 '왜곡'이란 사실에 대한 왜곡뿐만 아니라 말해야 할 사실을 교과서에서 생략하고 있는 것도 왜곡이라는 것이다. 더구나 역사를 가 르치는 선생님이라면, 교과서에 기록되지 않은 역사적 사실도 학생들이 질문을 하고 의 문을 제기할 때면, 최대한 연구하고 조사하여 진실을 대답해 주어야 한다는 것이다. 그래 서 그는 역사교과서가 생략하고 있는 내용도 분명한 왜곡이라고 말한다. 제임스 W. 로웬, 이현주 역, 『선생님이 가르쳐 준 거짓말』, 평민사, 2001 참조.

사건을 직접 체험하지 못한 상태에서 집필했다면 그들은 '추체험'을 바탕으로 집필했을 뿐이다. 이러한 추체험은 인식된 것을 재인식하는 것이기 때문에 추체험자들의 주관성이 많이 개입될 수밖에 없다. 따라서 추체험을 통한 '역사바라보기'는 엄밀하게 말해서 역사인식이 아니라 역사의식의 문제를 야기하며, 블로크의 말처럼 집필자들은 역사의 재판관, 즉 역사의 심판관 역할을 하고 있는 셈이다. 그렇기 때문에 역사인식이 과거를 제대로 알기 위해서 중요하다면, 역사의식은 올바른 미래를 건설하기 위하여 그 어떤 것보다 중요하다.

1) 『삼국사기』와 역사해석

경순왕이 태조에게 귀순한 것은 비록 마지못해서 한 것이지만 역시 칭찬할만하다. 그때 만약 결사적으로 지키려고 힘써 싸워 왕의 군사에게 대항하였다가 힘이 꺾이고 세력이 다 되었다면, 반드시 그 종실(宗室)은 엎어지고 해(害)가 죄 없는 백성에게까지 미쳤을 것이다. 그러나 명을 기다리지 않고 왕실의 창고를 봉(封)하고 군현을 기록하여 귀순하였으니, 그것은【고려】조정에 공로가 있고 백성에게 덕이 있음이 매우 컸다. 옛날에 전씨(錢氏)가 오월(吳越)의 땅을 송(宋)에 바친 것을 소자첨(蘇子瞻)이 그를 충신이라 일컬었는데, 지금 신라의 공덕은 그보다 훨씬 넘는다.[5]

---

5   『역주 삼국사기』 2, 307쪽.

고구려는 진한시대 이후 중국의 동북 모퉁이에 끼어 있었다. 그 북쪽 이웃은 모두 천자의 관리로, 난세에는 영웅으로 빼어나서 이름과 자리를 함부로 도둑질하였으니, 가히 두려움이 많은 땅에 있었다고 할 수 있다. 그러나 겸손한 뜻이 없고 중국의 봉토(封土)를 침략하여 원수를 만들고, 그 군현에 들어가 살았다. 이 때문에 전쟁이 이어지고 화가 맺어져 거의 편안할 때가 없었다. 동쪽으로 도읍을 옮기고 수나라 당나라가 통일한 때를 만나고도, 오히려 천자의 명에 거역하여 순종하지 않고, 천자의 사신을 토굴에 가두었다. 그 완고하고 두려워하지 않음이 이와 같았으므로 여러 번 죄를 묻는 군사를 불러들였다. 비록 혹시 기이한 계책을 세워 대군을 이긴 적도 있었으나, 마침내 왕이 항복하고 나라가 멸망한 후에야 그치게 되었다.[6]

백제 말기에 이르러서는 행하는 일이 도(道)에 어긋남이 많았으며, 또 대대로 신라와 원수가 되고 고구려와는 계속 화호하여【신라를】침략하고, 이익을 따르고 편의를 좇아 신라의 중요한 성과 큰 진(鎭)을 빼앗아 가기를 마지않았으니, 이른바『어진 사람과 친하고 이웃과 잘 지내는 것이 국가의 보배』라는 말과는 틀린다. 이에 당나라의 천자가 두 번이나 조서를 내려 그 원한을 풀도록 하였으나 겉으로는 따르는 척하면서 속으로는 명령을 어겨 대국에 죄를 얻었으니 그 망하는 것이 또한 당연하도다.[7]

신라는 운수가 다하고 도를 잃어 하늘이 돕는 바가 없고 백성이 돌아갈

---

6   『역주 삼국사기』 2, 442쪽.
7   『역주 삼국사기』 2, 521쪽.

바가 없었다. 이에 뭇 도적이 틈을 타서 일어나기를 마치 고슴도치 털 같았다. 그중에 심한 자가 궁예와 견훤 두 사람이었다.[8]

위의 인용문은 각각 『삼국사기』 사론에 있는 내용으로서 신라, 고구려, 백제의 멸망에 관한 글이다. 김부식이 『삼국사기』를 편찬할 때 사용한 사료는 그것이 무엇이든지 간에 고기(古記)와 중국 측 사서임에는 분명한데, 중국 측 사료는 현재에도 계속 전해지고 있지만 『삼국사기』 이전의 우리나라 사료는 남아 있지 않다. 그렇지만 김부식은 이전의 사료를 토대로 하여 삼국의 역사를 새로이 기록하여 『삼국사기』를 편찬하였는데, 사론(史論)은 김부식이 이전의 기록에 대한 이해를 바탕으로 하여 자신의 생각을 덧붙인 것이다. 여기서 중요한 점은 김부식과 편찬자들이 백제나 고구려, 심지어 신라가 멸망할 당시에 생존했던 것이 아니기 때문에, 자신들의 직접적인 역사적 경험이나 체험을 바탕으로 『삼국사기』를 편찬한 게 아니라는 사실이다. 말하자면 그들은 이미 기록되어 있는 기존의 자료를 바탕으로 하여 역사적 사건을 재인식하여 『삼국사기』를 편찬하였으며, 거기에다 역사적 사건에 대한 평가, 즉 해석을 덧붙인 것이다.

신라 멸망으로부터 산출하더라도 『삼국사기』를 편찬하기까지는 200년이 넘는 시간적 차이가 있다. 국호가 바뀌기는 했지만 고려의 영토가 공간적으로 삼국의 영토와 겹치는 부분이 많기 때문에 동일하다고 가정하더라도, 최소 200년이 넘는 시간적 차이는 위와 같은 사론을 덧붙이

---

8   『역주 삼국사기』 2, 844쪽.

기에는 실로 엄청난 차이라고 할 수 있다. 편찬자들이 사용한 사료는 문자로 이루어진 텍스트, 즉 '사료(史料)'였다. 과거의 사료를 제대로 이해하기 위해서는 편찬자의 삶이 과거의 사료 집필자의 외적인 삶, 내적인 삶과 완전히 일치해야 비로소 가능한 것이지만, 이것은 실제로는 전혀 불가능한 일이다. 그렇기 때문에 역사가에게 요구되는 것이 바로 최대한 객관적 자세를 유지하는 일인데, 위의 인용문들을 보면, 김부식이 과연 그러한 자세를 가졌을까 하는 의문이 당연히 들 것이다. 역사를 재인식하는 사람들이 역사를 처음 인식한 사람들과 동일한 인식의 과정을 가져야만 그들이 재구성하고 재인식한 내용들도 '참'이라고 인정받을 수가 있다.

그렇다면 사서(史書)를 새롭게 편찬할 때 '올바른 이해'에 대한 기준은 무엇일까? 그것은 그 이전의 사서를 지은 저자가 생각한 의미를 제대로 파악하여 옮기는 일이다. 그런데 일단 사서를 새롭게 편찬한다는 것은 이전의 사료에서 취사선택하는 것을 전제로 하는 것이기 때문에 이미 객관적인 인식이 아니라 원사료의 기록자가 인식한 것을 '재인식'하는 것에 해당된다. 따라서 여기에는 엄밀한 의미에서 역사인식이 작용한 게 아니라 '역사의식'이 작용한 것이다. 예를 들어, 우리가 무엇인가를 시각적으로 관찰한 후 그것으로부터 다른 곳으로 눈을 돌리면 이미 그것은 시야에서 사라져버린다. 그렇다고 해서 머릿속의 기억에서조차 사라진 것은 아니다. 즉, 눈으로 인식한 것이 이제는 '의식 속'에 자리 잡았다는 말이다. 이렇게 의식 속에 있는 것은 가시적이 아니라 '비가시적'이며, 역사와 관련하여 의식 속에 있는 것을 떠올릴 때는 재인식을 하는 게 되며, 사람들이 이렇게 하는 까닭은 단순히 과거를 회상하기 위해서가 아니라 미래를 준비하려고 하기 때문이다.

　"여기서 칸트의 인식론은 역사인식과 역사의식의 개념을 이해하는데 많은 도움을 줄 것이다. 인간의 인식은 주관과 객관의 관계에서 성립하는데, 칸트에 의하면 인간에게는 감성과 오성이라는 두 가지 인식원천이 있다. 감성은 단순히 대상의 표상을 수용하기만 하는데, 여기서 역사적 사건과 그 기록은 감성의 대상에 해당한다. 현재의 우리는 이러한 표상내용을 단순히 수용하기만 하는 것이 아니고, 그것의 진위 여부를 능동적으로 사유하면서 검토한다. 하지만 그것의 의미와 재해석의 문제는 진위의 문제와는 달리 미래에 있을 인간의 삶과 관련되기 때문에 중요한 것이며, 따라서 표상내용이 문제되는 것이 아니라 비가시적인 의미나 이념이 문제되는 것이다. 칸트도 표상내용에 능동적으로 작용하는 사유를 오성이라고 명명한 반면에 비가시적인 것을 대상으로 사유하는 능력을 이성이라고 명명하였다. 이에 따라서 저자는 역사인식은 역사에서 가시적인 대상과 관계가 있고, 역사의식은 비가시적인 것과 관계가 있다고 주장하는 바이다."[9]

　위의 사론들도 김부식 자신이 인식한 역사의 기록들에 관련하여 언어를 수단으로 표현한 역사의식이다. 딜타이는 역사를 이해하는 사람은 개인의 체험과 아무런 관련 없이 하는 게 아니라 스스로가 역사적 존재라는 자각을 함으로써 시작한다고 하였다. 그런데 역사에서 개인적 체험은 혼자만의 삶에서 이루어지지 않고 당시 사회 구성원들, 가장 넓게는 민족 또는 민중과 함께하는 공통된 삶에 참여함으로써 비로소 가

9　문성화, 『철학의 눈으로 본 민족사』, 165쪽.

능해진다. 이렇게 체험하는 과정과 결과들을 사건과 함께 기록으로 남길 때 '역사'가 된다. 따라서 역사를 제대로 이해한다는 것은 당시 사람들의 삶을 이해하는 것과 다르지 않으며, '역사는 곧 인간의 삶이다'라고 주장할 수 있게 된다. 이를 바탕으로 우리는 '『삼국사기』의 사론은 과연 당시 사람들의 삶을 제대로 표현한 것인가?'라는 질문을 던질 수가 있다. 이 질문에서 '당시'라는 용어는 두 가지 의미를 지닌다. 하나는 삼국 멸망 당시를 말하고, 다른 하나는 『삼국사기』를 편찬할 당시를 말한다. 삼국 멸망 당시에는 편찬자들이 아직 존재하지 않았기 때문에, 그 당시 사람들의 삶을 제대로 이해한 것이라고 말할 수 없다. 그렇다면 『삼국사기』 편찬 당시 사람들의 삶을 제대로 이해하였다고 할 수는 있을까? 이 또한 그렇다고 답하기는 어렵다. 왜냐하면 편찬자들, 특히 김부식은 최고의 관직에서 물러난 지 얼마 되지 않았기 때문에, 민족이나 민중들의 삶을 제대로 이해할 수 있었다고 하기도 어렵기 때문이다. 그러면 남을 수 있는 가능성은 정치권력을 가진 자들의 삶을 반영하여 이해한 결과가 바로 위의 사론이라는 것뿐이다. 간단하게 정리하면, 위의 사론은 편찬자들, 특히 책임자인 김부식이 이전의 사료를 해석하여 남긴 기록이다.[10]

---

10 이렇게 보면 김부식의 사론에 대한 다음과 같은 평가가 얼마나 잘못되었는지를 잘 알 수 있게 된다 : "김부식의 역사관이나 정치철학이 반영된 논찬은 주로 예법·덕치·군신 행동 등 유교적인 윤리관에 입각한 논평이다. 그의 사론은 유교적 덕목에 근거한 것이 지만, 그 속에는 그의 독자적인 자아의식이 있다. (…중략…) 따라서 『삼국사기』는 사대 주의적 개악서(改惡書)는 아니다. 중국문헌의 닮은꼴이라고 무조건 비판의 대상이 될 수는 없다. 이 책은 3국을 중국과 맞선 독립국가로 서술하였고, 왕을 절대군주로 묘사하며 천자와 같은 지위로 승격시켰다." 신형식, 「김부식」, 조동걸·한영우·박찬승 편, 『한국의 역사가와 역사학』 상, 창비, 2007, 72~75쪽. 이러한 평가는 사론을 제대로 읽어

저자의 이와 같은 주장에 대해 『삼국사기』 편찬자들은 철학적 해석학의 입장에서 변명할 수는 있다. 철학적 해석학 이론 가운데, 특히 가다머(H. G. Gadamer, 1900~2002)의 이론에 따라서 『삼국사기』에 적용해보면, 『삼국사기』의 편찬자들은 편찬 당시의 역사적 상황과 전혀 무관하게 삼국의 역사를 인식할 수도 이해할 수도 없다. 즉, 삼국의 역사는 『삼국사기』를 편찬할 당시의 의식을 통해서만 볼 수 있고 이해할 수 있다는 말이다. 가다머에 따르면, "역사적 사실이나 전승된 텍스트는 우리의 현재 상황과의 관계 속에서 이해되어야 한다. 이것이 이해의 역사성이다. 이 이해의 역사성에 근거하자면, 시간은 과거와 현재를 갈라놓는, 극복되어야 할 심연이 아니라, 역사적 사건의 담지자이다."[11] 『삼국사기』의 편찬자들은 역사적 사실, 즉 과거의 역사적 사건들과 이 사건들을 기록한 『삼국사기』 이전의 사료들을 자신들 당시의 상황과 관계 속에서 이해하였다는 말이다. 이것을 가다머는 '이해의 역사성'이라고 칭한 것이다. 그리고 여기에 근거해서 보면 200여 년의 시간적 차이는 단순히 과거와 그 당시를 시간적으로 갈라놓은 것이 아니라, 이 기간 역시 역사를 담지하고 있다는 뜻이다. 가다머는 이것을 '역사의 상대성'이라고 하는데, 그렇기 때문에 시간이 경과한 이후에 이루어지는 객관적으로 타당한 역사인식이란 있을 수 없다고 주장한다. "그래서 가다머는 '영향사(影向史)적 의식(wirkungsgeschichtliches Bewußtsein)'이라는

보지도 않고 썼다는 느낌마저 들 정도로 잘못된 것이다. 위에 인용한 사론을 보면 신라를 제외하고는 고구려나 백제의 멸망을 논하면서 모두 이 평가아는 전혀 상반된 사론을 펼치고 있기 때문이다.

11 H. G. Gadamer, *Wahrheit und Methode, Grundzüge einer philosophischen Hermeneutik*, Tübingen, 1. Aufl. 1960.

용어를 사용하는데, 영향사란 과거를 현재에 적용시키는 토대로서 우리 자신과 전통과의 대화 문제라고 말한다. 즉, 역사란 과거라고 불리는 실현된 전통과의 대화라는 말이다."[12] 이러한 견해에 따르면 어차피 객관적인 역사인식은 불가능하기 때문에, 이것은 역사의식에서 무조건 전제되어야 하는 것이며, 『삼국사기』가 삼국의 역사를 다시 편찬하였다고 해서 200여 년이라는 시간적 차이를 역사의식에서 배제해서는 안 된다는 주장이 성립한다. 그러므로 2015년을 살아가는 우리가 『삼국사기』를 바르게 이해하기 위해서는 삼국의 역사적 상황과 『삼국사기』 편찬자들이 가졌던 주관적 의식을 동시에 이해해야만 가능하다고 할 수 있다.

이를 위해서 가다머가 강조하는 중요한 용어가 있는데, 그것은 바로 '선판단(Vorurteil)'이다.[13] 선판단은 사람들이 역사에 대해서 어떤 판단을 내릴 때 무엇인가 전제하고 있는 게 있다는 의미이다. 선판단은 역사를 인식하는 사람들의 주관적 의식을 말한다. 즉, 이것이 없이는 역사를 해석하고 이해한다는 것이 사실상 불가능하다는 게 가다머의 주장이다. 이 주장은 역사를 인식함에 있어서 제아무리 객관적 역사인식을 강조하고 주장하더라도 실제로는 그것이 불가능하다는 것을 말하는 것이며, 따라서 역사를 인식하는 사람 자신도 의식하지 못하는 사이에 전제되는 선판단을 있는 그대로 인정하면서 — 물론 그렇다고 해서 의도적으로 선

---

12 문성화, 『철학의 눈으로 본 민족사』, 166쪽.
13 일반적으로 독일어 'Vorurteil'은 사전에서 '선입견'으로 번역하고 있지만, 그래서 이 단어가 부정적 의미를 갖는 반면에, 가다머는 이 개념을 긍정적 의미로 사용하기 때문에 저자는 여기서 '선판단'이라고 번역한다.

판단을 개입시키는 것은 분명히 문제가 있지만— 역사를 이해하자는 의미이다. 역사를 이해함에 있어서 이와 같은 측면은 역사가가 의도하는 것은 아니겠지만, 그리고 스스로를 역사가라고 생각한다면 최대한 선판단을 배제하려고 노력하겠지만, 자신도 모르게 전제되는 선판단을 인정하지 않으면 올바른 역사이해는 불가능하다는 뜻이다. 가다머는 이 모든 것의 관계구조를 '지평(地平, Horizont)'이라고 명명한다. 오늘날의 우리는 고구려, 백제, 신라라는 삼국과 의사소통(Kommunikation)을 하기 위해서는 1차적으로는『삼국사기』를 매개로하지 않으면 안 된다. 그런데 이『삼국사기』가 삼국시대 또는 고려 초기에 쓰인 것도 아니고 신라가 멸망한 뒤 200년이 넘게 지난 다음에 쓰였다. 바로 이 때문에 오늘날의 우리는 적어도 신라 멸망 이후『삼국사기』가 편찬된 시기의 차이가 200년이 넘는다는 시간적 지평과『삼국사기』편찬자들의 지위에 대한 선판단을 전제해야만 삼국의 역사에 대해 그리고『삼국사기』사론에 대한 올바른 이해와 의사소통과 가능하다는 결론을 도출할 수 있게 된다.

이렇게 보면 역사인식의 문제가 우리의 현재 삶과 밀접하게 연관되어 있다는 사실을 알 수 있을 것이며, 이를 위해서는 역사이해 또는 역사해석의 문제와 불가분의 관계에 있다는 것도 알 수 있을 것이다. 특히『삼국사기』가 이해한 삼국의 역사가 그리고『삼국사기』가 기록한 내용과 사론이 오늘날을 살아가는 우리의 삶과 아무런 연관이 없다고 한다면,『삼국사기』는 있으나마나한 역사 기록물이 되어버린다. 한 번 더 강조하지만,『삼국사기』는 삼국의 역사를 직접 기록한 것이 아니다. 즉,『삼국사기』는 이미 그 이전에 인식된 것을 바탕으로 재인식한 결과물이며, 사론은 그 기록에 대해 주관적인 평을 덧붙인 것이다. 오늘날의 우리는 이렇게 '세 번째'의 인식을 하고 있다. 그렇기 때문에 객관적 인식 또는 객관적 이해란 애초부터 성립할 수가 없는 것이다.『삼국사기』의 편찬자들은 이유여하를 막론하고 사관(史官)임에는 틀림없으며, 이들이 편찬한『삼국사기』는 오늘날의 역사적 텍스트가 되었다. 그러므로『삼국사기』를 오늘날의 우리가 이해하는 일은『삼국사기』를 편찬한 사람들이 재인식한 역사적 사건들을 세 번째로 인식하는 것이다. "이론상으로 역사가는 자기가 연구하는 사실을 실제로 절대 확인할 수 없다. (…중략…) 그러므로 우리보다 앞선 시대에 관한 한 우리는 그때 살았던 목격자들의 기록에 근거해 이야기 할 수 있을 뿐이다. (…중략…) 간단히 말해서 현재에 관한 인식과는 대조적으로 과거에 관한 인식은 필연적으로 '간접적'일 수밖에 없다."[14] 삼국의 역사에 대한 오늘날의 인식은 이렇게 몇 차례의 단계를 거쳐서 행해지는 역사인식이기 때문에, 삼국 당시의 사건을 재생시키는 작업이 결코 아니다. 그렇기 때문에 지금 필요한 것은 지금 현재 우리의 삶과 통합시키는 일이다.

2)『삼국유사』와 역사이해

　『삼국사기』와는 달리『삼국유사』에서는 저자인 일연의 주관적인 관점을 읽을 수 있는 특별한 사론을 찾을 수가 없다. 다만「기이(紀異)」편을 처음 시작하는 '서왈(叙曰)' 부분에만 일연의 독자적인 생각이 첨가되

14　마르크 블로크,『역사를 위한 변명』, 79~80쪽.

었다고 할 수 있다. 물론『삼국유사』의 내용을 전체적으로 고찰할 때 보이는, 일연의 주관적 관점을 제외했을 때 그렇다는 말이다. 여기서「기이」편을 저술하는 이유를 다시 한 번 인용할 필요가 있다.

대체로 옛날 성인이 예악(禮樂)으로써 나라를 일으키고, 인의(仁義)로써 가르침을 베푸는 데 있어 괴이(怪異)와 용력(勇力)과 패란(悖亂)과 귀신은 말하지 않는 일이었다. 그러나 제왕(帝王)이 장차 일어날 때는 부명(符命)과 도록(圖籙)을 받게 되므로, 반드시 남보다 다른 일이 있었다. 그래야만 능히 큰 변화를 타서 제왕의 지위를 얻고 큰일을 이룰 수 있는 것이다. 그런 까닭으로 하수(河水)에서 그림이 나오고, 낙수(洛水)에서 글(書)이 나옴으로써 성인이 일어났던 것이다. 무지개가 신모(神母)를 둘러서 복희(伏義)를 낳았고, 용이 여등(女登)에게 교감(交感)하여 염제(炎帝)를 낳았으며, 황아(皇娥)가 궁상(窮桑) 들에서 놀 때, 스스로 백제(白帝)의 아들이라 한 신동(神童)이 황아와 사귀어 소호(少昊)를 낳았고, 간적(簡狹)은 알(卵)을 삼켜 설(契)을 낳았으며, 강원(姜嫄)은【거인의】발자취를 밟아 기(弃)를 낳았고【요의 어머니는】잉태한 지 14개월만에 요(堯)를 낳았으며,【패공의 어머니는】용과 큰 못에서 교접하여【한나라 고조】패공(沛公)을 낳았던 것이다. 이 후의 일은 어찌 다 기록할 수 있으랴! 그렇다면 삼국(三國)의 시조가 모두 신비스러운 데서 탄생했다는 것이 무엇이 괴이하랴. 이것이 이 책 첫 머리에 기이편(紀異篇)이 실린 까닭이며, 그 의도도 여기에 있는 것이다.[15]

---

15 『삼국유사』, 69∼70쪽.

일연은 여기서 자신이 삼국의 유사(遺事)를 저술하면서 「기이」편을 적는 까닭을 분명하게 밝히고 있다. 우리는 그 까닭이 적어도 삼국의 시조가 탄생한 것에 대해서만큼은 중국의 예를 보더라도 얼마든지 주관적으로 기록할 수 있기 때문이라고 일연이 말하는 것을 알 수 있다. 이러한 관점과 걸맞게 하버마스(J. Habermas, 1929~)는 "인식은 객관주의의 환상을 버려야 하고 인식하는 주체의 (…중략…) 반성과 자기인식의 계기를 이해하는 것이 필요하다"[16]고 주장한다. 하버마스의 관점에 따르면, 역사를 인식하는 것은 일반적으로 인식론에서 인식주체가 대상을 인식하는 것과는 전혀 다른 방법을 필요로 한다. 다시 말해서, 그는 역사는 인식하는 것이 아니라 '이해하는 것'이라고 주장한다. 그가 이렇게 주장한다고 해서 역사적 사실에 대한 객관적 인식이 불필요하다고 주장하는 것은 아니라는 것을 알아야 된다. 즉, 역사적 사실에 대한 객관적 인식은 그 어떤 경우에도 전제되어야 하고 또 그만큼 중요하기는 하지만, 적어도 사실을 인식하고 이해하는 데 있어서는 객관적 인식을 강조하는 것에만 매몰되어서는 안 된다는 말이다. 왜냐하면 기록으로 남겨진 역사적 사건은 이후로 언제든지 사건의 의미가 많은 사람에 의해서 해석되고 이해되는데, 그 기록이 없어지지 않는 한 계속해서 이러한 이해와 해석은 이루질 것이기 때문이기도 하며, 이럴 때 그것을 이해하고 해석하는 사람들에 따라서 각각 다른 방식으로 이해되고 해석될 것이기 때문이다.[17]

---

16 D. Held, 백승균 역, 『비판이론서설』, 계명대 출판부, 1988, 338쪽 재인용.
17 하버마스는 '이해'란 철학적 해석학이 대상과 만나게 되는 '해석학적 경험의 방식'이며, 근원성을 문제 삼지 않는 해석학으로서는 이해의 대상을 주로 텍스트와 인간의 창작물

이에 따라서 우리가 『삼국유사』를 바르게 이해하기 위해서는 먼저 『삼국유사』에 대한 보편적 이해 —"문법적 이해"와 "심리적 이해"[18] — 가 선행되어야 한다. 여기서 말하는 문법적 이해란 적어도 저술할 당시 의 모든 사람들에게 공통적으로 통용되는 언어의 규칙을 일컫는데, 이 것은 다른 말로 해서, 저자뿐만 아니라 다른 모든 사람들과 공통되는 시 대적 상황에 대한 이해가 전제되어야 함을 의미한다고 할 수 있다. 이에 반해서, 심리적 이해는 저자 개인의 고유한 특성이나 개인적 성향 등을 고려해야 된다는 것을 말한다. 이러한 이해의 요소가 기반이 될 때 『삼 국유사』가 오늘날에도 여전히 그 영향력이 지속되고 있는 까닭을 우리 가 이해할 수 있을 것이며, 특히 오늘날 발생하는 특정한 행위가 있다면, 그런 행위가 『삼국유사』의 내용과 어떤 관련이 있는지를 유추하고 해석 하여 이해할 수 있게 될 것이라는 말이다. 일연이 『삼국유사』를 저술할 당시의 시대적 상황은, 이미 앞에서도 여러 번 언급했듯이, 몽고의 침략 과 무인정권하에서 만신창이가 된 고려가 될 것이고, 저자의 개인적인 성향은 국존(國尊)으로까지 추존된 존경받는 승려였다는 사실이다.

이러한 이해의 선행 조건들을 바탕으로 해서 저자는 해석학적 조건들 을 좀 더 상세하게 탐구하려고 한다. 역사의 기록뿐만 아니라 예술작품 들을 비롯해서 인간의 창작물에 이르기까지 이해의 대상이 되는 모든 것들에 대해서 많은 해석학자들이 나름대로의 이론을 제시했는데, 저자

그리고 인간 행위로서 설정하고 있다. '이해의 대상'과 관련해서는 힌스 인이이헨, 문성 화 역, 『철학적 해석학』, 문예출판사, 1988, 21～41쪽을 참조할 것.

18 F. D. E. Schleiermacher, *Hermeneutik und Kritik*, hrsg. von M. Frank, Frankfurt a. M., 1977.

는 그 가운데 "인간 정신에 의한 산물, 즉 인식된 것을 인식하는 것"[19]을 자신의 해석학적 · 문헌학적 과제로 설정한 뵈크(Boeckh, 1785~1867)의 이론을 방법론으로 적용하고자 한다. 뵈크는 해석의 형태를 네 가지[20]로 구별하는데, 이들 각각을 『삼국유사』와 관련시켜 설명하면 다음과 같다.

첫째, "문법적 해석(die grammatische Interpretation)"으로서 "단어와 문장 또는 텍스트는 특정한 역사적 상황 속에서 그리고 특정한 시대에 진술되거나 확정된다. 특정한 시대에 대한 이러한 관계는 (···중략···) 의미를 함께 제약한다." 이에 따라서 우리는 『삼국유사』에 사용된 단어의 의미 또는 언어적 표현이 의미하는 것이 과연 무엇인지를 언어학적으로 면밀하게 고찰해봄으로써 『삼국유사』가 전하고자 하는 것을 좀 더 확실하게 이해할 수 있을 것이다. 그렇기 때문에 "해석자는 언어적 제요소를 따로 분리시켜서 고찰해서는 안 되며, 어떤 특정한 위치에서의 단어의미의 한계와 규정은 연관성 속에서 성립하지 않으면 안 된다."

둘째, "역사적(historisch) 해석"으로서 "해석자의 사실인식(Sachkenntnis)이 중요"하며, "텍스트를 해석하는 사람은 저자가 어떤 역사적인 상황 속에서 텍스트를 저술했는가를 알아야만 된다." 즉, 문법적 해석이 언어 자체의 역사적 의미를 탐구하는 것이라면, 역사적 해석은 역사서에 사용된 단어의 의미가 저술 당시 시대의 역사적 상황과 어떤 연관성을 가지고 있는가를 더욱 상세하게 연구해야 하는 것을 강조한다. 그래

---

19 A. Boeckh, *Enzyklopädie und Methodenlehre der philosophischen Wissenschaften*, hrsg. von E. Bratuscheck, Darmstadt, 1966, S.11(한스 인아이헨, 『철학적 해석학』, 136쪽 재인용).
20 이하에서 인용하는 네 가지 해석의 형식에 관련해서는 위의 책, 138~141쪽을 참조할 것.

서 해석자는 저술 당시의 역사적 상황에 최대한 정통하고 있어야만 정확한 이해를 할 수 있다는 말이다.[21]

세 번째 해석은 "개인적(individuell) 해석"으로서, "다른 사람과는 특별히 구별되는 저자의 특수성을 고려한다. 이러한 저자의 시야와 문제설정은 완전히 개인적인 표식을 가지고 있을 수 있다. 특히 저술의 스타일은 저자의 특수성을 표현할 수가 있다." 일연은 승려이지만 평범한 승려가 아니라 국사(國師)의 지위에 이른 국존(國尊)이었으며, 동시에 『삼국유사』를 저술한 역사가였다. 따라서 해석자는 『삼국유사』를 역사서로만 읽어서는 안 된다는 점을 처음부터 전제하고 연구하기 시작하면 훨씬 더 많은 사실과 내용을 밝혀낼 수 있게 될 것이다.

뵈크는 마지막으로 "종속적(generisch) 해석"을 말하면서, 이것은 "저자의 의도가 개인적 해석에서 주체로 되는 것이 아니라 (…중략…) 저자의 의도는 자신이 언어작품을 가지고 계속 추구하는 특수한 방식의 목적들을 형성"하기 때문에, 언어작품을 결국 특정한 장르와 관련해서 이해해야 한다고 주장한다. 종속적 해석은 특히 중요한데, 그 까닭은 저자 자신은 무엇인가를 전달하기 위한 특별한 목적의식과 의도를 가지고 저술했음에도 불구하고 해석자들이 그 저술을 다른 장르로 분류하여 해석해버리기 때문이다. 이러한 해석에 따라서 보면, 『삼국유사』「고조선」조(條)의 내용을 역사적 사실로 인정할 수 있는가 아닌가 하는 문제가 발생하는 것이다. "역사가는 기원이 불분명하다고 해서 '사실'

---

21 『삼국유사』의 역사적 해석에 대해서는 다음과 같은 연구서를 들 수 있다 : 서울대 종교문제연구소 편, 『『檀君』─그 이해와 자료』, 서울대 출판부, 1997(초판 제3쇄); 이기백 편, 『檀君神話論集』, 새문사, 1990(재판); 이은봉 편, 『단군신화연구』, 온누리, 1994.

자체에 눈을 감아서도 안 되며, 또 이러한 작업이 문서를 통해서만 이루어져서도 안 된다는 뜻이다. (…중략…) 사회학자들이 현재에 도달하기 위해서 과거로 우회하듯이, 역사가들도 과거를 이해하기 위해 현재, 즉 덜 불분명한 사실로부터 거꾸로 시간을 거슬러 올라갈 필요가 있다는 것이다."[22]

철학적 해석학의 관점, 특히 구체적인 방법론을 제시한 뵈크의 해석학적 방법론에 따라서 『삼국유사』를 인식하고 이해하는 일은, 하버마스의 견해처럼, "자연과 사회적 관계의 법칙을 발견하고, 자연과 사회현실을 지배하는 기술을 개발하는 데에 관심"을 기울이는 "경험적・분석적 지식"에 의해서는 불가능하다.[23] 예를 들어, 20세의 어떤 대학생은 언제나 학생으로만 머물지 않는다. 부모님에게서는 자식이 될 것이고, 친구에게는 친구가 될 것이며, 선배에게는 후배가 될 것이다. 이와 마찬가지로 객관적 인식의 결과로 기록되었다고 하는 역사적 사건, 예를 들어 '콜럼버스의 신대륙 발견'도 보는 사람의 관점, 즉 선주민의 입장에서는 분명히 '유럽인에 의한 침략의 시작'일 것이기 때문에 역사적 사건에 대한 인식과 기록의 진실성은 완전히 바뀔 수 있다. 그렇기 때문에 위에 인용한 『삼국유사』 「기이」 편의 내용도 일연이 『위서(魏書)』와 고기(古記)의 기록을 전거로 함으로써 그 진실성을 보증한다고 할 수 있을 것이다. 그 내용 가운데 신화적인 요소가 들어있다고 해서 내용 전부를 거짓으로 간주해서는 안 된다는 말이다.

---

22 김응종, 『아날 학파』, 민음사, 1991, 68쪽(마르크 블로크, 『역사를 위한 변명』, 75~76쪽 각주 재인용).
23 한전숙・차인석, 『現代의 哲學』 I, 서울대 출판부, 1983, 166~167쪽 참조

원문해석에 있어서 전승(傳承)된 의미(der tradierte Sinn)의 세계는 해석자 자신의 세계가 동시에 해명되는 정도만큼 그에게 드러난다. 해석학적 지식은 해석자의 선이해(先理解)를 통해 매개된다. 이해의 주체는 의미의 세계와 자신의 세계간의 의사소통(Kommunikation)을 성립시킨다. 그는 전승된 것을 자신과 그의 상황에 적용시킴으로써 그것의 실질적 내용을 파악한다. 이와 같이 해석학의 방법론적 절차가 상호이해(相互理解)를 증진시키려는 인식관심에서 현실을 드러낸다.[24]

따라서 우리가 『삼국유사』의 내용과 역사적 의미를 이해하기 위해서 뵈크의 해석학 이론을 바탕으로 한다면, 한편으로 우리는 『삼국유사』에 기술된 여러 사건의 의미를 정신적으로 이해할 수 있을 것이며, 다른 한편으로는 그 사건을 기술한 원저자와 그것을 『삼국유사』에 남긴 일연의 사상까지도 인식할 수 있게 될 것이다. "원래 이해와 인식은 진리의 문제이다. 역사인식에 있어서 진리의 문제는 두 가지로 나누어진다. 하나는 사건의 기록이 객관적인가 하는 문제이고, 다른 하나는 사건 자체가 당시의 만인을 위한 진리에 입각한 것인가 하는 문제이다. 그런데 역사를 인식하는 인간은 이미 **역사적 존재**이다. 인간은 현재에 있으면서, 동시에 과거 역사의 지배 또는 통제를 받고 있으며, 현재 행하는 자신의 행위를 미래와 연결시킨다."[25]

---

24 위의 책, 168쪽. 이와 같은 인식행위를 하버마스는 "실천적 인식관심"이라고 부른다.
25 문성화, 『철학의 눈으로 본 민족사』. 172쪽.

2. 역사와 인간학 – 역사적 존재로서 인간

인류가 나타난 이래 역사학의 개입을 요청하는 것처럼 보이는 요소는 늘 존재해왔다. 그 이유는 역사학에 인간적인 요소가 개재되어 있기 때문일 것이다. (…중략…) 즉 역사학의 대상은 본래 인간이다. 좀 더 정확히 말하자면 인간들이라고 하는 것이 좋겠다. (…중략…) 눈으로 금방 느낄 수 있는 풍경이나 연장·기계 너머로, 겉으로 보기에는 차디차게 보이는 문서 그리고 그것을 만든 자들과는 아무런 관련이 없어 보이는 제도 너머로, 역사학이 파악하고자 하는 것은 바로 인간들이다. 거기에 이르지 못한다면 역사가는 기껏해야 잡다한 지식을 다루는 엉터리 학자에 머무르고 말 것이다. 훌륭한 역사가는 전설에 나오는 식인귀와 흡사하다. 역사가는 인간의 살냄새를 맡게 되는 바로 그곳에 자신의 사냥감이 있음을 안다.[26]

역사를 전문적으로 연구하고 탐구하는 학자들이건, 그들의 연구 결과를 단순히 수동적으로 받아들이고 배우기만 할뿐인 사람들이건 간에, 사람들이 역사에 관심을 기울이는 까닭은 무엇일까? 한 마디로 말하면, 그것은 인간이 바로 '역사적 존재'이기 때문이다. 인간은 자연적 존재이기는 하지만 자연을 가지고 있는 것은 아니며, 시간적인 의미에서 인간이 가질 수 있는 것은 오직 역사뿐이다.[27] 역사학자이건 아니건, 그 누

---

26 마르크 블로크, 『역사를 위한 변명』, 49~50쪽.
27 오르테가 Y 가세트(José Ortega y Gasset, 1883~1955)는 "인간은 자연을 가지고 있는 것이 아니라, 오로지 역사를 가지고 있을 뿐"이라고 했다. 오르테가, 설영환 역, 『이야기 철

구이건 간에 역사를 말하는 까닭은 오직 하나, 역사를 통해 인간이 어떤 존재인지를 규명하고 싶어서일 것이다. 역사학만 과거를 이야기하는 게 아니다. 우리는 일상을 살아가면서 개개인도 과거의 추억이나 향수에 젖어 있는 경우를 많이 볼 수가 있다. 과거에 대한 추억이나 향수가 비록 개인적인 측면에 머물기는 하지만, 따지고 보면 그것도 모두 역사적인 측면이라고 해야 옳다. 왜냐하면 역사란 때로 개개인의 삶의 집합체인 것은 분명하기 때문이다. 특정한 역사적 사건이 있어야만, 그리고 그러한 사건을 기록해야만 역사인 것은 아니기 때문이다. 그래서 『역사를 위한 변명』에서 블로크는 "사실 우리는 의식적이건 무의식적이건 과거를 재구성하는 데 쓰이는 요소를 최종적으로 분석하고, 필요한 경우 새로운 조명을 드리우기 위해 언제나 일상의 경험의 도움을 받고 있다. 우리가 고대의 정신 상태나 소멸한 사회형태의 특징을 규정하기 위해 사용하는 명칭 자체도, 만약 우리가 현재 살고 있는 인간을 고려하지 않는다면, 그것이 우리에게 무슨 의미를 가질 수 있겠는가?"[28]라는 말로써 역사학이란 다름 아닌 인간학의 역사임을 강조하기도 하였다.

여기서 저자가 인간학의 역사가 곧 역사학이라고 주장한다고 해서 역사학과 (철학적) 인간학을 동일시한다는 의미는 아니다. 그보다는 오히려 저자가 주장하고자 하는 것은 인간학이건 역사학이건, 또는 그 어떤 학문이건 간에 모두 궁극적으로는 인간이란 무엇이며 어떤 존재인지를 규명하려고 한다는 사실에 논의의 초점을 맞추는 것이다. 따라서 인간

학』, 우석, 1986 참조
28 마르크 블로크, 『역사를 위한 변명』, 74~75쪽.

학이라는 독립된 학문의 분과가 있다고 해서 역사와 무관한 것도 아니며, 역사학도 마찬가지로 인간존재와 무관하지 않다는 말이다. 과거에 일어난 사건 또는 그 사건에 대한 기록이라는 게 시간의 흐름 속에서 인간의 행위들, 그리고 그 행위들에 대한 기록을 말하는 것이기에, 역사는 단순히 과거의 기록으로만 머무는 것이 아니라, 과거라는 시간 속에서 여전히 살아 움직이는 인간들의 구체적인 행적이라고 할 수도 있다.

그렇기 때문에 현재를 살아가는 인간들은 과거의 역사를 통해 인간의 삶을 배운다. 그 속에서 자신의 삶의 목표를 설정하기도 하고 수정하기도 한다. 아직 이루지 못한 삶의 목표는 이데아(Idea)이긴 하지만, 그것은 실현될 수도 있으며 그렇지 못할 수도 있다. 즉, 이데아는 개개인의 삶을 이끄는 이념이자 인생관으로 작용하기도 한다는 말이다. 이러한 이념을 탐구하는 학문이 철학에서는 형이상학(Metaphysik)이다. 역사의 이념은 동시대를 살아가는 모든 사람에게 공통적으로 통용될 것이기 때문에, 보편적이라고 할 수 있다. 하지만 이념이라고 해서 실현 불가능한 것만을 처음부터 설정한다면 그것은 설득력이 없을 뿐만 아니라 형이상학의 대상도 아니며, 오히려 그저 허황된 몽상에 불과할 뿐이다. 따라서 비록 현재로는 이념일 뿐일지라도 진정한 이념이라면, 다시 말해서 인간의 삶에 긍정적인 영향을 끼치고 언젠가는 실현되리라는 희망을 주는 이념이라면, 이념의 실현 공간은 다름 아닌 '현실'이다. 이 현실은 역사의 공간이면서 동시에 주체인 '내'가 타인 및 자연과 더불어 생활하는 삶의 공간이기도 하다. 이렇게 인간은 역사적 공간 속에서 타자와 관계를 맺으며 살아가고 있다.

주체인 '나'는 이 공간 속에서 세상과 이념 그리고 역사의 주인으로서 살아간다. 말하자면, '내'가 세상과 역사의 '중심'이라는 것인데, 역설적으로, 세상과 역사는 '나'를 역사의 주인이 아니라 주변인으로만 인정할 뿐이다. 그런데 역사 안에서의 '나'를 이렇게 규정하는 것은 내가 아니라 역사가이다. 물론 역사가는 개개인의 특수성을 살피는 것이 아니라 개개인에게 공통되는 보편적인 것을 역사의 요소 삼기 때문에 개인이 아니라 '인간'을 다루는 것은 지극히 당연한 일이다.

　그런데 사가도 하나의 개인이다. 다른 개인들과 마찬가지로 그 역시 하나의 사회적 현상이며, 그가 속해 있는 사회의 산물이며, 의식적이든 무의식적이든 그 사회의 대변인이다. 사가는 이런 자격으로 역사적 과거인 사실에 접근한다. 우리들은 때때로 역사 과정을 '움직이는 행렬'이라고 말한다. 이 비유는 아주 적절하다 — 사가로 하여금 자신을 우뚝 솟은 암벽 위에서 사방을 굽어보는 독수리나 사열대 위의 요인(要人)으로 여기도록 유혹하지 않는 한 말이다. 독수리나 요인이라니 천만의 말씀이다. 사가도 행렬의 한 구석에 끼어 터덜터덜 걸어가는 보잘것없는 또 하나의 존재일 뿐이다. 거기다 행렬이 굽이쳐서 혹은 우로 돌고 혹은 좌로 돌고 때로는 거꾸로 돌아가는데 따라 행렬의 각 부분의 상대적 위치도 지속적으로 변하므로, 지금의 우리들이 한 세기 전의 증조부들보다 중세에 더 가깝다거나 케사르 시대가 단테시대보다 우리에게 더 가깝다고 말하는 것이 완전히 사리에 맞을지도 모른다. 행렬의 움직임 — 사가도 같이 움직인다 — 을 따라 새로운 전망과 새로운 시각이 끊임없이 나타난다. 사가는 역사의 한 부분이다, 그 행렬에서의 그의 위치가 과거에 대한 그의 시각을 결정한다.[29]

역사가는 이처럼 막중한 역할을 수행하는 자이기 때문에, 그가 기록으로 남긴 한 마디 한 마디는 후세 사람들에게 엄청난 영향을 끼친다. 그렇지만 지금까지의 역사 기록이 누구에 의해서 남겨졌든지 간에 그 기록을 남긴 자도 분명 인간이고, 그가 남긴 기록도 인간의 역사이며, 그 기록에 의해서 영향을 받는 것도 후세의 인간들임에 분명하기에, 역사는 단순히 과거 사건에 대한 기록으로만 머물지 않고, 인간이란 도대체 어떤 존재인지가 그 안에서 밝혀지는 것이다. 역사와 인간에 대한 이와 같은 측면은, 역사가가 의도적으로 이처럼 연구하고 접근하지 않더라도, 역사와 인간의 관계가 필연적이라는 의미이다. 왜냐하면 인간은 역사적 존재이고 또한 역사는 오로지 인간의 역사이기 때문이다.

1)『삼국사기』와 인간존재

지금까지의 대부분의 역사서와 마찬가지로『삼국사기』도 '역사적 존재로서 인간이란 무엇인가?'를 논하고 있지는 않다. 이 주제는 저자뿐만 아니라 인간의 존재 의미를 역사적 존재로서 연구하고 밝히려는 많은 연구자들로 하여금 난관에 부딪히게 만들 것이다. 그렇지만 특정한 역사서가 남긴 기록이 순간순간적인 기록이 아니라 특정한 시대를 관통하는 역사기록에 해당될 때에는, 그 안에서 어떤 식으로든지 역사적 존재로서 인간존재의 의미를 밝혀야 할 것이다. 그러나『삼국사기』전체

---

29 E. H. Carr,『역사란 무엇인가』, 44~45쪽.

의 구성을 보면 「신라본기」, 「고구려본기」, 「백제본기」, 「연표」, 「잡지」, 「열전」으로 되어있는데, 이 안에서 인간존재의 의미에 대해서 찾아볼 수 있는 내용은 없다. 이것은 이제 『삼국사기』 편찬자의 몫이 아니라 저자의 몫이다.

다만 여기에는 매우 중요한 기준이 있다. 그것은 저자가 이미 주제로서 제시한 것처럼 '역사적 존재로서 인간존재의 의미'이기 때문에, 이때에는 남녀노소의 구별과 차별이 없어져야 한다는 점이 분명히 기준—물론 이 기준은 저자뿐만 아니라 영역을 불문하고 학자라면 누구나 그러하겠지만—으로서 제시되어야 한다. 그런데 『삼국사기』 곳곳에는 남녀차별에 관련된 기록이 나타나 있다. 신라 선덕왕(善德王)과 진덕왕(眞德王)의 기사에서 여자가 왕위에 올랐기 때문에 나라가 어지러웠고, 망하지 않은 것만 해도 다행이었다고 서술하는가 하면, 다른 곳에서는 당(唐)나라에 신라의 미녀를 바쳤다는 기록까지 있다. 물론 선덕왕이나 진덕왕 당시에 나라가 어지러웠을 수도 있고 신라가 당나라에 여자를 바쳤을 수도 있다. 그렇지만 남녀이건 노소이건 간에 살아 움직이는 인간이라면 정신이 아닌 육체만 살아있는 것은 결코 아니다. 더구나 육체를 움직이게 하는 정신은 실제로는 육체의 활동보다도 훨씬 더 구체적이고 생동적이다. 다만 일상 속에서는 그러한 활동을 쉽게 포착하지 못하기 때문에, 마치 육체가 먼저 움직이는 것처럼 생각할지라도, 사실은 전혀 그렇지가 않다는 것을 우리는 알아야 된다. 또한 이렇게 보면 인간의 사유는 비가시적이기는 하지만, 그렇다고 해서 무조건 추상적이 아니라 육체의 구체적인 행위를 유발한다는 의미에서 매우 능동적인 활동이자 활동의 '근원'이라고 해야 할 것이다.

더구나 『삼국사기』 선덕왕 기사에는 선덕왕(덕만)의 지혜가 잘 기록되어있다.

전왕 때 당나라에서 가져온 모란꽃 그림과 꽃씨를 덕만에게 보였더니, 덕만이 말하였다. '이 꽃은 비록 매우 아름답기는 하나 틀림없이 향기가 없을 것입니다.' 왕이 웃으며 말하였다. '네가 그것을 어찌 아느냐?'【덕만이】대답하였다. '꽃을 그렸으나 나비가 없는 까닭에 그것을 알았습니다. 무릇 여자가 뛰어나게 아름다우면 남자들이 따르고, 꽃에 향기가 있으면 벌과 나비가 따르기 마련입니다. 이 꽃은 무척 아름다운데도 그림에 벌과 나비가 없으니, 이는 향기가 없는 꽃임에 틀림없습니다.'[30]

선덕왕의 지혜로움은 이 뿐만이 아니라는 것을 우리는 『삼국유사』「선덕왕」 조의 제목이 '「선덕왕(善德王) 지기삼사(知幾三事)」'라는 것을 통해서도 잘 알 수 있는데, 동일한 내용이 『삼국사기』에도 기록되어있다. 즉, 저자는 지혜로움이라는 기준으로 봤을 때 남녀의 차별이나 구별은 인간학적으로 전혀 무의미하고 불필요하다는 점을 강조하는 것이다. 그런데 『삼국사기』의 이어지는 사론(史論)에서는 선덕왕의 지혜와는 전혀 무관하게, 그저 여자라는 이유 하나만으로 다음과 같이 지극히 주관적인 평가를 하고 있다.

신라는 여자를 세워 왕위에 있게 하였으니, 진실로 어지러운 세상의 일이

---

30 『역주 삼국사기』 2, 160~161쪽.

다. 나라가 망하지 않은 것이 다행이라 하겠다. 서경(書經)에 말하기를 "암탉이 새벽을 알린다" 하였고, 역경(易經)에 "파리한 돼지가 껑충껑충 뛰려 한다"고 하였으니, 그것은 경계할 일이 아니겠는가!³¹

　굳이 인간학적 관점과는 무관하게 '인간이란 무엇인가?'라는 질문에 대한 여러 답변 가운데 '호모 사피엔스(homo sapiens)'라는 답을 한지는 오래되었다. 다른 말로 해서, 인간은 '이성적 존재'라든가 '지혜로운 존재'라고 정의할 수 있다. '지혜'란 인간이 획득한 지식을 분석하거나 종합하고 응용하여 모든 사람의 삶에 도움이 되도록 하는 것을 말한다. 그렇기에 위에 기록되어있는 선덕왕의 지혜는 인간이 호모 사피엔스라는 것을 잘 증명해주는 역사적 기록임에도 불구하고, 『삼국사기』 사론은 전혀 그렇게 평가하지 않고 있다. 더구나 사론에서는 그에 대한 근거로 유교의 경전인 서경과 역경을 들고 있어서, 마치 유교 전체가 '여자'라는 인간에 대해 남자와는 차별되는 완전히 다른 존재인 것처럼 오해를 하게 만들고 있기도 하다.

　여기서 보이고 있는 인간의 특징은 오로지 생물학적 인간밖에 없다. 인간을 특징지을 때 흔히 정신과 육체를 가진 이원론적 존재라고 정의하지만, 이렇게 되면 분리된 정신과 육체를 하나로 연결시켜주는 결합점을 찾기가 매우 어렵게 된다. 그래서 생물학적 인간학은 인간의 생물적 특징을 인간의 본질을 규정하는 근거라고 하는 것이다. 다시 말해서, 생물학적 인간학은 다른 동물이나 자연계와 구별되는 인간만의 특징을

31　『역주 삼국사기』 2, 167쪽.

근거로서 인정하지 않고 인간을 모든 유기체 가운데 하나라고만 정의를 내린다. 이에 따라서 보면 『삼국사기』에서 '여자'를 규정함에 있어서는, 그가 아무리 지혜롭거나 왕일지라도 여자인 한에서는 그 특징이 그저 생물학적 존재에 불과할 뿐이다.

이 반면에 『삼국사기』에서 '남자'는 전혀 다른 모습으로 그려지고 있다. 이것은 삼국의 「본기」 편은 말할 것도 없고, 특히 「열전(列傳)」에서 두드러지게 나타나고 있다. 앞서 역사의 요소로서 '인간'을 살펴볼 때 이미 언급한 바 있지만, 『삼국사기』 열전은 거의 대부분이 영웅들에 관한 내용이라고 해도 과언이 아니다. 이는 『삼국사기』가 영웅을 통해서 남자라는 인간을 '역사적 존재'로 파악하고 있는 것이라고 할 수 있다. **"역사적 존재**로서의 인간이라고 할 때, 인간은 역사를 만드는 힘이 있는 것과 동시에 역사에 의존하며, 역사를 규정하면서 동시에 역사에 의해서 규정된다고 할 수 있다."[32] 이는 물론 특정한 개인이나 소수의 영웅을 두고 내리는 정의는 아니다. 인간학자들이 인간을 역사적 존재라고 규정할 때는 유적 존재로서의 인간을 그렇게 규정하는 것이지, 따라서 다른 생물과 구별되는 인간만의 특수성을 인간의 본질로 간주하였다는 말이다. 그러므로 저자가 『삼국사기』 「열전」에 따라서 남자, 그중에서도 영웅이라는 소수의 인간을 역사적 존재로 본다고 해서 『삼국사기』의 전반적인 내용이 그러하다는 의미는 결코 아니다.

흔히 우리는 사람을 두고 '살아 움직인다'고 할 때 이는 육체만 살아 있다는 것을 뜻하지는 않는다. 일상생활에서 육체가 움직일 경우 동시

---

32 문성화, 『철학의 눈으로 본 민족사』, 174쪽.

에 정신, 즉 사유도 매우 구체적이고 활동적으로 움직이고 있다. 사유의 내용이 추상적인 경우도 있지만 언제나 그런 것은 결코 아니다. 그렇기 때문에 우리는 무엇인가가 눈에 보이지 않는 비가시적이라고 해서 무조건 추상적일 뿐이라고 단정지어서는 안 된다. 오히려 인간의 행동과 행위를 유발시키는 사유는 매우 능동적이라고 해야 옳으며, 인간의 모든 행위의 과정과 결과물은 사유의 과정을 거친 결과물이다. 따라서 인간이 생물학적으로 다른 생물들과 공통점을 가진 것은 분명하지만 인간만의 특징으로 다른 생물들과 구별되며, 그것으로 인해 문화가 창조되고 역사의 기록을 남기는 것이다. 여기에는 남녀의 차이도 노소의 구별도 무의미해진다. 즉, 역사적 존재로서 인간인 한에서 모든 인간은 동등하다는 말이다.

2) 『삼국유사』와 인간존재

『삼국사기』와는 대조적으로, 『삼국유사』에서는 남녀와 노소가 특별히 차별적으로 다루어지지는 않고 있다고 할 수 있다. 『삼국유사』 총 5권에는 실로 다양한 사람들이 조목(條目)의 제목으로 등장하는데, 이를 보더라도 『삼국유사』는 왕과 불교승려를 비롯해서 모든 사람을 역사적 존재로서 파악하고 있음을 알 수 있다. 앞에 인용한 『삼국사기』의 선덕왕 기사와는 극히 대조적으로 『삼국유사』에서는 선덕왕의 지혜로움을 경탄해마지 않고 있기에 인용하기로 한다.

제27대 덕만(德曼) — 만(曼)은 혹은 만(萬)으로도 씀— 의 시호는 선덕 여대왕(善德女大王)이니 성은 김씨요, 아버지는 진평왕(眞平王)이다. 정관 (貞觀) 6년 임진에 왕위에 올라 나라를 다스린 지 16년 동안에 미리 안 세 가지가 있었다. 첫째는 당 태종(太宗)이 붉은 색, 자주 색, 흰 색의 세 색깔 로 그린 모란(牧丹)과 그 씨 서 되를 보내 왔다. 왕은 그 그린 꽃을 보고 말 했다. "이 꽃은 절대로 향기가 없을 것이다." 이내 씨를 뜰에 심었더니 그 꽃이 피었다가 떨어질 때에 과연 그 말과 같이 향기가 없었다. 둘째는 영묘 사(靈廟寺) 옥문지(玉門池)에 겨울철에 많은 개구리가 모여서 3, 4일 동안 이나 울고 있었다. 나랏 사람들이 이를 괴이히 여겨 왕에게 물었다. 왕은 급 히 각간(角干) 알천(閼川)·필탄(弼呑) 등을 시켜 정병(精兵) 2천 명을 뽑 아서 빨리 서교(西郊)로 가서 여근곡(女根谷)을 탐문(探問)하면 반드시 적 병이 있을 것이니 덮쳐서 죽여라 했다. 두 각간이 명령을 받고 각각 군사 1 천 명을 거느리고 서교(西郊)에 가서 물었다. 부산(富山) 아래에 과연 여근 곡(女根谷)이 있고, 백제 군사 5백 명이 그 곳에 와서 매복해 있으므로 모두 잡아서 죽였다. 백제의 장군 오소(亏召)란 자는 남산 고개 바위 위에 매복 해 있으므로 이를 포위하여 쏘아 죽였다. 또 후속 부대 1천3백 명이 오는 것을 또한 쳐서 죽여 한 사람도 남기지 않았다. 셋째는 왕이 병이 없었을 때 에 여러 신하에게 일렀다. "내가 아무 해 아무 달 아무 날에는 죽을 것이니, 나를 도리천(忉利天) 속에 장사지내시오." 여러 신하는 그 곳을 알지 못하 여 물었다. "어느 곳입니까?" "낭산(狼山) 남쪽이다." 그달 그날에 이르러 왕이 과연 세상을 떠났으므로, 여러 신하들이 낭산 남쪽에 왕을 장사지내 었다. 그 후 10여 년에 문무대왕(文武大王)이 사천왕사(四天王寺)를 왕의 무덤 아래에 세웠다. 불경(佛經)에 사천왕천(四天王天)의 위에 도리천(忉利

天)이 있다고 했으니, 그제야 대왕의 신령하고 성스러움을 알게 되었다. (…중략…) 여러 신하가 모두 그 뛰어난 지혜에 감복했다.[33]

인용문이 제법 길지만,『삼국사기』의 기사내용과 대조해보면『삼국유사』에서는 오로지 왕의 지혜로움에 대해서만 기록되어 있을 뿐 남녀를 차별하는 내용이 전혀 없다는 사실을 쉽게 읽을 수 있을 것이다. 이뿐만 아니라『삼국유사』에는 「연오랑 세오녀」 조의 세오녀(細烏女), 「도화녀와 비형랑」 조의 도화녀(桃花女), 수로부인(水路夫人)을 비롯하여 손순매아(孫順埋兒)와 빈녀(貧女)에 이르기까지 남녀노소를 불문하고 행적이 기록되어 있다. 여기서『삼국유사』에 기록되어 있는 남자로서의 왕과 다른 영웅들에 관해서는 굳이 언급할 필요가 없을 것이다.『삼국유사』가 고구려, 백제, 신라의 유사(遺事)라고는 하지만, 일연이 이처럼 남녀노소의 차별 없이 역사적 존재로서 가치가 있다고 생각된 사람들의 행적을 남긴 것은 인간 자체 또는 인간의 삶 자체를 역사적 연관성 속에서 파악하고 역사의 변화 속에서 인간의 본성을 탐구한 결과라고 할 수 있다. 이를 딜타이의 말을 빌려 정리하면, 일연은 "개개의 인간을 보다 광범위한 역사적 연관성 속에 들어 있는 것으로 보았기 때문에, 인간 본성을 항구적인 역사적 변동 속에 있는 것으로서 파악했다."[34] 즉,『삼국

---

33 『삼국유사』, 144~146쪽.
34 O. F. Bollnow, 백승균 역,『삶의 哲學』, 경문사, 1985, 19쪽; "딜타이는 '인간이라는 형은 역사의 과정 중에 용해되어 버렸다'고 말한다. 그래서 그는 이렇게 '인간이 무엇인가는 자기에 관해서 골똘히 파고듦으로써 알게 되는 것이 아니라, 역사를 통해서만 알게 된다고 추리해냈다. 인간은 역사적으로 특수한 것으로서만 존재하며, 또 확실한 윤곽을 얻기 때문에, 우리가 떳떳하게 할 수 있는 것은 역사의 증언을 하는 것밖에 없다. 이 역사

유사』는 왕이나 정치권력자 또는 이름 있는 불교승려들만 역사의 주인공이 아니라, 인간이라면 누구나 역사를 만들어가는 존재이기에 역사의 본질은 인간의 본질과 다르지 않다는 사실을 보여준다고 할 수가 있다. 아래에 인용하는 평가는 『삼국유사』가 역사적 존재로서의 민중을 어떻게 보고 있는 지를 잘 나타내주고 있다.

> 일연이 살았던 그 시기의 고려는 대내외적인 위기가 증폭되었고, 일반 민중들의 삶은 표현할 수 없을 정도의 비참한 지경에 처하였다. 그러나 당시 민중들은 그러한 고난에 의연히 맞서면서 묵묵히 그리고 치열하게 그 도전을 이겨내고 있었다. 수많은 민중은 자기가 처한 위치에서 외적을 물리치기 위하여 죽음을 겁내지 않았으며, 사회의 모순과 질곡을 없애기 위하여 일신의 안위를 두려워하지 않았다. 그러나 이러한 일반 민중들의 고초와 적극적인 문제의식은 늘상 지배계층의 이익 등에 의하여 제약받고 굴절되었거니와, 여기에서 역사의 아이러니를 생각지 않을 수 없다. 이에 일반 민중들의 삶에 원초적으로 스며있는 인간적인 삶에 대한 희망과 역사발전에 대한 담보는 민중들의 의지로서만 해결될 것은 아니었다. 더욱이 자신의 이익을 위한 지배계층의 사대주의적인 의식과 행동이 노출될 때는 더욱 그러하였다.[35]

는 인간의 특수한 모습들의 무한한 목록들을 우리 앞에 펼쳐준다. 우리는 역사가 인간에 관해서 가르쳐주는 것 이상의 것을 인간에 관해서 알지 못한다." 미카엘 란트만, 진교훈 역, 『철학적 인간학』, 경문사, 1998, 256쪽. 따라서 저자는 『삼국유사』 저술 당시의 고려시대 상황에서 넓게는 인간을, 좁게는 당시의 민중들에 대한 일연의 관점이 어떠했는가를 더욱 잘 이해할 수 있을 것이라고 생각한다.

35 김광식, 「『삼국유사』는 왜 필요했을까」, 이범직·김기덕 편, 『한국인의 역사의식』, 124쪽.

인간을 역사적 존재로서 규정하는 일은 인간의 삶과 역사의 관계를 고찰하는 일이다. 역사를 법칙적으로 고찰하는 학자도 있지만, 설령 역사의 법칙이 있다고 할지라도 역사는 그 법칙 안에서도 끊임없이 변화하며, 인간의 삶도 누구나 탄생하면 죽음에 이를 수밖에 없지만 삶 자체는 고정 불변하는 게 아니다. 이렇게 역사와 인간의 삶이 모두 변한다는 사실은 인간이 본질적으로 불확실한 존재라는 것을 역설적으로 말해주는 것이다. 그렇기 때문에 우리는 시간이 흐르고, 그에 따라 역사가 변해간다고 해서 인간의 삶이 안정을 더해간다고 말할 수는 없다. 역사도 인간의 삶도 가변적이라는 사실 자체가 이미 인간의 본질을 '무엇'이라고 단적으로 정의하고 규정할 수 없음을 대변한다. 즉, 역사가 인간의 역사이고 인간이 역사의 주체임에는 틀림없는데, 아이러니하게도 역사를 통해서 인간의 본질이 무엇인지는 밝혀지지 않는다는 말이다. 다만 알 수 있는 것은 역사 속에서의 인간의 행적, 인간이 남긴 문화 이외에는 없다. 결국 인간은 과거를 통해서 스스로를 규정해나가기는 하지만, 아직도 여전히 규명하지 못한 인간의 본질 때문에 미래의 역사를 열어나가는 존재인 것이다.

과거를 통해서 인간이 스스로를 규정하는 것, 즉 과거의 역사 속에서 인간의 본질을 찾으려고 시도하는 것은 역사 속의 인간을 대상으로 하는 '인식'의 문제이다. 이때는 인간이 객체, 즉 인식대상으로 등장한다. 하지만 미래의 역사를 말하고 그 안에서 인간의 모습이 어떠할 것인지를 선취하려고 하면, 그것은 아직 존재하지 않는 인간을 말하는 것이므로 '역사의식'의 문제와 관련된다. 이럴 경우에도 여전히 역사는 인간의 역사일 것이기 때문에, 미래의 인간이 지금 현재보다 더 발전한 역사를 만들어간다면 역사적 존재로서의 인간도 함께 발전할 것이지만, 반대로 역사를 퇴보시킨다면 인간의 본질도 발전과 퇴보를 거듭하는 존재로 정의될 것이다. 바로 이 때문에 역사의식은 역사인식을 출발점으로 삼는다.

지구상에서 인간만이 유일하게 역사를 남기는 존재이다. 그리고 인간만이 역사를 통해서 더욱 발전하기를 원하며, 그 결과가 발전인지 퇴보인지 아니면 정체한 것인지를 역시 역사를 통해서 검증한다. 이처럼 역사는 인간 삶의 근원이자 발전의 동력이다. 하지만 인간은 누구나 자신의 역사적 상황을 뛰어넘을 수는 없다. 앞장서서 역사를 주도하고 싶어도, 그저 역사를 따라 가고 싶어도, 인간은 언제나 현재 진행 중인 역사와 함께 할 수밖에 없다. 그 속에서 "인간은 자기 스스로 행하여야 할 뿐만 아니라, 자기가 행하여야 하는 것 가운데서 가장 어려운 것은 자기가 무엇이 될 것인가를 정하는 일이다. 인간이야말로 제2의 능력을 소유하고 있는 존재원인(causa sui)인 것이다."[36] 이렇게 역사적 존재로서 인간은 역사의 주인이자 동시에 객체이다.

그런데 과연 역사는 인간의 삶에 어떤 관심을 기울일까? 이런 질문은 사실상 잘못된 질문이다. 역사 자체가 능동적 주체가 아니고 인간이 만들어내는 것이기 때문이다. 그럴지라도 이런 질문이 의미상으로 가능하다면, 우리는 답을 하기 위해 깊이 생각해보아야 할 것이다. 역사는 인간의 역사이기 때문에, 역사의 주체는 인간이라는 말이며, 그렇다면 역사는 보편개념으로서의 인간에게 마땅히 관심을 기울여야 한다. 보편개념으로서의 인간이라는 개념에는 영웅과 민중의 구별이나 차이가 있을

---

36 José Ortega y. Gasset, *Geschichte als System*, übers. v. F. Schalk, Stuttgart 1943, S.51(O. F. Bollnow, 『삶의 哲學』, 71쪽 재인용).

수 없다. 그렇지만 실제 역사에서는 대부분의 사람들은 객체로만 머물고 주체로서 평가를 받지 못하며, 영웅이라고 칭해지는 소수의 사람들만 역사의 주인공으로 기록되는 것이 사실이다. 물론 모든 사람이 역사에 기록될 수 없는 것도 지극히 맞는 말이며, 역사에 기록되지 않는다고 해서 역사의 주인이 아니라고 할 수도 없다. 하지만 후세의 사람들은 역사에 기록된 소수의 영웅들만 기억하며, 그들만이 역사의 주인이라는 인식을 갖기가 매우 쉽다. 그렇게 되면 후세 사람들의 삶에 영향을 끼치는 역사는 역사에 기록되지 못하면서도 대다수를 차지하는 사람들의 삶이 역사를 위해서만 존재한다는 결론을 내리기가 쉽다. 즉, 개개인이 역사를 위해서 봉사한다는 결론을 내릴 수가 있다는 말이다.

지금 현재의 역사에서도 그러하지만, 과거의 역사에서도 개개인은 스스로가 역사의 주체임에도 불구하고 역사가 제시하는 '이념'에 이끌려 가는 경우가 대부분이다. 이제부터는 개인이든 역사의 단위라고 할 수 있는 민족이건, 아니면 개별 국가이건 간에 현실의 역사는 개개인에게 어떤 영향을 끼치고, 그러한 역사가 개개인 자신들의 삶을 어떻게 이끌고 나가며, 자신은 그 속에서 어떠한 역할을 하는가에 대해서 관심을 기울여야 한다. 이러한 것은 자신을 위해서라고 할 수도 있겠지만, 역사를 통해서 배우는 후세를 위해서라도 반드시 행해야 할 것이다. 그것은 '실천'으로 나타난다. "역사고찰이 방향을 전환하는 곳은, '역사의 운동과 삶이 곧 생성과 성장인 바의 윤리적 이념이 이 사건에서는, 이 민족에게서는, 그리고 이 시대에서는 어떤 실현단계에 있는가?' (…중략…) 역사는 윤리적 힘(Kraft)의 상승으로서 이해된다. 그러면 이것은 무엇인가? 그리고 이러한 힘과 이념 일반은 규정되고 인식될 수 있는가?"[37]

3. 역사와 실천철학—실천의 토대로서 역사

지금까지 철학자들은 세계를 단순히 해석만 했을 뿐이다. 이제 문제는 세계
를 변혁시키는 것이다(Die Philosophen haben die Welt nur verschieden
'interpretiert'; es kommt aber darauf an, sie zu 'verändern').[38]

이것은 칼 마르크스(K. Marx, 1818~1883)가 지배와 피지배의 계급적
대립 상태에 있는 경제적 구조하에서의 세계를 변혁시키자고 철학자들
을 향해서 외쳤던 한 마디이지만, 역사의 실천적인 측면에 관심을 가지
고 있는 모든 사람에게도 유효한 선언이다. 칸트(I. Kant, 1724~1804)의
말을 빌려 좀 더 구체적으로 살펴보면 다음과 같다. 칸트에 따르면 인간
은 자신의 삶에서 세 가지 근본적인 관심을 가지고 있는데, 그중 하나는
외적 대상에 대한 지식의 문제로서 "나는 무엇을 알 수 있는가?(Was
kann ich wissen?)"이고, 다음으로는 도덕적 행위의 측면에서 "나는 무엇
을 행해야 하는가?(Was soll ich tun?)"라는 물음에 진실한 답변을 하기
위해서 인간은 실천적으로 선을 행해야 하는 까닭을 밝히고 있으며, 마
지막으로 "나는 무엇을 희망해도 좋은가?(Was darf ich hoffen?)"라는 물
음을 던지면서 인간의 삶을 이끄는 형이상학적 이념에 대해서 논하였
다.[39] 칸트는 이 물음에 답할 수 있으면 '인간이란 무엇인가?'에 대해서

---

37 Droysen, *Historik. Vorlesungen über Enzyklopädie und Methodologie der Geschichte*, hrsg. v.
    R. Hübner, 3. Aufl., Darmstadt, 1958, S.184(한스 인아이헨, 『철학적 해석학』, 151쪽 재인용).
38 마르크스의 포이어바흐에 관한 테제 11번 : K. Marx, *Thesen über Feuerbach*, 1845.

도 답할 수 있을 것이라고 말했다. 여기서 저자가 주목하고자 하는 것은 인간의 삶에 있어서 이론적이고 초월적 문제만 중요한 것이 아니라, 실천적 측면도 그것들만큼이나 중요하며, 특히 역사와 관련해서 보았을 때, 역사가 인간의 삶을 어떻게 실천적으로 인도하는가를 반드시 살펴보아야 한다는 점이다.

역사에 대한 사전적인 정의가 '과거의 사건' 또는 '사건의 기록'이라고 해서 기록으로만 남아 있는 역사, 그래서 역사를 연구한 사람들이나 역사에 관심을 가지고 있는 사람들이 과거의 역사를 단지 기록으로만 간주하고, 그 안에서 실천적인 면을 전혀 찾으려고 하지 않는다면 과연 역사는 무슨 의미가 있을까? 물론 역사를 통해서 배우는 것이 교훈이라고 했을 때의 의미는 역사의 실천적인 측면을 말할 것이다. 일상 속에서도 사람들이 자신의 과거에 대해 말할 때 단순히 과거의 기억과 추억에만 매몰되어 있다면, 다른 사람들은 그를 향해 미래가 없다는 표현을 한다.

하물며 그것이 개인이 아니라 민족 단위의 역사일 때에는 더 말할 필요도 없을 것이다. 현재와 미래를 위하여 과거의 역사를 반드시 바탕으로 해야 되지만, 현재와 미래는 역사로부터 배워야만 된다. 즉, 역사는 현재와 미래에 대한 희망의 가능성을 가르쳐주어야만 의미가 있다는 말이다. 희망의 가능성을 현실화시키기 위해서는 인간의 적극적인 실천이 반드시 필요하다. 그렇다면 현재와 미래는 시간적으로나 공간적으로 인간의 실천의 장(場)이라고 할 수 있다. 다시 말해서, 현재는 유동적이고 미래는 아직 오지 않았기 때문에 비가시적이라고 해서, 실천이 아닌 사

---

39 Kant, *Kritik der reinen Vernunft*, Hamburg, 1956, B 833.

유가 주도한다고 생각할는지 모르지만, 어떤 식으로든지 현재적 삶의 변화를 욕구하는 인간은 실천하지 않고는 삶을 변화시킬 수가 없다. 따라서 실천은 인간 삶의 현재와 미래를 이끄는 힘이며, 그 바탕은 바로 과거의 역사라는 말이다.

"살아 있는 것을 이해하는 능력, 이것이야말로 진정한 의미에서 역사가의 중요한 자질이다"[40]라고 강조한 블로크는 동시에 "과거의 상황에서 발견된 현재 문제의 기원"[41]이라고 말한 라이프니츠(Leibniz, 1646~1716)의 글을 인용하면서, 이것이 바로 '역사가 주는 혜택의 하나'라고 하였다. 우리는 여기서 한 걸음 더 나아가야 되며, 단지 현재의 문제에 대한 해결책만 역사에서 배우려고 해서는 안 된다. 과거의 기록은 누구에 의한 것이든 간에 진실인 한에서 역사로 인정받을 수 있으며, 그 기록을 현재의 우리가 다시 이해하기 위해 다른 기록들과의 연관성도 깊이 있게 연구하는데, 그 까닭은 우리가 미래의 삶을 지향하기 때문이다. 다시 말해서, 과거의 역사가 단순히 현재라는 시점과만 관련되는 것이 아니라 '아직' 오지 않은 미래와도 관련이 있다는 말이다. "그것은 **아직** 현재에 살고 있지만 **이미** 미래와 함께 하려고 하는 적극적인 (개인으로서) 인간이 진정한 역사의 주체로서 살아가려면 어떻게 해야 하는지를 묻는 것에 다름 아니다. 그러기 위해 인간은 더 이상 역사를 — 즉, 과거를 — 해석만 할 것이 아니라, 자신의 의식과 몸을 변혁시킴으로써 세계를 변혁시켜야 할 것이다. 개인으로서의 인간이 변혁의 진정한 주체로

---

40 마르크 블로크, 『역사를 위한 변명』, 73쪽.
41 위의 책, 67쪽.

서 등장할 때 세계의 진정한 변혁도 가능할 것이며, 변혁된 세계에서 인간은 과거와는 다른 역사를 만들어 갈 수 있는 것이다."[42]

이렇게 개개인이 진정으로 역사의 주체가 되기 위해서는 사유만 하고 있어서는 안 된다. 물론 행위를 유발한다는 측면에서 사유도 능동적으로 활동하는 것임에는 틀림없지만, 행위는 하지 않고 사유만 하고 있을 때에는 그 사유는 지극히 이론적인 차원에 머물고 마는 것이다. 따라서 사유가 현실에서 능동성을 띠기 위해서는 인간의 '의지'가 결부되어야 한다. 또한 그래야만 과거와 현재에서 잘못된 것들도 올바른 방향으로 바로잡을 수 있다. 이러한 행위가 바로 역사에서 배우는 '실천'이다. 역사에서 잘못 배우는 경우도 물론 있다. 그렇게 되면 그것은 역사를 퇴보시키는 것이다. 따라서 역사가 퇴보하는지 발전하는지는 현재와 미래에서의 인간의 실천이 증명해주며, 그때그때마다 실천의 방향은 얼마든지 수정될 수 있다. 이제는 인간이 역사를 배우는 참된 이유가 단순히 '교훈을 얻기 위해서'라는 소극적인 의식을 벗어나서 '현재와 미래를 도덕적으로 올바른 방향으로 이끌고 나가기 위해서'라는 적극적 의식으로 바꾸어나가야 된다.[43] 우리 인간은 이와 같은 점을 유념하여 사유하고,

---

42 문성화, 『철학의 눈으로 본 민족사』, 181쪽.
43 "맑스는 인간이 실천을 관리하고 있기 때문에 인간은 역사적 존재라고 하였다. 그러나 실천은 역사를 창출하고 오늘날에까지 유지시켜 온 원동력일 뿐 아니라, (…중략…) 역사를 새로운 단계로 나아가게 하는 힘이기도 하다. 실천은 필연과 강제의 현실인 '지금까지의' 역사적 현실로부터 자유의 현실, 즉 새로운 역사적 현실로, 실천의 주체인 인간과, 인간의 실천이 몰두해 있는 인간성을 이끌어 가는 추진력이다. 실천은 이 과정을 조절하고 변경시키며, 이렇게 하는 속에서 이 과정을 완수한다. (…중략…) 지금까지의 실천적 인간은 자유로운 인간이 아니었다. 인간이 자유롭다는 점을 역사가 보여주지 못한다면, 그것은 실천이 역사 속에 제대로 표현되지 못하고 있다는 증거이다. 실천은 항상 그것에 부합되는 형태 속에 존재하는 것은 아니다. 맑스에 따르면 과정의 극복은 인간

무엇이 도덕적으로 올바른가를 판단하여 자신의 행위를 실천에 옮겨야 한다. 모든 인간은 삶의 전 과정에서 주체이지 객체가 아니다. 단, 사유만 하고 실천에 옮기지 않는다면 그런 사람은 자기 삶의 주체가 될 수 없다. 그런 사람은 다른 사람이 이끄는 대로 끌려 갈 수밖에 없기 때문이다. 역사에서 배운 사유의 결과를 실천에 옮길 때 인간은 역사의 주체로서 자리 잡는다. 이것이 역사적 존재로서의 인간의 특징이며, 또한 인간과 다른 생물들을 구별하는 근거이기도 하다.

1)『삼국사기』와 실천적 역사

『삼국사기』와 실천적 역사를 논하기 위해 다시 한 번「진삼국사기표」의 내용을 살펴보자.

> 옛 기록[古記]은 표현이 거칠고 졸렬하며 사건의 기록이 빠진 것이 있으므로, 이로써 군주의 착하고 악함, 신하의 충성됨과 사특함, 국가의 안전함과 위태로움, 백성의 다스려짐과 어지러움을 모두 펴서 드러내어 권하거나 징계할 수 없다.

우리는 이 말을 통해서 고기의 어떤 표현이 거칠고 졸렬한지 그리고

을 과정 밖으로 끌고 가는 것이 아니라 새로운 단계, 새로운 과정의 시작으로 인도한다."
N. 로텐스트라이히, 정승현 역,『청년 맑스의 철학』, 미래사, 1986, 47쪽.

어떤 기록이 빠져 있는지 알 길이 없다. 거칠고 졸렬하다는 말 자체도 지극히 주관적일 수가 있다. 더구나 위의 인용문은 고려 인종의 말을 그대로 적었다고는 하지만, 김부식이 쓴 글이다.『삼국사기』를 편찬함에 있어서 인종과 김부식이 어떤 대화를 나누고 이글을 썼는지도 모른다. 또한 고기에 빠져 있는 기록이라고 하는 게 중국 측 역사서를 대조해봤을 때 그렇다는 말인데, 그렇다면 고기가『삼국사기』편찬의 기준이 아니라 중국 측 역사서를 기준으로 삼았다는 결론을 쉽게 내릴 수가 있다. 위의 인용문을 통해서 좀 더 유추하자면, 삼국의 "군주의 착하고 악함, 신하의 충성됨과 사특함, 국가의 안전함과 위태로움, 백성의 다스려짐과 어지러움"을 역사를 통해서 분명히 밝혀야만『삼국사기』를 편찬할 당시와 당시를 시점으로 하는 미래의 역사를 위한 지침이 될 수 있는데, 고기의 기록은 그렇지 못하다는 말이다. 하지만 표현이 거칠고 졸렬하고 해서 역사가 아닌 것은 아니며 사건의 기록이 빠져 있다고 해서 중국 측의 기록을 무조건 신뢰할 수 있다는 근거도 없다. 만일 순전히 이러한 점 때문에 김부식이 삼국의 역사를 다시 편찬한 것이라면,『삼국사기』에는 삼국의 역사가 왜곡되었을 가능성이 매우 크다고 할 수 있다.

그런데 김부식은 삼국의 역사를 다시 편찬하면서 내세운 이유로 "군주의 착하고 악함, 신하의 충성됨과 사특함, 국가의 안전함과 위태로움, 백성의 다스려짐과 어지러움"을 함께 들고 있다. 잘 알다시피『삼국사기』의 편찬 대상은 고구려와 백제 그리고 신라이며, 「진삼국사기표」는 김부식이『삼국사기』를 편찬하여 고려왕인 인종에게 바치는 글이다. 따라서 여기에 등장하는 군주, 신하, 국가, 백성은 모두 고려에 해당하는 게 아니라 삼국에 해당된다. 말하자면『삼국사기』는 삼국의 군주, 신하,

국가, 백성과 관련된 역사를 그 당시로는 현재인 고려의 현대사에 이바지하는 것을 목적으로 김부식이 편찬한 것이다. 그렇기 때문에『삼국사기』가 목적으로 한 실천적 역사는 고려를 위한 것이었다는 말이다. 김부식이 삼국의 역사를 새롭게 편찬할 명분으로 "고기의 표현이 거칠고 졸렬하며 사건의 기록이 빠진 것이 많다"는 이유를 내세웠지만, 어쨌든 당시에 기존의 역사서가 있었던 것은 분명하다. 그런데도 김부식이 이와 같은 명분을 내세워서『삼국사기』를 편찬했다는 사실은 삼국을 위해서가 오로지 당시의 고려, 더욱 엄밀하게 말해서 당시 고려왕을 비롯해서 통치계층을 위한 것이었음을 어렵지 않게 증명해준다.

이와 같은 사실은『삼국사기』를 연구한 여러 학자의 글을 통해서도 잘 알 수 있는데, 저자는 그중에서 정구복의 글을 인용하면서 김부식이 실제로 목적으로 삼은 실천적 역사를 좀 더 상세하게 논하고자 한다.

『삼국사기』가 삼국사를 다시 편찬하게 된 배경으로는 첫째, 고려 초기에 편찬된《구삼국사》의 내용과 체제가 만족스럽지 못했다는 점, 둘째, 고려 중기는 문화적 · 사회적 · 사상적으로 고려 초기로부터 큰 진전이 있어 역사의 이해에 새로운 관점을 가질 수 있었던 점, 셋째, 이자겸의 난과 묘청의 난을 진압한 후 정치적 세력의 변화 등이 지적될 수 있다.[44]

---

44 정구복, 「삼국사기 해제」,『역주 삼국사기』2, 14쪽; 정구복은 특히『삼국사기』에서 칭한 고기(古記)를《구삼국사》로 간주하고 있는데, 이는 학자들 간에 의견이 다르기 때문에, 저자는 굳이 고기가《구삼국사》를 칭하는 것이라고 주장하지는 않는 바이다. 하지만 여기서는 정구복의 견해를 수용하면서《구삼국사》를 전제로 논하고자 한다.

정구복이 논한 첫째 배경은 기존의 역사서의 내용과 체제가 부실하다면, 그리고 삼국의 역사를 보충할 수 있는 다른 여러 자료가 많이 있었다면 삼국의 역사를 얼마든지 새롭게 그리고 제대로 편찬할 수 있는 일이고 또 당연하게 그렇게 해야 할 것이라는 견해이다. 그런데 이를 위해 사용된 전거가 삼국의 사료가 아니라 오로지 중국 측의 것이었다면, 중국에 의해 왜곡된 삼국의 역사도 있을 가능성은 충분하다는 점을 저자가 앞에서 논한바 있으므로,《구삼국사》의 어떤 내용에 대해 김부식이 불만족스러워 했을까 하는 의문이 든다.

두 번째 배경으로 고려 중기에는 고려 초기와는 다른 관점으로 역사를 이해했을 가능성이 있다고 하였는데, 과연 그 다른 관점이란 어떤 관점이었을까? 『삼국사기』가 편찬된 시점은 고려가 건국된 지 200년이 지난 후였다. 고려 초기와는 달리 국가의 기틀이 잡혀나갔는데 종교적으로는 불교가 신라 말기의 타락한 모습을 극복하고 민중들의 삶에 긍정적인 영향을 주었으며, 사회적으로는 유교를 바탕으로 한 통치제도를 정비하여 나라를 안정화시켜 나가고 있었다. 특히 중국 송나라와의 문화적 교류를 통해서 유교적 문물을 많이 받아들였고, 집권층에서는 유교 경전들의 내용을 통치이념으로 정착시키려는 의도를 가지고 많은 제도를 시행하였다. 이를 뒷받침하기 위해서는 고려 이전인 삼국의 역사를 유교적 관점으로, 즉 유교사관에 입각해서 다시 정리할 필요를 느꼈을 것이라고 짐작할 수 있다. 이러한 것의 배경에는 고려 초기에 고구려를 계승한다는 의식이 강했으나 수, 당 이후 거란, 여진과의 계속된 마찰을 겪으면서 고구려 계승의식은 점차 약화되었을 것이고, 중국 측과 대립하는 것 보다는 평화롭게 지내는 것이 모든 면에서 유리하고 안정적이라는 생각이 있었을 것이다. 이를 뒷받침하려면 정치·사회적인 제도도 중요하지만 고려 이전인 삼국의 역사를 새로운 사관으로 정립할 필요성을 느꼈을 수가 있다는 말이다.

저자는 위에 든 이런 배경과 함께, 세 번째 배경이 삼국의 역사를 새로이 편찬하는 데에 결정적으로 작용했을 것이라고 생각한다. 그 이유는 이자겸의 난(1126) 이후에 정치적으로 혼란하던 와중에 다시 난이 일어나는데 바로 묘청의 난이 일어나기 때문이다. 이에 대해 다시 정구복의 글을 인용하면 다음과 같다.

서경천도가 이루어지지 않자 묘청은 난(인종 13년, 1135)을 일으켰으나 김부식에 의하여 진압되었다. 묘청의 난을 진압한 후 김부식은 문하시중이라는 수상직을 차지하여 정국을 주도했다. 반란으로 무너진 국가 기강을 바로잡기 위해서는 유교적 이념 확립이 요구되었다. 또한 군사적 힘만으로는 국가를 유지하기 어렵다는 것을 김부식은 깊이 인식하였다. 여기에 송나라에서는 북쪽의 요를 치기 위해 여진족인 금나라와의 알선을 고려에 부탁하고 있었다. 송나라는 고려에 대하여 적극적인 우호정책을 썼다. 이는 송 문화 전래에 좋은 계기가 되었다. 이런 상황하에서 김부식 등은 군사의 힘과 문화의 힘, 정치의 힘이 국가와 왕실의 유지에 다 같이 필요함을 인식하게 되었다. 맹목적인 자주보다는 문화와 역사 그리고 사회를 유지할 방책을 알게 되었다. 그리고 외교적인 노력으로 전쟁을 피하고 국가를 유지할 수 있음을 알게 되었다. 그 위에 국민을 교화하여 문화의 기반을 넓힘으로써 왕조와 국가의 유지를 보다 장구하게 할 수 있다고 믿었다.[45]

위 인용문의 내용에 있는 것처럼 김부식은 묘청의 난을 진압한 후에 문하시중의 자리에 오른다. 말하자면, 김부식의 정치적 지위는 왕권보다 못하다고 할 수 없는데, 그 까닭은 반란이 거듭해서 일어났다는 것은 이미 그만큼 왕권이 약화되어 있었다는 것을 반증해주는 것이며, 왕 아래의 신하들이 왕에게 충성을 다하지 않는 한 반란은 쉽게 진압되지 않을 것인데, 그 중심에 김부식이 위치하면서 반란을 진압했다는 것은 그 후의 실질적인 권력이 김부식에게 집중될 수밖에 없다는 점을 자연스럽게 말해주고 있기 때문이다. 그리고 이미 많이 연구되었듯이, 묘청은 서경 출신의 승려인 반면, 김부식은 신라 마지막 왕인 경순왕으로 대표되는 경주 김씨의 후손이었다. 경순왕은 고려와의 전쟁에 패한 것이 아니라 스스로 고려 태조에게 항복을 함으로써 지방의 거대 호족으로서의 지위를 얻었다. 이 때문에 학자들은 묘청의 난을 서경파와 개경파의 정치적 대결로 보기도 하는데, 이러한 사실들이 시사하는 바는 매우 많다. 왜냐하면 여기서부터 김부식의 실천적 역사관을 읽을 수 있기 때문이다.

　　김부식의 형제는 모두 4명이었는데 그중 3형제가 관직에 올랐으며, 비록 과거를 통해서 관직에 올랐다고는 하지만, 관직에 오른 다음에는 계속 승진하기를 바라는 게 사람의 마음이다. 그런데 김부식은 그 당시 왕권과 맞먹는 문하시중의 자리에까지 올랐는데, 그 다음에 할 일은 반란을 일으켜 왕이 되지 않는다면 지위를 유지하는 게 최선이었을 것이다. 대외적인 상황은 송나라와 적극적인 우호관계를 가지고 있었지만, 대내적으로는 반란이 진압되었다고 해서 정치적·사회적 상황이 곧바

45　위의 글, 17쪽.

로 안정되지는 않았을 것이고, 그렇다면 김부식은 정치·사회적 상황을 안정시키기 위해 무엇을 생각했을까? 그것은 바로 지난 역사를 통해서 당시의 상황을 극복할 수 있는 방법이었을 것이다. 말하자면, 당시로는 현재와 미래의 역사를 실천적으로 이끌 '이념'이 필요했을 것인데, 김부식이 자신의 사관으로 정립한 것이 바로 '유교사관'이었다는 말이다. 그렇다고 해서 저자가 유추하는 이런 내용이 역사에 기록되어 있는 것은 아니다.

그러나 이렇게 유추할 수 있는 근거가 바로 「진삼국사기표」의 내용이다. "군주의 착하고 악함, 신하의 충성됨과 사특함, 국가의 안전함과 위태로움, 백성의 다스려짐과 어지러움"이라는 내용 가운데 군주는 당시의 인종을 칭하지는 않았을 것이고 신하는 김부식을 일컫지도 않았을 것임에는 분명하다. 오히려 인종과 김부식을 위해서 그리고 고려라는 국가의 안전함과 위태로움을 바로 잡기 위해서는 백성들이 어지럽지 않게 잘 다스려져야 한다고 생각했을 것임에는 분명하다. 그러기 위해 필요한 사관이 유교사관이었다는 말이다. 『삼국사기』 사론뿐만 아니라 내용 곳곳에는 나라와 왕에 대한 충성, 소국의 대국에 대한 예의에 관한 기록이 무수히 많다. 흔히 유교 도덕을 말할 때 충과 효를 대표적으로 들고 있지만, 효에 관련된 내용은 『삼국사기』에서 찾아보기가 흔하지 않다. 이와 같은 사실들은 사대사관을 말하기 이전에, 인종 또는 고려 왕실과 김부식 자신을 위한 것이 아니었을까 하는 의문을 품게 하기도 한다. 즉, 국가의 안전함과 위태로움이 군주의 착하고 악함이나 신하의 충성됨과 사특함에 따라서 좌우되기도 하지만, 실제로는 백성 — 이자겸이나 묘청도 백성이었으므로 — 이 어지럽지 않게 잘 다스려지면, 당시와 그 이후의 군주나 신하는 지위를 안정적으로 유지할 수 있었을 것이기 때문이다. 따라서 인종과 김부식은 『삼국사기』를 통해서 신하와 백성들이 군주와 국가를 위해서 무엇을 어떻게 행해야 하는지를 유교윤리를 바탕으로 가르쳐야 하는데, 그 수단으로 삼국의 역사를 유교사관으로 새로이 편찬한 것이라고 유추할 수 있는 것이다.

이와 같은 유추가 타당하다면, 이러한 내용이 실천적 역사와 어떻게 관련되는지를 논해야 한다. 앞에서 논했듯이, 실천적 역사는 현재 그리고 미래와 관련이 있다. 김부식이 당시에 삼국의 역사를 다시 편찬한 것은 당시의 상황과 그 후의 역사를 염두에 두었기 때문이지 단순히 과거 삼국의 역사 기록이 거칠고 졸렬하며 빠진 기록이 있어서만 그런 것을 아니었음에는 분명하다. 왜냐하면 빠진 기록이 있었다면 그 당시 존재했던 우리나라의 모든 역사서를 참고하면 되었을 텐데 굳이 중국 측의 사료를 적극적으로 인용할 까닭이 없었을 것이며, 사론을 덧붙이면서 유교경전을 근거로 평가할 까닭도 없었을 것이기 때문이다. 이는 김부식이 자신의 후손들과 그 후의 고려왕들이 적어도 역사적으로 특별한 난관이 없이 나아가기를 바랐던 마음이 컸기 때문이었다고 할 수 있다. 그러기 위해서 삼국의 역사를 새로이 편찬하였고, 거기에는 유교적 사관이 뒷받침되어야만 충성과 예의를 바탕으로 흔들림 없는 통치체제가 유지될 것이라고 판단하였을 것이다. 이러한 관점이 당시 김부식이 가졌던 실천적 역사관이었을 것이고, 그러한 내용이 『삼국사기』 사론에 그대로 반영되어있다.

인간의 삶은 예나 지금이나 사유를 통한 반복적인 실천을 통해서 역사의 주체가 되는지 객체로서만 머물러버리는지가 결정된다. 이때의 주체와 객체는 다른 사람에 의한 판정이나 판단의 문제가 아니라 스스로가 자신에게 가지는 의식의 문제이다. 그렇지만 실천적으로 행위하는 사람들을 보면 정치적 권력을 가진 경우가 대부분인데, 가끔은 그렇지 않은 사람들도 있다. 자신이나 자신이 속한 집단의 현재와 미래를 위해 실천적으로 행위하는 사람들은 당시의 사회제도나 도덕적 관념 또는 현재적인 시대이념이나 역사이념을 극복하려고 시도하는 경우가 대부분이다. 그러한 사람들 가운데 한 사람으로 일연을 들 수가 있다.

2)『삼국유사』와 실천적 역사

흔히 실천이라고 하면 사람들은 눈에 가시적으로 보이는 적극적인 행동을 떠올리기 쉬울 것이다. 인간의 육체적인 행동은 본능적인 반사행위 등을 제외하면 실제로는 정신적인 사유의 결과로 드러나는 행동인데도 불구하고, 행동을 유발하는 직접적인 동기이자 행동의 근거인 사유의 활동을 제외해버리는 경향이 있다는 말이다. 그렇기 때문에 인간 사회에서도 실천가라고 하면 보통은 육체적인 행동을 먼저 취하는 사람이라고 오해하기가 쉽다. 물론 틀린 말은 아니다. 하지만 마르크스를 예로 들어보면, 그는 1883년에 사망하였지만 그 후 100년이 넘는 세월동안 지구상 절반이 넘는 인구와 지역이 그의 사상을 추종하였다. 말하자면 마르크스는 비록 죽었지만, 그의 이론은 그가 죽고 난 다음에 오히려 훨씬 더 큰 영향력을 발휘하여 인류의 절반 이상으로 하여금 행동하게 만들었던 것이다. 그렇다면 마르크스는 이론가일까 실천가일까? 정확하게 답하자면 그는 실천가가 아니라 이론가였다. 그런데 그의 이론은 적극적인 실천을 유발시켰다. 따라서 그는 실천가였기도 하였으며, 의미상으로는 지금 현재에도 여전히 그는 이론가이자 동시에 실천가로서 막대한 영향력을 행사하고 있는 중이다.

또 다른 예로 소크라테스(Sokrates, B. C. 470~B. C. 399)의 지행합일(知行合一) 사상을 들 수 있다. 소크라테스에 따르면 인간의 악행은 무지(無知)에서 온다고 하였는데, 이때의 무지란 선(善)에 대한 무지를 말한다. 즉, 그는 인간이 선을 알면 반드시 선을 행할 것인데, 악행을 저지르는 까닭은 선이 무엇인지를 모르기 때문이며, 더욱 근본적으로는 인간이 이렇게 자신이 선에 대해서 무지하다는 사실조차 모르고 있다는 것이 문제라고 가르쳤다. 그렇기 때문에 이러한 근본적인 무지를 깨닫게 하기 위해 '너 자신을 알라!'라는 경구를 이용하였던 것이다. 이처럼 소크라테스는 아테네의 청년들에게 인간의 근본적인 무지가 무엇인지를 가르쳤을 뿐인데도 당시의 아테네 관리들은 그를 선동가라고, 위험인물이라고 하여 독배를 내려서 사형시켰다. 소크라테스는 청년들과의 끊임없는 대화를 통해 청년들 스스로 자신의 무지를 깨닫고 참다운 지식으로 살아가기를 바랐던 것뿐이다. 그런데도 아테네 당국이 그를 사형시킨 것은 그를 적극적인 실천가로 간주했다는 사실에 대한 반증(反證)이다. 따라서 이론은 이론으로만 그치지 않으며, 이론에서 유발되는 실천은 동시에 도덕적으로 선·악의 문제와 결부되는 경우가 대부분이다.

역사, 즉 과거 사건에 대한 기록은 그 자체적으로는 이론도 아니고 더구나 실천을 요구하는 기록도 아니다. 만일 사건에 대한 기록을 남기면서 사람들을 선동하거나 특정한 행동을 요구하는 표현을 한다면, 그것은 역사서가 아니라 평론집으로 간주되어야 한다. 하지만 『삼국사기』도 『삼국유사』도 기본적으로는 이론이나 실천과는 아무런 관련이 없다. 그런데도 후세들은, 즉 우리는 『삼국사기』나 『삼국유사』의 내용으로부터 영향을 받으며, 그 영향에서 비롯되는 실천적 행위를 하기도 한다. 앞서 인용한 바 있지만, 『삼국유사』 「기이」 편에서 일연은 중국의 예를 들면서 "그렇다면 삼국(三國)의 시조가 모두 신비스러운 데서 탄생했다는 것이 무엇이 괴이하랴. 이것이 이 책 첫머리에 실린 까닭이며, 그 의도도 여기에 있는 것이다[意在斯焉]"라고 하였다.

여기서 일연은 자신의 의도를 분명하게 밝히고 있는데, 중국의 각 나라의 시조나 삼국의 시조나 모두 시조로서 대등한 위치에 있음을 당시 사람들과 후세들에게 가르쳐 줌으로써 중국에 대한 열등감을 가질 하등의 이유가 없다는 점을 의도했을 것이다. 이러한 점은 앞에서 여러 번 논했듯이, 당시 고려의 대내·외적 상황을 고려해보면 더욱 분명해질 것이다. 이 「기이」 편에 바로 이어지는 내용이 「고조선」 조인데, 첫 마디가 "『위서(魏書)』에 이런 말이 있다. '요(堯)와 같은 때였다고 한다"이다. 현재 우리나라에서는 『삼국유사』, 『제왕운기』, 『세종실록 지리지』, 『동국통감』, 『응제시주(應製詩註)』 등에 근거해서 단군기원(檀君紀元)을 기원전 2333년으로 계산하는데, 중국 측의 문헌인 사마광(司馬光)의 『계고록(稽古錄)』과 유서(劉恕)의 『자치통감외기(資治通鑑外紀)』에 근거해서 전설상의 요(堯)임금의 즉위년과 시기가 거의 같다는 것을 밝히고 있다. 그렇다면 『삼국유사』가 인용한 『위서(魏書)』는 저술 연대가 기원전 333년경이라고 보아야 하며, 현재 단군조선에 관한 기록을 전하는 『위서』가 존재하지 않는다고 하여 결코 그 기록이 조작이라고 해서는 안 될 일이다. 우리나라에서도 어떤 연유에서건『삼국사기』이전의 우리 역사서가 존재하지 않고 있는 것처럼, 중국 측의 자료도 마찬가지로 여러 가지 사정으로 망실되었을 가능성이 있으며, 다만 일연이『삼국유사』를 저술할 당시에는 그 기록이 분명히 있었다고 추정할 수 있기 때문이다.

이에 근거해서 보면 일연은 실천적 역사를 염두에 두었음이 틀림없다. 그렇지만 일연이 생각한 실천적 역사는 당시 몽고에 대항하여 행동으로 표출하는 실천은 아니었을 것이며, 당시 사람들과 후세 사람들이 우리 역사에 대한 자긍심을 가지고 험난한 현실이 닥치더라도 극복할 수 있는 역사적 정신의 실천을『삼국유사』를 통해서 나타내었을 것이라는 추론이 가능해진다. 즉, 일연은 육체적 행동으로 나타내는 실천이 아니라 정신적 활동을 염두에 둔 실천을 목적으로 했으리라는 말이다.

인간의 삶에서 육체적 피로와 정신적 피로를 구별할 경우, 육체적 피로가 있다고 해서 반드시 정신적 피로가 뒤따르지는 않지만, 정신적 피로가 있을 경우에는 육체적 피로가 반드시 수반되는 현상을 우리는 항상 경험하고 있다. 이와 마찬가지로, 육체적 실천을 위해서도 선행되어야 할 것은 언제나 정신적 실천인데, 일연은 바로 이 점을 분명하게 인식했던 것이라고 볼 수 있다. 그렇다고 해서 일연이 육체적 행동을 부추기기 위해서『삼국유사』첫머리를 그와 같이 서술했다는 말이 아니라, 육체적 행동 이전에 정신적 활동, 즉 정신적 실천이 훨씬 더 중요하다는 것을 알고『삼국유사』를 저술했을 것이라는 말이다.

그런데 역사의 기록은 가치중립적이어야 함에도 불구하고, 현재 일어나고 있는 사건에 대한 보도 또는 과거의 기록들을 보면 그렇지 않은 경우가 대부분임을 알 수 있다. 가깝게는 현재에도 세계 곳곳에서 일어나고 있는 하나의 전쟁을 두고 기독교권, 특히 미국에서는 '테러와의 전쟁'이라고 부르는 반면에, 이슬람권에서는 '성전(聖戰)'이라고 부른다. 이 두 경우에 공통점은 '전쟁'이라는 사실인데, 여기에 각 측은 서로 자신에게 유리하다고 생각되는 수식어를 덧붙이고 있다. 테러와의 전쟁이건 성전이건 간에 전쟁에서는 수많은 무고한 사람들이 죽을 수밖에 없다. 이것이 도덕적으로 절대 악이라면 무조건 있어서는 안 될 현상인데도 불구하고 현실에서는 각각 자신들의 명분하에 전쟁을 치루고 있다. 그런 전쟁의 기록을 남기는 사람들은 어디에 속해 있을까? 적어도 제3자의 입장에서 기록하는 게 아니라면, 그 내용은 왜곡될 수밖에 없음을 결코 피할 수 없을 것이다. 그런데 도대체 어찌하여 이런 역사의 왜곡이 벌어질까? 그 이유는 오직 하나, 자기 민족이나 국가에게 유리한 방향으로 기록을 남기기 때문이다. 그리고 남겨진 기록은 후세에 다른 실천을 유발하기 때문이다. 따라서 기록은 과거의 사실로만 머물러버리는 게 아니라 현재와 미래에도 끊임없이 영향을 끼치는, 실천의 원동력이라고까지 간주할 수가 있다.

이 때문에 제2차 세계대전 이후 "일본에서는 태평양전쟁이라는 명칭이 공식적으로 사용되어 왔다. 이 명칭은 처음에 미국이 사용한 것으로, 주된 전장이 태평양 지역이었기 때문에 붙여진 명칭이다. 이에 대해 일본 정부는 대동아전쟁이라는 명칭을 썼는데, 패전 후 전쟁의 성격에 대한 미국 측의 규정을 받아들일 수밖에 없게 되어, 태평양전쟁을 공식명칭으로 사용하게 되었다. (…중략…) 일본 정부는 대동아전쟁이란 전쟁 지역을 대동아에 한정한다는 뜻이 아니라 대동아의 신질서 건설을 목적으로 하는 전쟁을 뜻한다 하고, 여기에 서구 제국주의에 대한 아시아 식민지의 독립전쟁이라는 의미를 부여하였다. 즉, 태평양전쟁이 '추축국 = 전체주의 대 연합국 = 민주주의'의 대결 구도로 파악하는 데 대해, 대동아전쟁은 '서구제국주의 대 아시아식민지'의 대결 구도로 파악되는 것이다."[46] 이러한 기록들을 보면 역사의 기록들이 단순히 기록으로만 머물고, 당대 또는 미래에 정신적으로나 육체적으로나 사람들로 하여금 그 어떤 실천적인 행위를 유발할 목적이 없는 것처럼 생각할지 모르지만, 사실은 전혀 그렇지 않다는 것을 우리는 잘 알 수가 있다. 어떤 사건이든지 기록으로 남긴다는 자체가 이미 무엇인가를 목적으로 한다는 뜻을 내포하고 있다. 하지만 그것이 무엇인지는 기록을 읽는 사람마다 얼마든지 다를 수 있다. 그렇기 때문에 하나의 기록을 두고 서로 다른 관점에서 읽고 해석하여, 이해하는 바가 상반될 경우 상대의 견해를 두고 역사를 왜곡한다고 평하는 것이다.

그렇다면 동일한 기록을 두고 의미를 왜곡하는 경우는 왜 발생하는가? 그것은 역사의 기록에서 역사의 이념을 각각 다르게 찾아내고, 그에 따라서 현재와 미래의 역사가 자신들이 원하는 방향으로 나아가기를 바라기 때문이다. 즉, 현재와 미래 역사의 방향성을 자신들이 원하는 방향으로 설정하는데 있어서 과거의 역사를 바탕으로 해야만 자신들은 역사적 책임을 회피할 수 있기 때문이다. 이것이 바로 실천적 역사이며, 역사가 목표로 하는 실천성이기도 하다.

『삼국유사』도 일연 나름대로 이와 같은 분명한 목적의식하에서 저술하였다고 할 수 있다. 「기이」 편을 보더라도 『삼국사기』 「본기」 편과는

---

46 한영혜, 『일본사회개설』, 한울아카데미, 2001, 127~129쪽.

다르게, 고조선(古朝鮮), 위만조선(衛滿朝鮮), 마한(馬韓)을 비롯해서 말갈
발해(靺鞨渤海), 가락국기(駕洛國記) 등을 삼국의 왕들과 함께 기록함으로
써 우리 역사의 시간적 정통성과 공간적 중요성을 강조하였고, 연오랑
(延烏郎) 세오녀(細烏女), 도화녀(桃花女) 비형랑(鼻荊郎), 수로부인(水路夫人)
등 다양한 사람들의 신이함을 통해서 반드시 왕이 아니더라도 왕조를 유
지하는 데에는 일반 백성들의 공헌이 있다는 점을 부각시켰다고 할 수
있다. 그리고 「흥법(興法)」과 「의해(意解)」 편은, 일연이 불교승려였기 때
문이라는 사실과 상관없이, 삼국 불교의 위대성이 중국과 견주어 결코
뒤지지 않음을 주장하기 위한 저술이라고 생각된다. 마지막으로 「신주
(神呪)」, 「감통(感通)」, 「피은(避隱)」, 「효선(孝善)」 등은, 불교적 의미를 제
외하더라도, 백성들에게서도 나타난 신이함을 통해서 당시 고려 백성들
이 처한 난관을 극복하기를 바라는 일연의 염원이 담겨있다고 하겠다.
따라서 일연의 염원은 그 후의 역사적 실천을 염두에 두었음이 틀림없었
을 것이다. 일연의 그러한 염원을 저자는 '역사의 이념'이라고 칭한다.

　어떠한 역사서이건 간에 그 안에는 역사서를 저술한 사람의 역사적
관점이 반드시 내포되어 있다. 물론 실증적 역사를 강조하는 사람들 또
는 실증주의 역사만이 참이라고 주장하는 사람들은 특정한 역사적 관점
이 들어있는 역사서는 역사서로서의 가치가 없다고 평가할 수도 있을
것이다. 누누이 말하지만, 저자도 결코 실증적 역사의 중요성을 부정하
지 않는다. 그렇지만 역사서를 저술함에 있어서 저자가 제아무리 자신
의 관점을 배제하고 객관적으로 서술하려고 해도 마치 그림자처럼 무의
식중에 자신의 관점을 포함하여 저술할 수밖에 없을 것이라는 말이다.
따라서 역사서는 저자 자신이 전혀 의도하지 않더라도 어떤 식으로든지

실천이 수반되지 않을 수 없다. 또한 이렇게 보면 과거의 모든 역사서는 이념의 실현, 즉 실천을 염두에 두고 저술되었으며, 현재와 미래에 저술될 역사서도 역사적 이념의 실천과 실현을 목적으로 한다고 할 수 있다.

4. 역사와 형이상학 – 역사의 이념

기록으로 남겨진 역사 또는 역사적 사건은 도대체 왜 발생했을까? 아무런 연유가 없이, 그 어떤 근본적인 동력이나 근원이 없이 그저 우연히 발생한 것일까? 물론 그럴 수 있다. 말하자면 우연한 원인에 의해서 비롯되는 사건들이 나중에 역사로 기록되는 것들도 많다는 뜻이다. 그런데 인간을 포함한 자연계 전체에서 일어나는 일들 가운데 과연 우연에 의해서 발생한 일들이 있을까? 사람들은 사전에 예측하지 못했거나 과학적으로 증명할 수 없는 일들에 관해서 '우연'이라고 부르는 경향이 있다. 즉, 인간의 지식으로 다가설 수 없는 것들에 대해서는 '우연'이라고 부른다는 말이다. 이것은 분명히 인간의 오만한 태도이다. 인간이 가지고 있는 앎의 수준은 아직 우리 인간들조차도 모르고 있다고 해야 할 것이다. '과학적 증명'이라는 것도 알고 보면 인간이 알고 있는 과학적 지식과 법칙하에서만 가능한 것일 뿐이다. 그렇기 때문에 인간이 아직 알지 못하고 있는 자연계 전체의 법칙으로 보면 모든 것은 '필연'에 의해서 발생하는 것임에도 불구하고, 인간은 자신들이 '모른다'고 고백하지 않고 '우연' 또는 '기적'이라는 용어를 동원해서 핑계를 대거나 변명하기에 급급하다.

그러므로 역사적 사건뿐만 아니라 크고 작은 모든 사건은 결코 우연히 발생하지는 않는다. 다만 모든 사건을 역사적 사건이라고 하지 않을 뿐이다. 모든 사건은 인간의 행위에서 비롯되며, 겉으로 드러나는 가시적인 행위는 행위를 유발하는 비가시적인 사유활동이 전제되거나 적어도 동시에 수반된다. 즉, 인간의 사유활동이 역사적 사건이라는 실천을 야기하는데, 이 실천의 원인과 동력이 된 사유내용은 비가시적이다. 그리고 역사적 사건을 이끌만한 힘을 가지고 있는 사유내용을 우리는 보통 '역사적 이념'이라고 부른다.

역사적 사건이라는 실천행위는 반드시 그 행위를 유발한 비가시적인 이념이 배후에서 작용하고 있다. 그렇지만 이념이 있다고 해서 실천이 필연적으로 뒤따르는 것은 아니다. 특히 사람들이 말하는 소위 태평성대에는 이러한 시대를 이끄는 이념이 작용하고 있어도 특별한 사건이 발생하지 않는 경우가 많다. 이것은 『도덕경(道德經)』 17장의 "가장 훌륭한 지도자는 백성들이 그가 있다는 것만 알게 하는 사람이고, 그 다음은 그를 좋아하고 칭송하게 하는 사람이고, 그 다음은 그를 두려워하게 하는 사람이며, 그 다음이 그를 업신여겨 깔보게 하는 사람이다[太上 下知有之. 其次 親而譽之. 其次 畏之. 其次 侮之]"라는 내용과 매우 흡사하다. 이렇게 가장 훌륭한 지도자가 이끄는 세상에서는 백성들이 특별한 사건을 일으킬만한 까닭이 없는 것이다. 그렇다고 해서 그 지도자나 백성들이 아무런 생각 없이 살아가느냐 하면 전혀 그렇지 않다. 오히려 그와 같은 태평성대를 지속시키기 위해서 지도자는 끊임없이 고민하고 작은 불만이라도 해소하기 위해 노력할 것이다. 따라서 태평성대를 이끌어가는 지도자는 백성들의 전면에 나서는 게 아니라 배후에서 소리 소문 없이 자신의 역할을 수행하는 사람이라고 할 수 있는데, 그가 가지고 있는 지도이념이 가시적으로 드러날 리가 없는 것이다. 하지만 그와 같은 비가시적인 지도이념에 따라서 살아가는 백성들의 삶은 매우 구체적이고 가시적이며 실천적인 삶이다.

그렇다면 우리는 이처럼 비가시적인 역사의 이념을 어떻게 설명하고 이해할 수 있을까? 인간의 삶에서는 비가시적이면서도 삶을 이끌고 지표가 되는 것들이 많이 있다. 자유, 평화, 사랑, 신(神) 등과 같이, 그것이 무엇인지를 구체적이고 가시적으로 알고 있다고는 하지만, 사실은 가시적으로 증명할 수 없는 것들은 이념적 존재이다. 우리는 이것들에 대해서 직접 증명하려고 하기 보다는 오히려 자유가 아닌 것, 평화가 아닌 상태, 사랑이 아닌 것, 신이라고 할 수 없는 것들을 나열하는 편이 훨씬 더 편하고 쉬울 것이다. 그렇기 때문에 이들을 대상으로 하는 학문을 '형이상학(形而上學)'이라고 부른다. 형이상학의 대상에 관련된 지식은 개별적이고 특수한 지식에 속하는 게 아니라 보편적이고 전체적인 지식이다. 따라서 역사를 이끄는 이념은 보편적이고 전체적이지만 사건은 언제나 개별적이고 특수하다.

이에 따라서 보면 역사와 형이상학의 관계는 역사적 사건과 형이상학적 이념의 관계와 같다. 즉, 역사는 사건의 기록이며 그 사건을 유발시키는 이념은 형이상학적 이념으로서 사건을 주도한다. 인간이 행위를 하는 것도 의식적이건 무의식적이건 사유가 의지와 결합하여 행동으로 나타나는 것이다. 사람이 무언가를 생각한다는 것은 행위를 할 가능성을 내포하고 있다. 이렇게 아직은 생각 속에 있는 것이 '이념'이다. 개인에게도 이러할진대 역사적 사건을 주도할 정도의 이념이라면 우리는 그것을 '역사의 원리' 또는 '역사의 추동력'이라고 불러도 무방할 것이다. 역사적 이념의 현실화로서의 사건은 가시적이며 과거의 사실이 되어버리지만, 비가시적인 이념은 현재에도 미래에도 여전히 계속해서 역사를 주도하고 사건을 야기할 수가 있다. 반대로 과거의 사건을 발생시킨 이념이 현재와 미래에도 계속될 수 있지만 전혀 다른 이념으로 대체될 수도 있다. 말하자면 과거의 사건은 변할 수 없는 사실로 남지만, 이념은 언제든지 바뀔 수 있는 불확실성이라는 말이다. 따라서 이념은 형이상학적 대상이지만 현실화된 이념인 사건은 인식의 대상이다.

인간의 삶에서 사건은 수없이 많이 일어나지만 그 모든 사건이 동일한 역사적 이념에 의해서 야기되는 것도 아니다. 이런 사건들 가운데 사건을 야기한 배후의 정신적 토대가 유사성이나 공통점을 가지고 있을 때, 나중의 평가에 의해서 역사를 주도한 이념으로 간주되는 것이다. 만일 그러한 이념이 시대와 국경을 초월하여 범세계적으로 적용된다면, 그것은 세계사를 이끄는 '세계사적 이념'으로 평가를 받기도 한다. 그런데 과연 그러한 세계사적 이념이 존재할 수 있을까?

"아리스토텔레스는 존재하는 모든 것에 관한 여러 분야의 연구를 수행하여 그 성과를 physica(자연학)라는 명칭하에 총괄하였다. 그는 이것에 만족하지 않고, 마치 희랍의 자연철학자들이 만물의 원리로서 아르케(Arche)를 탐구하였듯이, 자연학의 근본 원리에 관한 연구를 수행하였다. 따라서 그 원리는 자연학의 대상을 초월(meta / trans)해 있지 않으면 안 될 것이다. 그렇다면 자연학의 대상들은 가시적(可視的 / anschaulich)인 반면에, 이것의 원리는 비가시적(非可視的 / unanschaulich)일 것이다. 원래는 아리스토텔레스가 이에 관한 학문을 제일 철학(prote philosophia)이라고 명명하였는데, 이것이 나중에 **metaphysica**(ta meta ta physika)로 불린 까닭은 바로 위에서와 같은 연유로 인해서였다. 이와 같은 명칭이 **형이상학**(形而上學)으로 번역된 근거는 『주역(周易)』의 「계사(繫辭)」 편에 있는 '形而上者 謂之道 形而下者 謂之器'라는 말이다. 이는, 즉 형상을 초월해 있는 것을 일컬어 도(道)라고 하고, 형상을 가지고 있는 것을 기(器)라고 일컫는다는 말인데, 이에 따라서 보면, 형이상학이건 metaphysica이건, 이 학문의 대상은 비가시적일 수밖에 없다는 것을 알 수 있다."[47]

우리는 보편적인 '도(道)'를 생각할 수 있을까? 아직 언어로 표현되지 않고 단지 사유로만 머물 때에는 보편적이라고 할 수 있겠지만, 자신이 이해한 도를 다른 사람에게 설명하기 위해 언표(言表)하는 순간, 이미 그것은 보편적인 도가 아니라 개별적이고 특수한 도가 되어버린다. 그래서 '도가도(道可道)는 비상도(非常道)'라고 하는 것이다. '역사'에 대한 정의도 마찬가지이다. 역사적 사건 자체는 분명히 객관적이다. 하지만 그 사건을 기록하는 순간, 거기에는 이미 기록자의 주관적 관점이 개입되지 않을 수 없기에 기록은 보편성과 객관성을 상실해버린다. 그 후 다른 모든 요소를 배제하고 남겨진 기록 자체만을 볼 때에는 보편성과 객관성을 띠는 것 같은 착각을 하기도 한다. 그러나 그 기록을 후세 사람들이 읽고 해석하여 이해한 바를 다른 사람에게 전달하려 할 때는 다시금 전달자의 주관적 관점이 개입되지 않을 수 없다. 그렇기 때문에 카의 견해는 매우 설득력이 있다.

---

47 문성화, 『철학의 눈으로 본 민족사』, 193~194쪽.

역사 사실은, 사가가 그것에 부여한 중요성 때문에 역사 사실이 될 뿐이
므로, 순수하게 객관적일 수 없다. 역사에 있어서의 객관성 — 만일 우리들
이 이 편의적 용어를 그대로 사용한다면 말이다 — 이란 사실의 객관성이
아니라 관계의 객관성, 사실과 해석 사이의 관계의 객관성, 과거·현재·
미래 사이의 객관성이다.[48]

예를 들어, 사람들이 동일한 사건을 목격했을지라도 어떤 사람은 중
요한 사건이라고 생각하는 반면에 다른 사람은 전혀 중요하게 생각하지
않을 수도 있다. 그렇다면 중요하게 생각한 사람에 의해 기록된 사건이
역사적 사건으로 간주된다고 하더라도 무조건 객관적이라고 할 수는 없
는 노릇이다. 따라서 카의 견해처럼 100% 객관적이라고 인정할만한 역
사는 존재할 수가 없다. 그리고 카가 말하는 역사의 객관성이란 "관계의
객관성"인데, 그것이 모든 사람에게서 동의를 얻느냐 그렇지 못하느냐
에 따라서 '객관적' 또는 '주관적'이라는 평가를 받는 것이다. 그러므로
결국 역사에 있어서는 기록자의 관점도 문제가 될 수 있고, 해석자의 관
점도 문제될 수밖에 없기 때문에, 객관적 역사란 존재할 수가 없다.

블로크가 "본래 과거는 어떠한 것에 의해서도 변화할 수 없다. 하지만
과거에 관한 인식은 끊임없이 변화하고 개선되며 진보될 수 있다"[49]고
말하는 것도 변화할 수 없는 과거의 사실을 의미하는 것이지, 거기에 개
입된 주관적 측면을 제외한 것은 아니다. 역사가는 가시적인 사건을 기

---

48 E. H. Carr, 『역사란 무엇인가』, 153쪽.
49 마르크 블로크, 『역사를 위한 변명』, 89쪽.

록해야 하지만, 자신도 의식하지 못하는 사이에 평소에 자신이 가지고 있는 비가시적인 관점에 따라서 기록하는 일이 발생하는 것이다. 이런 일은 역사 기록을 살펴보면 매우 흔하게 일어난다는 것을 알 수 있다. 또한 '역사는 항상 새롭게 다시 써져야 한다'는 주장은, 기록 자체에 대한 진실왜곡의 문제가 아닌 한에서, 재해석 가능성을 말하는 것이다. 즉, 새로운 관점으로 기록을 해석하고 이해할 것을 주장한다는 말이다. 또는 역사의 기록 속에서 새로운 역사의 이념을 찾아낼 것을 주장한다는 뜻이기도 하다.

'관점(觀點)'이라고 할 때 일상생활에서는 인생관, 가치관, 세계관 등과 같은 용어를 쉽게 떠올릴 수가 있다. 이것을 역사와 관련지어 말하면 '역사관'이 될 것이다. 그런데 다른 용어와는 달리 '역사관'이라는 용어는 역사를 전문적으로 연구하는 사람들 또는 역사에 대해 일관된 생각을 가진 사람들을 제외하고는 적용하기가 쉽지 않다. 역사에 대한 단편적인 지식은 배움을 통해서 얻을 수 있지만, 과거의 특정한 시대 또는 특정한 역사가에 대한 전체적인 '역사인식'의 문제는 전문적으로 연구하지 않으면 그만큼 제대로 알기가 어렵다는 뜻이며, 더구나 역사의 이념과 관련된 '역사의식'의 문제는 전 시대를 관통하는 역사에 대한 관점이 없으면 더더욱 정립하기가 어려울 수밖에 없다. 이처럼 정립하기 어려운 문제가 바로 역사이념의 문제이고 역사의식의 문제이기 때문에, 역사서를 남긴 사람들이라면 또는 평생을 역사를 연구하면서 보낸 사람들이라면, 자신은 전혀 의식하지 못했다고 하더라도, 자신의 연구결과물 속에 특정한 관점이나 이념을 드러내는 것은 지극히 자연스러운 일이라고 해야 할 것이다. "그리고 그들은 이러한 이념이 역사를 이끌어간다고 생각한다. 이때의 이념은 이념을 드러내는 사람들의 관점 — 이 관점이 실제로는 개인적일 수도 있고 시대적, 사회적일 수도 있다 — 에 근거한다."[50] 따라서 『삼국사기』도 『삼국유사』도, 김부식도 일연도 저자의 이와 같은 주장으로부터 자유롭지 못하며, 저자 역시 저자의 주장으로부터 자유롭지 못하다.

많은 연구자들이 김부식과 일연의 역사적 관점을 각각 유교사관과 불교사관이라고 부르는 것은 바로 위에서 말한 저자의 주장 때문이며, 『삼국사기』와 『삼국유사』에서 역사의 이념을 각각 유교적, 불교적이라고 하는 것도 마찬가지이다. 물론 김부식도 일연도 역사의 원리라든가 역사의 이념 같은 용어를 사용하지 않았다. 그렇지만 그들은 각각 삼국의 역사를 유교적 관점과 불교적 관점에서 논하고 있다. 말하자면 그들은 역사의 이념이 각각 유교적이어야 하고 불교적이어야 한다고 생각하는 내용이 『삼국사기』와 『삼국유사』 곳곳에 있다는 뜻이다. 아리스토텔레스가 자연의 배후에서 자연을 자연으로서 존재하게끔 한 근원적인 원리를 탐구했던 것처럼, 김부식과 일연은 역사적 사건의 배후에서 역사를 주도해야 하는 원리를 유교와 불교에서 찾았다는 말이다. 그것도 각각 유교 윤리와 불교 사상에 근거해서 말이다.

---

50   문성화, 『철학의 눈으로 본 민족사』, 196쪽.

1) 『삼국사기』와 역사의 이념

『삼국사기』는 단재 이후 많은 연구자들이 주장한 것처럼 유교 중심의 사대적인 개악서가 아니었다. 12세기의 시대정신과 사회상을 고려할 때 범람하는 중국 중심의 풍조에서 우리나라를 찾으려는 노력을 하고 있었음은 물론이다. 따라서 이 책은 동양의 전통사학이 갖고 있는 술이부작(述而不作)의 객관적 서술 자세를 이 땅에 뿌리내리게 하였으며, 정부주도의 관찬(官撰)이라는 역사편찬의 모델을 정착시켜 주었다. 이러한 역사서술은 한국의 전통사학을 크게 발전시켜 조선조 초의 역사서술 특히 『고려사』 등의 편찬에 기여하게 되었다.[51]

고려 중기에 와서 극성을 보이게 된 문신 귀족정권은 왕도(王都) 중심·중앙귀족 중심의 지배체제를 구축하고 있었다. 이 지배체제는 지방적 호족적(豪族的)인 사회세력의 정치참여를 거부하는 방향의 독선(獨善)을 자행함으로써 점차 기층사회(基層社會)와의 괴리를 크게 해갔는데, 이에 복무한 것이 유교적 전제정치의 이념이었다. 유교 이념에 의거한 중앙귀족정치의 전제화(專制化)에 따라 국가와 사회, 정권과 민중 사이의 유리가 보다 크게 초래된 것이다. 뿐 아니라 이러한 유리의 필연의 귀결은 오히려 그 지배체제 내부의 반목과 전통적인 자주의식의 상실이었다. 귀족 지배체제는 사회와 민중으로부터의 이질적인 유리에 따른 자체의 취약성을 도호하기 위하여, 그리고 체제내의 반목에서 살아남기 위해서는 종래 야만시해온 여

---

51 신형식, 『삼국사기의 종합적 연구』, 697쪽.

진(女眞)에 대한 신사(臣事)도 부득이 하였으며, 나아가서는 비록 현실성에 있어서는 문제가 있었다 하더라도 그 여진을 제압한다고 표방하고 나선 묘청(妙淸) 등의 칭제건원(稱帝建元) 운동과 이 운동의 가능 지반이었던 전통적인 자주의식마저 잔해(殘害)하는 독선을 자행하였다. 김부식의 『삼국사기』는 이러한 유교적 전제적 문신 귀족정권의 독선적인 승리의 기념물과 같은 것으로 편찬되었다 할 것이다.[52]

인용문에서 보듯이 어찌하여 『삼국사기』에 대한 평가가 극명하게 엇갈릴까? 『삼국사기』를 연구하는 연구자들이 의도적으로 평가를 하지 않는 한, 평가 결과가 극명하게 엇갈린다는 사실은 믿기가 어려운 일이다. 인용문을 보면, 『삼국사기』의 문제가 김부식이 역사의 이념으로 삼은 유교 때문인 것으로 보는 게 아니라, 『삼국사기』의 편찬 책임자인 김부식 개인에 대한 평가로 보인다. 역사의 이념과 역사와의 관계는 수많은 사건 가운데 역사적 사건이라고 생각되어서 기록으로 남길만한 사건들에 대해 어떤 의미를 부여하여 평가하는 관계와 같다고 할 수 있다. 이에 따라서 『삼국사기』를 면밀하게 읽어보면, 특히 사론을 중심으로 하여 김부식이 모든 면에서 얼마나 유교적 이념에 경도되어 있는지를 쉽게 발견할 수 있다. 『삼국사기』에서는 특정한 사건이 유교적 이념을 바탕으로 해석되고 의미를 부여받고 있는 게 무척 많이 있다. 『삼국사기』에 맨 처음 기술된 사론도 당장 "임금이 즉위하면 해를 넘겨 원년을

52　김태영, 「『三國遺事』에 보이는 一然의 歷史認識에 대하여」, 이우성・강만길 편, 『韓國의 歷史認識』 상, 130~131쪽.

칭하는 것은 그 법이 춘추(春秋)에 상세히 있으니, 이는 고칠 수 없는 선왕(先王)의 법이다"[53]라는 문장으로 시작된다.

우리 역사에서『삼국사기』가 최고(最古)의 역사서로 남아 있기 때문에,『삼국사기』가 유교 이념을 바탕으로 삼국의 역사를 왜곡한 개악서인지 아닌지는 지금 알 길이 없다.「진삼국사기표」에 언급하고 있듯이, 어쨌든『삼국사기』가 그 이전의 역사서를 바탕으로 삼국의 역사를 다시 쓴 것은 사실이며, 사론이 김부식을 책임자로 한 편찬자들, 특히 김부식의 견해인 것도 분명하다. 그런데 사론을 덧붙인 것은 김부식이 생각할 때 특별한 사건이라고 생각되는 기록을 남기면서 행한 것인데, 그 내용에는 어김없이 '유교적 관점'을 바탕으로 평한 것이 포함되어 있다. 여기서 말하는 유교적 관점이란 결국 김부식의 역사관을 말한다. 말하자면, 김부식은 유교적 관점으로 삼국의 역사적 사건을 평가하여 사론을 썼으며, 당시 고려의 역사와 미래의 역사도 유교적 관점을 바탕으로 했을 때 올바른 평가를 받을 수 있는 방향으로 전개되어야 한다는 점을 분명히 밝힌 것이다. 김부식은『삼국사기』를 통해서 바로 이와 같은 점을 역사의 이념으로 내세우고 강조했다는 말이다.

이렇게 보면 역사의 이념이 비가시적이고 형이상학적이라고 해서 현실과 무관한 것이 아니라, 사실은 시·공간적으로 현실과 적극적으로 관계하고 있다는 것을 우리는 분명히 알 수 있다. 따라서 우리가 역사적 사건들을 보면서 역사의 이념이 무엇인지를 묻는 까닭은 역사적 사건들의 궁극적인 '근거'가 무엇인지를 알기 위해서라는 점, 그리고 이후의

---

53 『역주 삼국사기』 2, 95쪽.

역사는 어떻게 전개될 것인지를 예측하고 대비하기 위해서라는 점 때문이다. 『삼국사기』에 있는 두 번째 사론에서도 마찬가지로 중국에서 행한 것과 다른 점이 있으면 예의에 어긋나는 것으로 평가하고 있는데, 내용은 다음과 같다.

> 한(漢)나라 선제(宣帝)가 즉위하니 담당 관리가 아뢰었다. '남의 뒤를 이은 사람은 그의 아들이 되는 것입니다. 그러므로 자기의 아버지와 어머니를 낮추어야 하고 제사지낼 수 없으니, 이는 할아버지[祖宗]를 높인다는 뜻입니다. 이런 까닭에 황제의 낳은 아버지를 친(親)이라 하고 시호를 도(悼)라 하며, 어머니를 도후(悼后)라 하여 제후왕에 맞게 하여야 합니다.' (…중략…) 신라는 왕의 친척으로서 왕통을 이은 임금이 그 아버지를 받들어 봉하여 왕이라 일컫지 않음이 없었다. 이와 같을 뿐만 아니라 그 장인도 봉하여 역시 그러는 경우가 있었다. 이는 예의에 어긋난 일로, 진실로 본받을 만한 것이 못된다.[54]

이와 같은 평가가 과연 지난 역사에만 한정되는 것이라고 할 수 있을까? 위의 사론 바로 앞의 내용은 사실에 대한 기록뿐이다. 그렇다면 역사의 편찬자로서 행한 사론은 지극히 주관적인 관점을 바탕으로 당시와 미래의 역사가 나아가야할 방향과 지침을 제시한 것이며, 이에 대한 바탕으로 김부식은 분명히 유교이념을 들고 있는 것이다. 즉, 김부식의 관점에서 보았을 때 삼국의 역사는 비록 그렇지 못했을지라도, 앞으로의 역사는 유교이념이 주도해야 한다고 생각했던 것이며, 이에 바탕을 둔

---

54 『역주 삼국사기』 2, 118~119쪽.

다면 이후에 일어날 역사적 사건들도 예의에서 어긋남이 없을 것이라는 게 김부식의 생각이었다는 말이다. 더구나 그 이념이 유교적이건 불교적이건 간에 이념인 한에서는 보편적이어야 하며, 개별적이고 특수한 것으로서의 역사적 사건들도 근거이자 원인은 유교의 가르침을 보편적 이념으로 해야만 된다는 게 역사를 바라보는 김부식의 관점이었다. 만일 그렇지 않다면, 현실에서 발생하는 역사적 사건들은 시대를 관통하는 정신을 지니지 못하는 게 되기 때문에 모두 잘못된 사건일 것이고, 실제로도 김부식은 이와 같은 근거에서 묘청의 난을 진압했다고 할 수 있다. 따라서 묘청의 난은 유교이념에 비추어 볼 때 지극히 일어나서는 안될 사건이었기 때문에, 그러한 난을 진압한 것은 보편적 역사이념인 유교이념에 근거하면 정당하고 정상적인 행위였다는 의미이다.

역사가이자 정치가인 김부식은 삼국의 대부분의 역사적 사건을 충(忠)의 관점에서 역사를 재편찬하고 있다고 해도 과언이 아니다. 하지만 『삼국사기』의 모든 기록에 대해 충에 관한 사론을 덧붙인 것은 아니며, 특별히 유교적 관점에서 사론을 덧붙일 만하다고 생각된 사건들만 선택했다고 할 수 있다. 그렇다고 해서 그가 다른 기록들에 대해서는 유교적 이념을 적용하지 않았다고 말할 수는 없다. 왜냐하면 역사의 이념은 모든 사건의 근거이자 본질을 이루기 때문이며, 그렇기 때문에 역사에서 이념은 시대와 역사를 지배하고 관통하는 인간의 정신이라고 할 수가 있다. 다시 말해서, 삼국의 역사적 사건들이 유교적이었다는 말이 아니라, 그것을 파악하고 이해한 김부식의 정신이 유교적 이념에 바탕을 두고 있었다는 말이다. 즉, 김부식이 유교적 이념에 근거해서 삼국의 역사를 평가함으로써 『삼국사기』 전체를 관통하는 역사적 이념이 유교적으로 되어버리며, 왕을 포함한 삼국시대 모든 사람들의 정신도 유교적으로 조명된다는 말이다. 이것은 『삼국사기』의 내용뿐만 아니라 역사를 평가함에 있어서 매우 중요하며, 특정한 역사가의 사관에 따라서 과거의 역사가 어떻게 후세 사람들에게 읽혀질 수 있는가 하는 점에서 대단히 신중을 기해야 할 요소이다.

사관(史觀) 혹은 역사관(歷史觀, Geschichtsanschauung)이란 '역사를 어떻게 바라보느냐', '역사를 무엇으로 바라보느냐' 하는 입장이나 사상을 뜻한다. 이것은 마치 인생관이 '인생을 어떻게 바라보느냐' 하는 입장을 의미하고, 세계관이 '세계를 어떻게 바라보느냐' 하는 입장을 의미하는 것과 같은 동일한 이치이다. 그러므로 역사를 한 흐름으로 바라보면서 그 흐름의 시작과 과정, 그 마지막을 상정해 보려는 것이 사관론자들의 일반적인 방식이다. 그리고 사관은 역사철학과 밀접히 연결되어 있다. 왜냐하면 역사현상에 특정의 의미(meaning)와 가치(values)를 부여하여 그 속에 내재하고 있는 일관된 순서(order)와 계획(design) 그리고 자연과학에서와 같은 메커니즘(mechanism)이나 통칙(generalizations)을 찾아내려는 학문분야가 바로 다름 아닌 역사철학이기 때문이다. 다시 말해서 이것은 사관이나 역사철학이 역사의 형이상학(meta-history)에 속하고 있다는 것을 의미하는 것이다.[55]

이렇게 김부식의 역사관을 보면, 『삼국사기』는 삼국시대의 여러 사

---

55 임희완, 「사관론」, 이범직·김기덕 편, 『한국인의 역사의식』, 64쪽.

건을 파악하고 이해하여 해석한 김부식의 정신에 의해서 삼국 역사의 본질과 이념을 유교적으로 드러낸 것이라고 할 수 있다. 김부식의 역사관이 대상으로 삼은 것의 이념을 형이상학적 입장에서 주제화한다면, "이것은 형이상학이 이 대상에 대해 반성하는 것이며, 이때 이념은 역사의 원리로서 파악된다. 이와 같은 점은 역사학 자체에서 다루어지는 것이 아니라 형이상학과의 관계에서 가능해진다. 이러한 역사의 원리가 한편으로는 정신에 의해서 파악되고 규정되지만, 다른 한편으로는 역사적 사건 자체의 원리라고도 할 수 있다."[56] 따라서 삼국 역사의 본질은 그 역사에 기록한 사건들을 탐구할 때 드러나며, 이때『삼국사기』에 기록된 사건들의 보편적 의미가 밝혀진다. 이렇게 보면 형이상학은『삼국사기』에 기록된 역사적 사건들이 유교적 이념을 통해 관통되는 한에서 삼국 역사의 본질을 탐구하는 것이라고 하겠다. 즉,『삼국사기』에 기록된 역사적 사건들에는 삼국시대를 관통하는 어떤 이념이 내재해 있을 것이며, 형이상학은 그러한 이념을 지닌 사건 자체에 대해서 묻고 반성하는데,『삼국사기』에서 처음부터 끝까지 관통하고 있는 이념이 바로 유교이념이라는 말이다.

이 장(章) 처음에 인용한 글에서 보듯이,『삼국사기』에 대해 긍정적으로 평가를 하건 부정적으로 비판을 하건 간에,『삼국사기』를 관통하면서 동시에 전제되어 있는, 그러면서도 사상의 근거로 작용하고 있는 게 유교이념이라고 하는 데에는 아무도 부정할 수 없을 것이다. 연구자에 따라서는 선진유가(先秦儒家) 당시 중국에는 불가(佛家)와 도가(道家) 사

---

56 문성화,『철학의 눈으로 본 민족사』, 199쪽.

상도 있었지만 그중에서 유가 사상이 가장 현실적이었기 때문에, 유가에 대해서 이념이나 형이상학을 운운하는 것 자체가 잘못되었다고 말하는 사람도 있을 수 있다. 맞는 말이다. 불가와 도가에 비해서 유가가 상대적으로 현실에 훨씬 더 많은 관심을 기울이고 현실 윤리와 현실 정치의 나아갈 바를 제시한 것은 맞다. 하지만 이러한 평가는 현실만 보았을 때 가능한 것이지, 유교적 가르침이 미래 사회에도 그대로 적용되어 인간의 삶을 이끌어야 한다고 주장하는 한, 그러한 가르침은 현실의 윤리가 아니라 미래의 '이념'이라는 사실을 알아야만 된다. 그렇기에 김부식은 유교이념이 역사를 지배하고 이끌어야 하는 역사의 원리라고 생각했을 것이고, 이러한 면이 그의 사론에 고스란히 표현되고 있다는 것은 『삼국사기』를 이해하려 할 때 매우 중요하다.

2) 『삼국유사』와 역사의 이념

『삼국유사』에는 당시의 불교와 사회모순에 대한 강한 비판의식이 드러나 있다. 세속적인 명리에 집착하거나 취처하고 사치를 일삼는 부도덕한 승려들을 강력하게 비판했으며, 무질서한 반승(飯僧)이 성행하던 고려 왕실도 비판의 대상이 되었다. 그와 함께 서민과 대중불교에 대한 애착이 분명히 드러난다. 노비들의 출가 수행과 이에 따른 왕생 사례를 여러 군데서 찾아볼 수 있는 것은 불교신앙의 과제는 바로 중생의 구제임을 일연이 뚜렷하게 의식하였기 때문에 가능한 것이었다. 사람들의 갖가지 어려움을 해결해주는 관음신앙(觀音信仰)에 관한 사례가 가장 많이 나타나는 것도 당시 고통 받던 서민들에 대한 인식이 분명한 데서 비롯된 것이다. 민족 자주성의 강조와 서민의식의 표현은 이 시기 고려사회의 주도적인 인식이었다.[57]

위의 인용문 내용뿐만 아니라『삼국유사』의 역사관을 평가한 여러 글을 보면, 일연이 불교적 관점에서『삼국유사』를 저술했다는, 어찌 보면 당연하다고 할 수 있는 평가를 논외로 하더라도,『삼국사기』에 대한 평가와는 달리『삼국유사』에 대해서는 매우 우호적으로 평가를 하고 있음을 알 수 있다. 방금 저자가 '당연하다'고 표현했지만, 역사의 이념과 관련해서 세부적으로는 무엇이 당연한 것인지를 논해야 할 것이다. 먼저 일연이 불교승려이기 때문에『삼국유사』를 불교적 관점에서 저술했다는 평가이다. 이것은 마치 문하시중을 역임한 김부식이『삼국사기』를 편찬함으로써『삼국사기』에 자연스럽게 자신의 정치적 관점이 드러난 것과 같다고 하겠다. 그것이『삼국사기』에서는 유교적 이념을 바탕으로 표현된 반면에,『삼국유사』에서는 불교적 이념이 나타날 수밖에 없다고 하는 점이다. 이러한 것은 저자가 가지고 있는, 다른 사람들과는 구별되는 개인적인 특징 때문이다.

역사는 이념이 아니라 구체적인 현실이다. 구체적 현실로서의 각각의 사건은 서로 인과관계를 가지고 일어나는 것들도 있지만, 공통점조차 찾을 수 없는 별개의 사건들도 무수히 많다. 의도하지는 않더라도 역사는 무엇인가를 가르치려 한다. 사람들은 역사에서 교훈만 얻는 게 아니라 이념을 배운다. 물론 역사 자체가 가르치는 것은 아니다. 역사를 지

---

57 정병삼,「일연」, 조동걸·한영우·박찬승 편,『한국의 역사가와 역사학』상, 92~93쪽.

식으로서만이 아니라 역사를 통해서 지혜를 얻고자 하는 사람들은 그 안에서 이념을 배운다. 전혀 아무런 공통점이 없을 것처럼 보이는 사건들에서 이념을 찾아내는 사람들은 역사를 제대로 배우는 사람들이다. 역사의 이념은 개인의 삶에서 '꿈'에 비유할 수 있다. 개인의 삶에서 꿈은 당장 눈에 보이지는 않지만 삶을 지탱해주는 힘이자 근거이다. 역사에서도 이념은 이와 유사하다. 현재와 미래의 역사를 위해서 과거의 역사에서 이념을 찾아내어 제시하는 것이 역사가의 임무이기도 하다. 단 여기에는 역사를 왜곡하지 않고 모든 사람이 인정하고 수용할 수 있는 이념을 제시해야 한다는 조건이 붙는다. 이것은 저자가 위에서 '당연하다'고 한데 대한 또 다른 근거이다. 즉, 불교승려로서의 일연이 아니라 역사가로서의 일연이 불교적 관점에 근거한 역사의 이념을 제시한 것은 당연하다는 말이다. 하지만 일연이 제시한 역사의 이념이 불교적 관점이기 때문에만 당연하다는 뜻은 결코 아니다.

불교적 관점이건 유교적 관점이건 또는 다른 관점에 바탕을 둔 이념이건 간에 역사가가 역사서를 펴내면서 특별한 관점을 제시하지 않는다면, 그 또한 역사가로서의 임무를 저버린 것이라고 저자는 생각한다. 앞에서 저자는 카의 견해를 지지하면서 절대적으로 객관적인 역사서술은 있을 수 없다고 주장한 바가 있는데, 이처럼 역사서를 저술함에 있어서 역사가 개인의 주관적인 관점을 아무리 배제하려고 해도 그것이 불가능하다면, 그렇다면 역사를 토대로 비추어봤을 때 역사가 자신이 가장 옳다고 생각하는 이념을 제시해야만 된다는 뜻이다. 하지만 그것은 모든 사람에게 공평하게, 즉 보편적으로 적용될 수 있는 이념이어야만 된다. 김부식은『삼국사기』에서 유교적 이념을 제시했지만, 그것은 모든 사람에게 보편적으로 적용된 것이 아닌 반면에, 일연이 『삼국유사』에서 제시하고 있는 불교적 이념은 모든 사람에게 보편적으로 적용하고자 한 흔적과 기록이 역력히 보인다. 그래서 김태영(金泰永)은 다음과 같이 평하고 있다.

왕력은 간략한 제왕의 연대기이다. 기이는 불교신앙에 관한 서사(敍事)를 다소 포함하고는 있으나 주로 국가와 사회에 관한 역사를 싣고 있는데, 이 한편의 내용이 무척 커서 전체의 절반 가까이를 차지한다. 흥법 이하 효선에 이르는 7편은 불교신앙의 사실이 중요한 바탕이 되어 있는데, 여기서도 신앙 그 자체보다는 국가사회 속에서의 그것으로 파악되고 있음이 주목된다. 그래서 『삼국유사』 전편에 담겨진 내용은, 국가사회의 것과 불교신앙 관계의 것이 대등한 비중을 차지하며, 더구나 양자는 혼융(渾融)의 일원적인 사안(史眼))으로 파악되고 있음이 큰 특징이다. (…중략…) 『삼국유사』에 의하면, 지리상으로는 일찍이 우리 민족의 생활무대였던 남북 각지가, 역사상으로는 단군 이래의 고대사 전체가 곧 유연의 불국토로 긍정되고 있는 것이다. (…중략…) 뿐 아니라 『삼국유사』에는 거의 전편에 걸쳐 귀천·빈부·승속의 인간은 물론 천지 산천의 자연이나 용호(龍虎)·신귀(神鬼), 나아가서는 조수(鳥獸)·초목의 미물에 이르기까지, 모두가 성분을 달리하는 대립투쟁의 존재로서보다는, 다 함께 선량한 이웃으로써 불국토 질서의 실현에 참여하는 존재로 파악되어 있다. 일연에 의하면 자국의 고대사는 이들 다양한 존재들의 혼융의 총화로 엮어지는 장엄한 대행진으로 의식되고 있었음을 알 수 있다. 아마도 이 같은 의식은, 고려 중기에 와서 경화(硬化)되었던 유교적인 귀족주의의 독선에 대한 강렬한 부정의 관념을 내포하고 있는 바였다 할 것이다.[58]

일연은『삼국유사』를 저술하면서 삼국의 구체적 역사를 불교 이념에 따라서 탐구하였다. 엄밀한 의미에서 보면, 역사에서는 보편적인 이념이 존재한다고 주장할 수가 없다. 만일 그렇지 않다면『삼국사기』와『삼국유사』에서 역사의 보편적 이념이 유교 이념과 불교 이념으로 각각 제시되지는 않았을 것이다. 이념 자체는 물론 보편적이다. 아니 보편적이지 않으면 그것은 이념이 아니다. 따라서 김부식과 일연이『삼국사기』와『삼국유사』를 통해서 제시하는 이념은 삼국의 역사적 정신을 이끌었던 바탕이 유교와 불교였으며, 각각『삼국사기』편찬과『삼국유사』저술 당시의 현재와 미래의 역사는 유교 이념과 불교 이념에 따라서 진행되어야 한다는 점을 강조한 것이라고 해야 정확하다. 말하자면, 김부식과 일연이 삼국의 역사에서 역사를 이끌었던 근거로서 제시한 유교와 불교의 가르침은 이미 과거의 것이 되었으므로, 더 이상 이념이 아니라는 뜻이다. 과거의 모든 것은 최소한 기록을 통해서라도 나타나는 가시적인 것인데, 이념은 비가시적인 이데아(Idea)로만 존재할 수 있을 뿐이다.[59] 이렇게 보면 김부식과 일연은 현재와 미래를 위한 역사의 이념을

---

58 김태영,「『三國遺事』에 보이는 一然의 歷史認識에 대하여」,『韓國의 歷史認識』상, 137~139쪽.

59 "여기서 말하는 이데아란 플라톤의 사상을 대표하는 개념으로서, 가시적인 현상의 세계가 근원으로 삼고 있는 초월적인 것이기 때문에, 현상계의 사물들이 개별자인 반면에 이데아는 보편자이다. 따라서 현상계의 구체적 사물들은 이데아가 없이는 존재할 수가 없다. 우리가 만일 이러한 사상에 근거해서 각각의 민족사와 세계사의 관계 ─ 이것을 인정한다는 전제하에 ─ 를 살펴본다면, 구체적 현실로서의 각각의 민족사는 궁극적 이데아로서의 세계사에 근거를 두지 않으면 안 될 것이다. 보편자에 관한 아리스토텔레스의 사상은 플라톤의 사상에 대비된다. 아리스토텔레스에 따르면, 보편자는 구체적 개별자 속에 내재하며, 보편자는 보편자를 담지하는 개별자가 있기 때문에 보편자로서 존재하는 것이다. 이렇게 보면, 각각의 민족사가 참된 의미의 역사이며, 세계사의 보편적 이념은 모든 민족사에 내재하지 않으면 안 된다." 문성화,『철학의 눈으로 본 민족사』,

과거 삼국 역사에 근거해서 제시한 것이라고 할 수 있다.

　바꾸어 말하면, 역사는 과거를 위해서 기록하는 게 아니다. 역사의 이념도 과거를 이끄는 것이 아니라 현재와 미래의 인간 삶의 근거가 되고 추동력으로 작용하는 것이다. 이와 같은 근거와 추동력을 제시하기 위해 역사가는 과거 역사를 탐구하고, 그 결과에 대해 다른 사람들의 동의를 구하려고 하는 것이다. 하지만 다른 사람들의 동의를 얻고 인정받는다고 해서 그것이 역사의 이념이 된다거나 보편성을 띠는 것도 아니다. 인간이 하는 모든 일에는, 아니 인간의 삶에서 일어나는 모든 일에는 애초부터 절대적인 것이란 존재하지 않는다. 그것이 과거의 사건이라면 더 이상 완전히 동일한 사건이 발생할 수 없다는 의미에서 절대적일 수는 있지만, 거기에 인간의 주관적 사유와 의지가 조금이라도 개입되는 한, 그것은 절대적이라는 의미를 상실해버린다. 그러므로 인간에 의해 기록된 사건들은, 비록 과거의 것일지라도, 모두가 절대적이 아니고 오로지 상대적일 뿐이다. 단지 절대화시키려고 노력할 뿐이다. 바로 이러한 점을 김부식과 일연은 『삼국사기』와 『삼국유사』를 통해서 제시하려고 했던 것이다.

　역사가 과거의 사건과 기록을 대상으로 한다고 해서 오로지 과거의 모든 것을 향해 회귀하려고만 한다면, 그것은 역사의 이념과 아무런 관련이 없다고 해도 과언이 아니다. 역사를 연구하는 까닭은 과거를 거울삼아서 미래로 나아가려고 하기 때문이지, 과거의 향수에 젖어서 거기에 매몰되기 위함이 아니다. 일연이 『삼국유사』「기이」 편에서부터 불

199~200쪽.

교적 이념을 찾아내고, 왕을 비롯한 정치가뿐만 아니라 평민과 노비의 삶에 이르기까지 모든 것에 불교적 이념을 적용한 것은 미래의 불국토를 염원했기 때문이라고 할 수 있다. "『삼국유사』의 불교 관련 기록을 살펴보면, 등장하는 승려 수가 250여 명, 사원이 300여 개소이다. 그 외 보살, 부처, 경·론·소 등의 불교 전적, 불사법회(佛事法會), 사원의 창건연기, 민중의 불교신앙 등에 관한 기사가 많은 비중을 차지한다."[60]

　『삼국유사』에 이처럼 불교 관련 기사가 많은 까닭이 일연 자신이 불교승려였기 때문이라고 하는 점에 대해서는 아무도 부정할 수 없을 것이며, 그가 제시한 불교 이념도 지극한 신앙심의 발로라고 한다면, 이 또한 부정하기 어려울 것이다. 그렇지만 일연은 『삼국유사』 저술 당시의 시대상황에서 왕을 비롯하여 민중에게 이르기까지, 모든 사람에게 미래에 대한 희망을 줄 수 있는 역사의 이념이 바로 불국토 사상을 바탕으로 한 불교 이념이라고 생각했음에 틀림없을 것이다. 더구나 불교에는 미래불(未來佛)을 염원하는 미륵신앙(彌勒信仰)도 있으며, 특히 신라의 "미륵신앙은 또한 당시의 민중들에게는 이상사회가 현실에 도래할 수 있다는 희망의 구원사상이었으며, 신라의 화랑들에게는 불국토(佛國土)라는 이상사회를 현실에서 직접 건설한다는 이상실현의 이념을 제공했고, 동시에 계율의 준수라는 그들의 실천수행의 덕목을 제시해 주기도 했다. 이같이 미륵신앙은 지배층의 정치적 의도와 민중의 현실 구원에 대한 염원이 이상적으로 접목되어 이 땅에 뿌리내린 것이라 할 수 있다."[61] 이처럼 일연은 삼국의 역사를 불교적 관점에서 저술하면서, 현재

60　박진태 외, 『삼국유사의 종합적 연구』, 211쪽.

와 미래의 모든 민중들에게 불교의 이념에 따른 희망을 주려고 하는 의도를 분명히 가지고 있었다고 할 수 있다.

역사와의 관계에서 형이상학은 모든 사람의 삶을 지탱하는 정신적인 원리와, 역사를 고찰하면서 어떤 개별적인 상황이 아닌 시대 전체를 관통하는 일반적인 사상, 즉 역사의 이념을 다룬다. 수없이 많은 사건이 현실에서 일어나지만, 시대 전체를 관통하는 이념에 부합하지 않는 사건은 대부분 역사적 사건으로 기록되지도 않는다. 그럼에도 불구하고 역사적 사건으로 기록된 것이 있다면, 그것은 새로운 시대적 이념을 제시하고 새로운 역사를 탄생시키는 사건이거나, 아니면 그저 맹목적으로 사건의 주체인 자신들만을 위하여 그 시대적 이념에 반기를 드는 사건일 것이다. 지금까지의 역사가 이것을 분명하게 증명해주고 있는데, 삼국의 역사나 고려, 조선의 역사도 모두 그러하다. 그렇다고 해서 일연이 '역사의 이념은 불국토'라고 언명한 것은 아니다. 저자가 형이상학적 의미에서 『삼국유사』를 고찰해볼 때 그러하다는 말이다. 그리고 일연은 이에 근거해서 『삼국유사』를 저술하지만, 이미 삼국에도 도입된 유교에 대해서 비판하는 자세를 취하지도 않았으며, 불교적 정신으로 다른 모든 가르침을 포괄한다는 의미에서 불교의 이념을 역사의 보편적 이념으로 제시한 것으로 평가할 수가 있다.

『삼국사기』에는 기록되어 있지 않은 수많은 개별적인 사건들을 기록으로 남겨서 『삼국유사』를 저술했다는 측면에서 보면 일연은 분명히 '역사가'이다. 그러는 가운데 그는 삼국의 역사와 관련된 기록을 남기고,

---

61   위의 책, 253~254쪽.

그에 대한 지식을 습득하는 것에만 머물렀던 게 아니라, 개별적 사건들을 관통하면서도 근거와 추동력으로 작용하고 있는 역사의 이념을 탐구하고, 그 이념을 당시의 고려와 미래를 위하여 제시했다는 측면에서 저자는 일연을 '역사철학자'라고 평한다. "역사의 이념은 과거뿐만 아니라 현재와 미래의 역사 전개 과정과도 뗄 수 없는 연관성을 가지고 있기 때문에 쉽게 제시될 수 있는 것이 아니다. 그런 까닭에 많은 학자들은 특정 종교에 의존하여 이념을 제시하는 경향이 있다. 게다가 지구상의 거대 종교들이 가르치는 내용을 들여다보면, 누가 어떤 종교에서 특정한 이념을 채택할지라도 그 이념은 전 인류에게 충분히 적용될 수 있을 만큼 값진 것이 많다. 하지만 현실은 언제나 이러한 기대와는 정반대의 방향으로 나아가고 있기 때문에 수많은 문제가 발생하는 것이다. (형이상학적) 이념이 아무리 거창하고 아름다울지라도 현실에서 그 이념의 적용 과정이 배타적이라면, 그것은 무용지물이다. 아니 그것은 폐기 처분되어야 마땅하다고 해야 할 것이다."[62]

그렇다고 해서 저자는 어떤 특정 종교의 이념을 역사의 이념으로 제시하는 것이 바람직하다고 주장하는 것은 결코 아니다. 기독교의 사랑이나 불교의 자비 또는 유교의 인(仁)과 같은 개념이나 이념들의 내용과 가르침이 아무리 옳고 또한 좋을지라도, 즉 그것들이 개념적으로 또는 명목상으로는 아무리 보편성을 띨지라도 현실에서는 전혀 그렇지 못하다고 한다면, 그것들을 역사의 이념이라고 하기는 어려울 것이다. 예를 들어, 촘스키가 "현실의 민주주의는 가짜다"라는 점을 설명하는 다음과

---

62 문성화, 『철학의 눈으로 본 민족사』, 205쪽.

같은 비유를 보면, '민주주의' 역시 역사의 이념으로 제시되기에는 무리가 있다고 생각된다.

민주주의를 확대시키려는 대중과, 민주주의를 제한하려 안간힘을 다하는 지배계급 간의 투쟁은 지금도 계속되고 있습니다. 대기업의 힘을 키워주는 정책과 무역협정은 민주주의를 제한하려는 음모입니다. (…중략…) 모든 것이 민주주의를 어떻게 정의하느냐에 달려 있습니다. 특히 미국에 널리 알려진 이론으로 거의 공식화된 이론에 따르면, 민주주의는 '국민이 당사자가 아니라 방관자에 머무는 체제'입니다. 일정한 시간의 간격을 두고 국민은 투표권을 행사하며 그들에게 나아갈 방향을 지시해 줄 지도자를 선택합니다. 이런 권리를 행사한 후에는 집에 얌전히 틀어박혀 있어야 합니다. 주어진 일에 열중하고 벌어들인 돈으로 소비하고 텔레비전을 시청하며 요리나 하면서 지내야 합니다. 국가를 성가시게 굴어서는 안 됩니다. 바로 이런 것이 민주주의입니다.[63]

이렇게 보면 저자가 역사의 이념 자체를 부정하는 듯이 보일 수도 있을 것이다. 사실은 저자가 역사의 이념을 부정하는 게 아니라, 오히려 역사의 이념을 제시하는 주체도 인간이고, 역사적 사건을 일으키는 주체도 인간이며, 심지어는 종교도 신이 만든 것이 아니라 인간이 만든 것이기에, 저자는 근본적으로 인간의 내면과 본성을 비판하고 있는 것이다. 물론 이 글에서 저자가 인간의 내면이나 본성을 다룬 것은 아니

---

63 노암 촘스키, 『촘스키, 누가 무엇으로 세상을 지배하는가』, 148~149쪽.

기 때문에 비약을 감행한 감이 없지는 않지만, 제시된 역사의 이념을 실현하려는 인간의 의지가 무엇보다 중요하다는 점을 저자는 주장하는 것이다. 역사의 이념을 실현하는 데에는 모든 인간이 주체이자 동시에 객체인 것이지, 주체와 객체가 분리되어서는 안 된다. 그렇게 되면 역사가 인간의 역사이고 인간을 위한 역사임에도 불구하고, 인간이 다른 인간을 지배하기 위한 도구도 전락해버리고 만다. 역사적 이념의 보편성은 인간 모두가 역사의 주체가 될 때 비로소 확립될 수 있다.

제4장
역사학, 역사철학, 역사교육

1. 역사학과 역사교육

한영우(韓永愚)는 「우리나라 역사학의 흐름」이라는 글에서 다음과 같이 쓰고 있다.

역사학은 오늘날 과학인 동시에 인문학이다. 20세기를 마감하는 오늘의 시점에서 우리나라의 역사학을 과학과 인문학의 두 측면에서 반성해본다면 아직도 극복해야 할 많은 과제를 갖고 있다. 먼저, 과학으로서의 역사학은 선진국의 그것과 비교할 때 자료발굴과 자료해석 그리고 논리구성 능력이 뒤지고 있으며, 인접 학문에 대한 폭넓은 교양과 역사를 전체적으로 바라보는 종합적 시야가 부족하다. 한편 인문학으로서의 역사학은 무엇보다도 21세기의 통일국가를 전망하면서 새로운 가치관의 창출에 앞장서야 할 책임을 지고 있으나, 아직은 통일의 당위성만을 강조할 뿐 구체적 사관이 정립되어 있지 않다. 역사학의 교훈성과 실용성은 사실 인문학의 영역에서 크게 드러난다는 점을 고려할 때, 새로운 사관의 창출이야말로 시급하고 중대한 과제라고 할 수 있다.[1]

'과거에 일어난 사건' 또는 '사건에 대한 기록'이라는 역사에 대한 정의가 나타내듯이, 그러한 사건이나 기록을 학문적으로 연구하는 분야가 바로 '역사학'이다. 역사적 사건을 기록으로 남길 수 있는 문자가 발명된 이후로 변화를 거듭하던 역사학은 20세기에 들어서면서 19세기 말부터 불어 닥친 '실증주의'의 거센 파도와 더불어 항해를 같이 했다. 역사가의 주관성을 인정하지 않고 오로지 객관적인 증거주의에 입각해서 역사적 사건과 기록을 과학적으로 분석하고 비판하는 방법이 주류를 이루었던 것이다. 하지만 역사학이 과학적 방법만을 고집한다면 영원히 '과거'로부터 벗어나지 못하게 될 것이다. 왜냐하면 세분화되고 전문화된 방법을 통해서 지나간 사건에 대해서 정확하게 분석하고 비판하여 현재와 미래를 예측하기는 하지만, 역사는 과학이 예측하는 것과 같은 방향으로 진행되지는 않기 때문이다. 즉, 만일 과학적 방법만을 고집하는 역사학이라면, 과거에 대해서는 정확하게 분석한 결과를 내놓을 수는 있을지라도, 현재와 미래에 대해서는 실제로는 예측 불가능한 상황으로 만들어버릴 수 있다는 말이다. 더구나 세분화되고 전문화된 방법

---

1   한영우, 「우리나라 역사학의 흐름」, 조동걸·한영우·박찬승 편, 『한국의 역사가와 역사학』 상, 24쪽.

은 대중성과는 전혀 거리가 멀기 때문에, 전문 연구자가 아닌 일반 대중이 역사에 접근하기가 불가능해질 것이다. 이러한 상황에서 시행되는 '역사교육'은 과연 어떤 방향으로 나아갈 것인가?

다음으로는 '인문학으로서의 역사학'이라는 문제인데, 객관주의와 실증주의의 역사학을 넘어서 새로운 가치관과 역사관을 창출할 의무가 역사학에 있다는 주장이다. 어찌 보면 지극히 당연하고 바람직한 주장이라고 할 수 있다. 저자는 이 주장에 대해 기본적으로는 동의한다. 그렇지만 새로운 가치관과 역사관을 창출하기 위해서 해야 할 일이 무엇이며 어떻게, 왜 해야 하는지에 대한 설명이나 근거는 제시하지 않고 있다. 위 인용문의 주장에 따르면, 새로운 가치관을 창출하기 위해서는 새로운 역사관의 정립이 선행되어야 한다고 말하고 있다. 말하자면, 지금 현재로는 그 무엇보다도 새로운 역사관의 정립이 시급한 문제라는 주장이다.

그런데 위 인용문은 이미 역사학이 과학적 방법론만을 고집해서는 안 된다고 비판한 바 있으며, 이를 극복하기 위해서는 역사학이 인문학이라는 사실을 깊이 인식하고, 인접 학문의 도움으로 인문학적 교양에 이바지하기 위해서 역사학은 종합적 학문으로 거듭나야 한다고 주장하고 있다. 여기에 덧붙여서, 남북으로 분단되어 있는 현실을 직시하고 통일을 준비하기 위해서도 새로운 역사관의 정립이 급선무라고 주장한다. 이와 같은 주장이 설득력을 얻으려면, 인문학으로서의 역사학이란 과연 무엇인지를 설명하는 게 선행되어야 한다. 한 마디로 말해서, 인문학의 수제이사 객제는 바로 '인간'이다. 그렇다면 역사를 연구함에 있어서 사건 자체도 당연히 중요하지만, 무엇보다도 인간을 중심으로 해서 역사를 바라보는 관점이 우선되어야 한다. 그런데 실증주의 역사관은 인간 중심이 아닌 사건을 중심으로 한 까닭에, 오늘날 인간은 목적으로서가 아니라 역사 진행과정의 수단으로 전락해버리고 만 것이다.

과학은 가치를 지향하지 않지만, 인문학은 궁극적으로 '인간이란 무엇인가?'라는 물음에 답을 하려고 하는 학문이다. 하지만 바꾸어 생각해보면, 과학이 되었건 아니면 다른 학문이 되었건 간에, 모든 학문은 인간에 의해서 연구됨에도 불구하고, 과학이 가치를 지향하지 않는다고 하는 것은 인간 자신을 부정하는 결과를 낳아버린다. 따라서 역사가 인간의 역사임에도 불구하고 역사를 과학적 방법에 따라서만 접근한다면, 인간이 역사의 주체로 등장할 수가 없어질 것은 분명해진다.

그런데 엄밀하게 고찰해보면, 과학도 결코 가치중립적이라고 할 수는 없다. 왜냐하면 과학적 연구를 수행하는 사람들도 아무런 목적의식 없이 자신의 연구에 종사하지는 않기 때문이다. 즉, 과학자들이 자신의 연구 과정이나 결과를 선과 악의 개념을 기준으로 평가하지는 않는다고 하더라도, 인간의 삶에 유익한지 아니면 해로운지 어떤지 하는 기준이라도 최소한 생각할 것이기 때문에, 그들도 가치지향적이라고 할 수 있다. 다만 그들이 지향하는 가치가 도덕적 가치라고 단정하기는 어렵다.

이와는 달리 인문학으로서의 역사학은 처음부터 가치지향적이라고 할 수 있다. 즉, 역사학은 인간의 더 나은 삶을 위해 기여해야 한다는 게 바로 그러한 가치이다. 역사를 통해서 교훈을 얻는다는 것도 바로 이와 같은 가치를 지향하기 때문에 가능해진다. 흔히 가치라고 하면, 도덕적 가치를 비롯해서 경제적, 예술적 가치 등 여러 가지로 분류할 수 있지만, 우리는 인간이라면 누구나 추구하는 가치를 보편적 가치라고 한다. 그리고 '가치'라는 개념에는 이미 도덕적으로 선이면서 옳음과 좋음의 뜻이 내포되어 있다. 따라서 역사학이 인문학임에 분명하다면 이러한 가치를 지향하지 않으면 안 될 것이다.

역사교육도 이와 같은 관점의 연장선상에서 행해져야만 한다. 저자는 여기서 '역사교육'[2]을 학교라는 제도권 안에서만 행해지는 교육에 한정하지 않고 '역사를 가르치고 배운다'는 넓은 의미로 논하고자 한다. 만일 학교 안에서의 역사교육에 한정한다면, 가장 먼저 떠오르는 것은 분명 '입시교육'이 될 것이다. 오늘날 우리나라에서는 '교육'이라고 하면 대부분이 대학입시에 초점을 맞추고 있으며, 대학 교육마저도 오로지 취업을 목적으로 하고 있는 게 부정할 수 없는 사실이다. 그렇기 때문에 입시와 취업을 위해서 필요한 학문이 아니라면 가르치고 배울 필요가 없다고 인식하고 있는 것도 사실이다. 현실이 그렇다 보니 인문학 분야에서도 인간이 중심 주제에서 사라져버린 지는 이미 오래되었으며, 오로지 실용성으로만 접근하고 있는 실정이다. 이와 같은 상황에서는 역사교육이 올바르게 진행될 리가 만무하다.

그 결과 역사교육이라고 하면 단편적인 '역사지식'을 떠올리는 게 당연시 되고 있다. 즉, 역사란 단절되고 파편화된 역사적 사건과 기록들의 집합일 뿐이고, 역사교육은 그러한 사건과 기록들을 그저 암기하여 나열할 수만 있도록 행해지고 있다는 말이다. 여기에는 과거도 없고 현재도 없으며, 자신도 없고 타인도 없다. 역사를 가르치는 사람도 배우는 사람도 그리고 대상이 되는 역사 자체도, 모두 파편화되고 단절되어 서

---

2 '역사'는 분명히 '국사'나 '세계사'를 포괄하는 상위 개념이지만, 그래서 여기서는 엄밀하게 말해서 국사라고 해야 하겠지만, 저자는 국사를 전제한 상태에서 역사를 논하고 있기 때문에 굳이 '국사교육'이라고 표현하지 않고 '역사교육'으로 칭하고 있음을 밝혀둔다.

로가 아무런 연관성을 갖지 못한다. 말하자면, 역사가 입시나 취업을 위한 도구로 전락해버린 것이다. 따라서 역사를 통해서 배우는 것은 아무 것도 없다. 왜냐하면 도구란 목적을 달성하기 위해서 필요한 것일 뿐, 사람들은 일반적으로 목적을 달성하고 나면 도구는 더 이상 없어도 되는 것이라고 생각하기 때문이다. 그렇기 때문에 저자는 역설적으로 다시 한 번 역사의 중요성을 강조하려 한다.

> 역사는 인간의 삶을 다룬다. 그런 의미에서 인간 세계에 대한 올바른 이해는 역사교육에서 중요한 부분이다. 역사를 배움으로써 학생들은 자신이 이 세계의 일원이며, 자신의 삶이 사회변화에 영향을 받고, 또 영향을 미친다는 것을 알게 된다. 이를 통해 능동적이고 주체적인 존재로서 자신에 대해 자각하게 된다. 특히 이에 주목하는 사람들은 역사교육의 가장 중요한 목적으로 역사의식의 함양에 둔다. 한편 지역공동체의식이나 민족의식, 세계시민의식 등의 육성도 역사교육이 맡아야 할 역할로 지적되기도 한다.[3]

당연한 말이지만, 인간이 배제된 역사는 역사가 아니다. 마찬가지로, 파편화된 역사도 역사가 아니다. 만일 그렇지 않다면 이는 마치 시계를 모두 분해하여 부속품들을 나열해두고 '이것은 시계이다'라고 주장하는 것과 같다. 역사적 사건들을 기록하는 사람들은 최대한의 객관성을 유지하기 위하여, 비록 개개의 사건들을 분석적으로 파편화시켜서 기록할지라도, 역사를 가르치고 배우는 사람들은 파편화된 기록들을 종합적

---

3   김한종, 『역사왜곡과 우리의 역사교육』, 책세상, 2002, 37쪽.

으로 사고할 수 있어야 한다. 그러기 위해서는 그 중심에 반드시 인간이 위치하고 있어야 한다. 왜냐하면 역사는 인간의 역사이기 때문이다.

개개인으로서의 인간은 누구나 자신의 과거를 바탕으로 현재의 모습을 하고 있다. 자신의 과거가 기억 속에 단편적으로 저장되어 있을지라도, 현재의 자신은 과거의 모든 것을 하나로 이어준다. 이와 마찬가지로, 역사의 파편화된 기록들을 하나로 이어주고 통일시켜주는 것은 바로 '지금'과 '여기'라는 역사적 '현재'이며, 그 중심에는 전체로서의 인간이 있다. 그러므로 역사교육은 입시와 취업을 위한 수단이 되어서는 안 되며, 인간의 본질을 찾기 위한 토대가 되어야 한다.

그러기 위해 역사는 특정 계층이나 집단만을 위하여 기록해서는 안 되며, 그들만의 이익을 위하여 가르쳐서도 안 된다. 역사의 단위는 민족이나 국가이며, 따라서 역사는 그 구성원 모두의 역사이지, 특정 계층이나 집단만의 역사가 아니기 때문이다. 이러한 관점에서 보면 『삼국유사』와는 대조적으로, 『삼국사기』를 구성원 모두를 위한 역사서라고 부르기에는 무척이나 부족한 점이 많다. 비록 그 당시에서는 민족이나 국가 단위라고 하는 의식이 희박하고 거의 없었다고 하더라도, 구성과 내용이 그러하다는 말이다. 그래서 정구복은 김부식의 역사관을 다음과 같이 평가하고 있다.

김부식이 역사를 쓴 가장 중요한 이유는 역사를 통해서 정치적 교훈을 얻게 하기 위함이었다. 그 정치적 교훈 중에는 왕조의 유지에 필요한 교훈이 있었다. (…중략…) 역사에서 정치적 교훈을 얻어야 한다는 생각은 그가 쓴 「진삼국사기표(進三國史記表)」에서도 분명히 나타나고 있다. 이런 교훈을 얻기 위해 역사를 서술한다는 것은 특히 사마광의 『자치통감』으로부터 영향을 받은 것으로 이해된다. 그의 역사관은 국가에 생명을 바친 사람들의 열전을 중시한 점에서도 확인된다. 이는 그가 직접 쓴 사론을 통해서도 확인할 수 있다. 『삼국사기』에는 31편의 사론이 써졌다. 여기에는 국가유지와 왕조유지를 위한 여러 가지 방책이 반영되어 있고, 유교적 윤리에 어긋난 행동을 비판하였으며, 왕은 신하의 충언을 받아들일 것, 백성과 화합을 이룰 것, 중국에 대하여 예절을 지킬 것 등이 강조되었다. (…중략…) 그는 국가의 3요소를 정치, 영토, 국민으로 주장한 맹자의 견해를 들어 국가가 유지하는 방책을 『삼국사기』를 통해 나타내려 하였다. 그는 국가의 자주성보다는 왕조, 즉 국가의 유지를 더욱 강조하였다고 할 수 있다.[4]

과거, 현재, 미래를 불문하고 그리고 어디에서나 자유, 평화, 평등 또는 사랑이나 행복 등의 가치를 싫어하는 사람은 아무도 없을 것이다. 보편적 가치라고 부를 수 있는 이러한 것들은 국가와 민족을 초월할 뿐만 아니라, 한 국가나 민족 안에서도 계층이나 집단의 이익을 초월하여 적용되어야 진정으로 보편성을 확보할 수가 있다. 우리가 역사를 배우고 가르치는 까닭은 바로 이와 같은 가치들을 구성원 모두와 공유하기 위해서이며, 또한 확산시키기 위해서이다. 그런데도 특정 집단이나 계층의 이익을 위해서만 역사를 이용하고 보편적 가치를 왜곡한다면, 그것은 결국 역사를 이데올로기화하는 결과를 낳게 된다. 『삼국사기』가 보편적 가치를 왜곡했다고 할 수는 없지만, 위 인용문의 내용처럼 관찬서

4　정구복, 「삼국사기 해제」, 『역주 삼국사기』 2, 60~62쪽.

로서 왕조와 국가를 동일시하고 정치적 목적을 편찬의 최우선 목적으로 함으로써 백성들의 삶의 모습을 거의 찾아볼 수 없는 것은 사실이다.

이와는 달리 우리는 『삼국유사』에서 군주로부터 시작해서 지극히 평범한 백성들의 삶에 이르기까지 모든 모습과 생각을 읽을 수 있다. 그러다 보니 『삼국유사』는 역사서로 뿐만 아니라 불교서, 민속지, 설화집, 문학집, 예술사 텍스트 등 다양한 분야에서 고찰되는 매우 중요한 자료로 여겨지고 있다. 물론 이는 『삼국유사』가 사찬서이기 때문에 가능했던 것이라고 할 수도 있지만, 적어도 '역사교육'이라는 측면에서 보았을 때 오늘날 역사를 어떻게 가르치고 배워야하는 지에 대해 지침을 주는 것이라고 할 수도 있다.

현재에도 우리나라는 '국사교과서'의 이데올로기화를 두고 여전히 첨예하게 대립하고 논란을 벌이고 있는 실정이다. 교과서 내용이 진보적이든 보수적이든 간에 어느 한쪽의 이념만을 강조하고 강요한다면, 그것은 모두 이데올로기이다. 역사교육은 국가와 민족 또는 국민 모두의 이익을 대변할 수밖에 없겠지만, 그 내용이 객관적 자료에 근거해야 된다는 것은 무조건적인 원칙이다. 그 다음에는, 국가와 정권은 엄연히 다르다는 입장에서 보았을 때, 교육내용이나 과정이 국민 모두를 위한 것인지, 아니면 특정 정치집단의 이익을 위한 것인지를 엄밀하게 구별하고 바로잡지 않으면 올바른 역사교육은 요원해질 수밖에 없다. 만일 특정 집단의 이익만을 위해서 역사교육이 이루어진다면, 그것은 역사에 대한 새로운 해석이 아니라 바로 '역사왜곡'이기 때문이다. 시대의 흐름과 변화에 따라 역사는 새롭게 해석되어야 한다는 말이 역사를 왜곡해도 된다는 의미는 결코 아니기 때문이다.

2. 역사철학과 역사교육

역사를 철학적으로 분석한다는 것은 역사를 연구하는 역사학과 어떻게 다른가? ① 역사철학(歷史哲學)은 과거에 일어난 사건에 대한 의미뿐만 아니라, 역사 전체의 의미, 방향, 목적 등에 대하여 관심을 쏟고, 그것을 어떤 일관성 있는 체계나 방법으로 설명해 보려고 노력한다. 또, 역사를 현실이나 현재적인 문제들과 아무런 상관이 없는 의미 없는 과거로서 보지 않고, 현재와 연결되어 있는 어떤 가치가 있는 것으로 보고, 그 속에서 의미를 찾기도 한다. ② 역사학에서는 역사적으로 의미가 있는 사실을 취급한다. 역사가는 어떤 역사적 사실의 원인과 경과, 결과 등의 인과 관계를 규명하고 거기에서 어떤 의미를 찾는다.[5]

철학은 기본적으로 근원을 문제 삼는 학문인데, 역사철학은 역사를 대상으로 하면서도 역사의 근원을 규명하려는 학문이다. 그러기 위해서는 역사학이 제공하는 실증적 역사, 즉 역사에 대한 객관적 인식을 바탕으로 해야 함은 당연한 것이다. 객관적 사실에 대한 인식은, 예를 들어 3·1절이라면, 1919년 3월 1일에 일어난 민족독립만세운동과 직·간접적으로 관련된 모든 사건과 기록을 일컫는다. 말하자면 역사학은 그러한 인식이 올바른지 아니면 왜곡되었는지를 문제 삼고, 잘못된 것이 있을 경우 바로잡는 것이 우선적인 목표이다. 역사철학은 이렇게 올바

---

5   이것은 『고등학교 철학』 교사용 지도서, 한국정신문화연구원, 187~188쪽에 나와 있는
     내용이다.

르게 인식된 역사인식의 바탕 위에서 출발한다.

그런데 역사학의 입장에서는 3·1민족독립만세운동을 과거의 사건으로서 현재에는 더 이상 존재하지 않는 사건으로 취급한다면, 역사철학의 입장에서는 현재에도 여전히 계속되고 있는 사건으로 간주할 수가 있다. 왜냐하면 그것은 역사인식으로 살아 있는 게 아니라 우리의 의식 속에, 즉 역사의식으로 살아 숨 쉬고 있기 때문이다. 만일 역사학의 대상이 과거라고 한다면 과거는 현재도 아니고 미래도 아니며, 오직 '지나간' 과거일 뿐이다. 그렇지만 역사철학이 바라보는 과거는 시간적으로 지나가버린 과거가 아니라 '아직' 현재 속에 살아 있는 과거이며, '아직'을 역사의식적으로 바탕에 두고 있는 현재는 '이미' 미래와 함께 하고 있는 '초월적' 현재이다. 다시 말해서, 시간적 연속성에서 보았을 때 과거와 미래를 포괄하는 현재가 반대로 과거와 미래까지 확장된다는 말이며, 과거에서부터 현재를 거쳐 미래로까지 관통되는 역사의식을 정립하는 일이 역사철학의 임무라는 뜻이다. 이처럼 역사에서 시간을 초월해서 작용할 수 있는 것이 바로 '근원'에 해당된다. 이에 따라서 보면 3·1민족독립만세운동은 아직도 계속되고 있는 역사적 사건이라고 할 수 있으며, 그 근거가 일본의 잘못된 역사인식과 이에 바탕을 두고 있는 역사의식으로서 끊임없이 역사를 왜곡하고 있는 것이므로, 역사철학은 이와 같은 근원을 문제 삼는 것이다.

그렇기 때문에 역사철학적 관점에서 정립하고 시행해야 할 역사교육은 우리 역사에 대한 근원을 규명하고 정립하여 남과 북으로 나뉘어 있는 우리 민족을 하나로 통일하는 일이며, 그러기 위해서는 민족통일을 위한 새로운 역사관을 정립해야만 한다. 이것은 역사지식이나 역사인식에만 국한된 문제가 아니다. 역사지식이나 인식은 당연히 전제되어야 할 토대이다. 역사철학적 역사교육은 과거와 현재보다는 미래의식과 더 많은 연관성을 갖는다. 한 개인에게 있어서도 현재적 시점에서 과거를 상기(想起)하는 까닭은, 단순히 과거를 추억하기 위한 것만은 아니듯이, 역사에 있어서는 과거를 돌이켜 생각해봄으로써 미래를 대비하고 선취하기 위함 때문이다. 따라서 카가 말한 것처럼 역사는 '과거와 현재와의 대화'일 뿐만 아니라 미래와도 대화를 나누어야만 그 진정한 의미가 밝혀진다.

이제 역사철학은 역사학과는 달리 우리의 역사교육을 위해서 역사의 이념을 제시해야만 된다. "지금까지의 인류의 역사가 보여주고 있는 것은, 모든 민족이나 국가가 똑같은 형태의 문화, 언어, 사회적 제도, 종교, 예술 등을 발전시켜온 것이 아니라, 그들이 살고 있는 지역의 환경이나 기후[6] 등에 맞는 독특한 형태로 인간의 창조물을 발전시켜왔음을 알 수 있다."[7] 역사는 구성원 고유의 것이지 다른 모두에게 공유될 수가 없다. 역사의 전개과정이 비록 비슷할 수는 있을지라도 역사의 현실적인 과정은 결코 동일할 수도 없으며, 오늘날에도 세계가 보편적인 계약이나 협약에 의해서 움직여지는 것 같지만, 현실은 언제나 자국의 이익을 중심으로 해서 전개되고 있다는 사실이 이를 잘 증명해주고 있다. 21세기의 세계사적 현실에서 우리 민족만이 유일하게 분단 상태를 지속하고 있다는 사실도 이를 잘 증명해주는 것이다. 다른 민족이나 국가에는 '통일'이

6 　브라이언 페이건, 『기후는 역사를 어떻게 만들었는가』 참조
7 　문성화, 『철학의 눈으로 본 민족사』, 208～209쪽.

라는 단어가 특별한 의미를 주지 않을지라도, 우리 민족에게는 최대의 역사적 과업임에는 틀림없는 사실이다. 지금 현재 지구상에서 유일한 분단국가라는 현실이 이를 역설적으로 증명해주고 있다. 역사교육에서 역사철학이 담당해야 할 일은 바로 통일을 위한 이념을 제시하는 일이다.

그 이념은 다름 아닌 '민족'이다. 역사는 특별한 법칙이나 원리에 의해서 만들어지고 경과되는 게 아니다. 오히려 역사의 전개과정이 특별한 법칙이나 원리를 산출했다고 할 수 있는데, 그 마저도 역사학자 또는 역사철학자들이 역사의 전개를 지켜본 후에 법칙이나 원리를 제시했을 뿐이다.[8] 오늘날 '다문화 사회'라는 용어가 회자되고 있는 만큼 '민족'이라는 용어를 생물학적 또는 유전학적 개념으로만 정의하는 것은 무의미하다. 따라서 우리나라 현대사의 이념과 통일을 위해서라도 우리는 민족이라는 개념을 역사의 원리로서 정립하고 받아들여야 한다. 민족은 우리 역사의 시간성과 공간성을 아우를 수 있는 유일한 개념이기 때문이다. "특히 **민족성**(nationality / Nationalität)이라는 개념은 한 민족의 공통적 감정, 언어, 풍습, 생활환경 등을 토대로 하여 그 민족의 특질을 나타내는 용어로써, 각각의 민족은 고유한 특성을 가지고 역사를 전개시켜왔다는 것을 보여준다."[9]

여기서 '민족'이라고 하면 많은 사람은 국수적 민족주의를 연상할 수도 있겠지만, 저자가 강조하고 제시하는 민족은 그러한 개념이 아니다. 지난 세기말 특히 경제적 측면에서 신자유주의 이념을 앞세운 세계화의

8 　대표적으로 예를 들면, 신채호는 '아(我)와 비아(非我)의 투쟁'을, 헤겔은 '자유의 식의 진보'를, 토인비는 '도전과 응전'을 역사의 원리로서 제시한 바 있다.

9 　문성화, 『철학의 눈으로 본 민족사』, 209쪽.

물결이 전 지구상을 뒤덮었다. 세계화가 모든 민족과 국가에 도움이 되고 경제적 풍요를 가져다 줄 것처럼 선전했지만, 사실은 제3세계와 국력이 상대적으로 약한 나라들의 보호무역 장벽을 없애서 선진국들이 이전보다 훨씬 쉽게 부를 축적하기 위한 술책이었음이 밝혀진지 오래되었다. 이때 선진국들이 세계화를 부르짖던 이면에 감추고 있었던 것은 바로 민족주의였다. 물론 미국과 같이 다민족으로 구성된 국가도 있지만, 여기서 저자가 비판하는 민족주의란 자국의 이익을 최우선시 한다는 점에서 제국주의적 민족주의와 다르지 않다고 할 수 있다. 이와 같은 민족주의가 바로 국수주의적 민족주의이다.

국수주의적 민족주의는 세계 속에서 정치, 군사, 경제 등 모든 면에서 주도권(Hegemonie)을 빼앗기지 않으려고 하는 것을 넘어서, 적극적으로 주도권을 행사하여 다른 민족과 국가를 지배하려 들며, 그러기 위해서는 배타성을 바탕으로 하여 내부적으로 단결을 강조하는 것이다. 지금 세계사의 흐름은 선진국들이 다른 민족이나 국가에 매우 개방적인 자세를 취하는 듯이 보이지만, 그것은 자신들이 해당 분야에서 충분히 방어하고도 남을 능력을 갖추고 있을 뿐만 아니라 개방을 통해서 얻는 이익이 더 클 때만 개방적인 태도를 보이고 있는 게 사실이다. 그렇기 때문에 이러한 흐름을 국수주의라고 칭하기는 어려울지 모르지만, 변형된 형태의 민족주의임에는 틀림없다고 하겠다. 다만 민족주의라는 용어를 전면에 내세우지 않고 있을 따름이다.

현재 우리나라 사회를 칭하는 용어 가운데 하나는 '다문화 사회'인데, 이것이 법적 토대 위에서 정착되고 있다는 사실은 역설적으로 어떤 식으로든 우리나라에 도움이 되기 때문에 가능해졌다는 말이다. 또한

다문화 사회라고 해서 지금까지의 전통사회를 복합사회 또는 뿌리를 알 수 없는 이질적인 사회로 나아가게 내버려두지는 않는다. 오히려 갈등과 고통이 따르는 과정에서 이질적인 문화들을 우리의 전통문화 속에 융합시켜 나가면서 새로운 문화와 역사를 창조해 간다. 이러한 사회의 변화와 변동도 모두가 민족주의를 바탕으로 하고 있는 것이다.

이렇게 사회의 변화를 겪고 있는 우리나라가 남과 북으로 분단된 지 70년이 되었다. 남과 북은 정치, 경제, 사회, 문화 등 모든 체제와 제도에서 그동안 매우 이질적인 길을 걸어왔다. 주변의 강대국들도 자국의 손익 계산에 따라 우리나라가 지금과 같은 휴전 상태를 계속 유지하기를 바랄 뿐이지 통일을 바라고 있지는 않다. 이와 같은 상황은 역설적으로 우리에게 통일의 당위성을 강력하게 뒷받침해주는 것이다. 하지만 모든 게 이질적인 상황에서 통일을 이루는 것은, 그것도 평화통일을 이루는 것은 결코 쉬운 일이 아니다. 그렇기 때문에 우리는 '민족'을 통일을 위한 '이념'으로 삼고 제시해야만 된다.

이념은 현실적인 개념이 아니라 형이상학적인 개념이다. 하지만 이념은 현실적인 것의 근원으로 작용한다. 이념은 과거의 것이 아니라 미래의 것이다. 하지만 이념은 과거의 것에서 연역된 보편적 원리이다. 이념은 인식의 대상이 아니라 의식의 대상이다. 하지만 이념은 해석학적 원리에 따라서 인식의 대상을 이해 가능하도록 해준다. 이념은 감각의 대상이 아니라 정신의 대상이다. 하지만 이념은 감각 대상의 원형(原型)이다.[10] 이념은 역시의 대상이 아니라 철학의 대상이다. 하지만 이념은 역

---

10 "모든 문화는 민족 고유의 원형에서 파생하며, 역사의 전개 양식은 원형과 시대적 환경

사를 움직여나가는 추동력이기도 하다.

　과거의 모든 사건이 역사가 되는 것이 아니라면, 역사가 되기 위해서
는 근거가 마련되어야 하는데 그것이 바로 이념이며, 이 이념을 저자는
민족으로 설정하는 것이다. "모든 현재는 반드시 과거로 되기 마련이지
만, 역사로서 기록되는 과거는 영원한 현재로서 존재하게 된다. 기록으
로 남는 과거는 특정한 이념을 반영하거나, 아니면 그 시대의 이념에 반
항하는 또 다른 이념을 산출한다. 그렇기에 그러한 과거는 역사가 되고,
특정한 이념을 반영하는 과거는 역사의 연속성을 지탱하는 것이 된다.
그렇지만 그 시대의 이념에 반항하는 과거는 역사의 단절성을 통한 **비약**
을 가능하게 한다. 따라서 역사의 이념이라고 해서 반드시 고정, 불변하
는 것은 아니다. 오히려 이념은 언제나 가변성을 전제해야만 한다. 다시
말해서 **이념이 현실을 반영하기도 하고, 현실이 이념을 창출하기도 한다.**"[11]

　『삼국사기』는 우리 역사의 이념을 제시하고 있다기보다는 지극히 현
실에 충실한 역사서라고 할 수 있다. 서명(書名) 그대로 삼국의 역사에
충실하고 있으며, 그중에서도 특히 국가와 왕조의 토대를 굳건히 하기
위해서 필요한 내용들로 채워져 있는 게 매우 특징적이다. 따라서 『삼국
사기』를 읽을 때에는 역사의식이 아니라 역사인식의 관점에서 그 내용
이 참인지 거짓인지를 판별해내는 것을 염두에 두면서 가르치고 배워야

과의 긴장관계에서 생긴다. (…중략…) 개개 민족의 기본적 존재 양식은 곧 문화이며,
그 문화의 기본적인 가치의식 또는 문화의지가 곧 원형이다. 인류는 지구상 북극으로부
터 적도에 이르기까지 각 곳에 분포되어 있다. 또한 각 민족은 각 지역의 환경 조건에 어
울리도록 독자적인 문화를 갖는데 그것을 형성하는 것이 그 민족의 원형이다." 김용운,
『원형의 유혹』, 36쪽.
11　문성화, 『철학의 눈으로 본 민족사』, 49쪽.

한다. 하지만 21세기에 살고 있는 우리는 『삼국사기』를 통해서만 고구려와 백제 그리고 신라를 직접도 아닌 간접경험을 하고 있다. 더구나 김부식도 삼국의 역사를 직접 경험한 것도 아니어서, 현재 우리는 많은 상상력을 동원해야 할 처지에 놓여있다. 삼국의 건국시기를 기점으로 생각하면 오늘날에 이르기까지 시기적 간극은 무려 2천 년에 이르고 있다. 그렇기 때문에 우리는 다음과 같은 말을 충고로 하여 『삼국사기』를 읽지 않으면 안 될 것이다.

> 그러나 고대의 마당에 대한 짐작을 매개하는 통로로서 『삼국사기』를 전적으로 우회할 수 있는 대안은 없다. 마땅한 대안이 없다는 점에서 『삼국사기』는 부당한 권위와 기대를 강요받고 있기도 하다. 더구나 『삼국사기』에는 비록 12세기의 현실에 충실한 설명일지라도 고대의 경험이 설명의 재료가 되고 있다는 점을 각성할 필요가 있을 것이다. 거짓은 진실을 은폐하지만, 역설적이게도 그것을 본래의 진실을 딛고 자리한다. 그러므로 왜곡과 은폐조차도 본연의 실제를 저층에 두고 있다고 본다.[12]

『삼국사기』와는 대조적으로 『삼국유사』는 역사철학적 관점에서 그리고 역사교육의 입장에서도 대단히 의미가 있는 역사서라고 할 수 있다. 그 까닭으로 먼저 『삼국유사』는 서술방식에 있어서도 중국의 정통적인 역사서술 방법을 따르지 않음으로써 보편성에 매몰되지 않고 우리 역사의 특수성을 살렸다는 점이다. 역사의 전개과정은 각 민족에게 고

---

12 이강래, 『삼국사기 인식론』, 27쪽.

유한 흐름이 있는 것이지 결코 세계사적으로 보편적 흐름이 있는 게 아니다. 설령 보편적 이념은 제시되어 있을지라도, 그것이 구체적 현실에서 나타나는 것은 각각 다를 수밖에 없기 때문이다.

다음으로는, 역사인식의 문제에 있어서 저술자인 일연의 고유한 이해력을 바탕으로 하여 우리 민족의 상황에서 적극적으로 해석함으로써 인식을 넘어서 역사의식에로 나아가게 했다는 사실이다. "『삼국유사』에 흐르는 정신을 자주의식이라고 하겠다. (…중략…) 한국 역사의 시원을 중국에서 찾지 않고 천(天)에 직결시켰다거나, 고조선의 시조인 단군을 한국사의 출발로 설정하면서 그를 천상(天上)에 있다고 보는 환인(桓因)의 손자로 이해한 것은 그 실례로 볼 수 있다. 이는 민족문화에 대한 자주성과 우위성을 강조하고 내세움으로써, 몽고 압제라는 현실을 극복하려는 의식에서 나온 것이었다. 민족사를 자주적인 정신사관에 의하여 재구성하려는 의도라고 해도 무방할 것이다."[13] 따라서 우리는 『삼국유사』의 내용을 역사왜곡으로 보아서는 안 되며, 오히려 일연 자신이 스스로 체험한 것을 바탕으로 하고 우리의 고대사를 이해한 것을 토대로 재구성하여 표현한 것으로 이해할 필요가 있다.[14]

---

13 김광식, 「『삼국유사』는 왜 필요했을까」, 이범직 · 김기덕 편, 『한국인의 역사의식』, 133~134쪽.

14 "하나의 이념에 근거하는 보편적 세계사 또는 특정한 법칙에 따르는 세계사를 강조하고 주장하는 사람들은 자신들의 편견으로 인해서, 예컨대 유럽 사람들에 있어서는 서양에, 그리고 중국 사람들에 있어서는 중국에만 한정되어 있는 역사의 통일성을 주장하였다. 그들이 제시하는 역사의 이념이나 법칙에 부합하지 않는 역사를 가진 민족은 무역사적일 뿐만 아니라 야만인과 자연민족의 생활이었으며, 그러한 것들은 민속학적 관심의 대상이긴 했으나, 역사의 대상은 되지 않았다. 물론 언어나 종교, 예술, 철학 등 인간의 정신문화를 주도하는 것들이 하나의 뿌리에 근거를 두기 때문에, 거기에 따라서 진행되는 역사의 흐름도 당연히 어떤 통일성이나 단일성을 지향한다고 할 수는 있다. 하지만 통

세 번째, 『삼국유사』가 우리 역사의 시원을 단군에서 찾고 있다는 사실은 그 이후 전개되는 공시적·통시적 역사에서 역사의 이념을 '민족'으로 보고 있으며, 동시에 우리 민족을 구성하는 모든 사람의 삶의 터전에 이르기까지도 민족이라는 이념이 확대된다는 점을 오늘날의 우리에게 제시해주는 것이라고 할 수 있겠다. 더불어 『삼국유사』에는 국가와 왕권 등 통치계층의 역사만 있는 것이 아니라 백성들의 삶과 신앙, 의식 등도 함께 기록되어 있다는 사실은 일연이 역사의 주체를 '민중'으로 의식하고 있었음을 증명하는 것이라고 이해할 수 있다.

결국 역사교육은 '역사란 무엇인가?'라는 물음에서 출발해야 한다. 학문적으로 보면 과거의 사건에 대한 지적인 관심에서 역사가 시작된다. 그리고 역사적 지식은 목격하거나 기억한 것을 바탕으로 한다. 그렇지 않으면 전거(典據)에 의존할 수밖에 없다. 여기에 덧붙여지는 게 바로 역사가의 상상력과 이해력이다. 역사와 관련한 기억과 전거가 역사인식과 관련되어 있다면, 상상력과 이해력은 역사의식과 결부되어 있다. 현재의 역사가 아니라 과거의 역사서를 읽는다는 것은 과거를 직접 경험하고 목격함으로써 인식하는 게 아니기 때문에, 남겨진 유물과

일성과 단일성이 보편성과 동의어는 아니다. 이러한 생각의 배경에는 선민사상(選民思想)이 자리 잡고 있으며, 이를 바탕으로 행위하는 사람들은 실제로는 보편성을 지향하는 것이 아니라, 자신들만의 특수한 개별성을 모두에게 확대시키려고 하는 것이다. 여기에는 필연적으로 **침략적 행위**가 뒤따르지 않을 수 없다. 그렇기 때문에 그들은 아직 자신들이 알지 못하는 모든 민족이나 국가를 유일한 자기 문화에 (강제적으로) 참여하게 하고, 그들로 하여금 자신들의 질서를 따르도록 하는 경향성을 보여 왔고, 지금도 여전히 이와 같은 역사를 진행시키고 있다. 따라서 이러한 역사는 여전히 개별성 내지는 특수성에 불과할 뿐이지, 결코 보편성을 목표로 하는 것이 아니다." 문성화, 『철학의 눈으로 본 민족사』, 209~210쪽.

증거를 해석함으로써 비로소 알게 된다. "과거는 그 자체로서는 아무것도 아니기 때문에 과거에 대한 지식 그 자체는 역사가의 목적도 아니고 목적일 수도 없다. 그의 목표는 사고의 목표가 그러하듯이 현재에 대한 지식이다. 모든 것은 현재로 귀결되며 그것의 주위를 회전한다. 그러나 역사가로서 그는 현재의 어떤 특정한 모습 ― 그것이 어떻게 해서 지금 그것으로 되었나 ― 에 관심이 있다. 그러한 의미에서 과거는 하나의 현재의 모습이거나 기능이다. 그리고 이러한 점은 그의 연구를 지적으로 회상하는, 다른 말로 해서 역사철학을 시도하는, 역사가에게는 항상 나타나게 되는 것이다."[15] 따라서 역사교육은 가르치는 사람과 배우는 사람이 상호 소통하면서 역사적 지식, 즉 역사적 사건의 의미에 대해서 '현재'를 매개로 해서 끊임없이 묻고 답하는 과정이어야만 된다.

3. 새로운 역사교육

오늘날 교통과 통신의 눈부신 발달로 인해 세계가 하나로 된지 오래라고 표현하고 있다. 인터넷을 상징적으로 나타내는 'www'는 'world wide web'의 약칭이다. 세계는 하나의 그물처럼 엮여있다는 의미이며, 그물은 그 어떤 곳에서 출발하더라도 모든 지점으로 이어진다. 그렇다

---

15   R. G. 콜링우드, 『역사철학론』, 청하, 1986, 222~223쪽.

면 세계가 진정으로 하나로 되어 있는가? 이에 대한 대답은 '아니오'이다. 보편성을 강조할수록 그 이면에서는 개별성과 특수성이 꿈틀대고 있다. 마치 '평화'라는 구호가 난무하는 곳은 사실 '전쟁'의 소용돌이가 휘몰아치고 있는 곳인 것처럼 말이다. 종교는 인류를 구원한다고 하지만 오히려 종교 때문에 일어나는 전쟁이 다른 원인 때문에 일어나는 것보다 훨씬 더 많은 것처럼, 세계는 각각으로 분열되어 있으며, 이러한 분열은 인류가 멸망하기 전끼지 통일될 수 없을 것이다.

역사에서도 전 인류 또는 지구상의 모든 국가에 공통적으로 적용될 수 있는 보편적 역사이념은 존재하지 않는다. 물론 보편적 역사이념이 제시되기도 하였고 또 제시하기도 한다. 그렇지만 역사는 현실이다. 현실의 역사는 모든 민족과 국가에서 모두 다르게 진행된다. 역사는 민족 또는 국가 단위로만 기능을 할 수 있을 뿐이지 전 인류를 대상으로 작용하지 않는다는 말이다. 그래서 각각의 민족이나 국가는 자신들의 더 나은 미래를 위해서 고유의 역사를 새로이 해석하여 다시 쓰려고 하는 것이다. 이런 과정에서 역사왜곡이 발생하기도 한다. 하지만 역사를 새롭게 쓴다는 말이 역사를 왜곡해도 된다는 뜻은 결코 아니다. '왜곡'은 '거짓'이며, 거짓은 누구도 용납하지 않는다. 이것은 자신은 설령 거짓을 말하더라도 다른 사람의 거짓은 용납하지 않는 것과 같은 이치이다. 따라서 역사를 새롭게 쓰더라도 진실을 말하지 않으면 안 된다.

진실을 말하기 위해서는 '너'라는 상대를 인정하기만 하면 된다. 그렇게 되면 '너'인 상대도 '나'를 인정하게 될 것이다. 세계의 역사에서 평화의 상태가 깨지는 것은 상대를 인정하지 않았을 때이다. 모든 사람이 자신을 칭할 때 '나'라고 하지만 상대를 칭할 때는 '너'라고 부른다. 그러므로 '나'는 동시에 '너'이다. 나와 너는 다르지 않다. '네가 내가 되면, 그리고 내가 네가 되면 역사를 어떻게 다시 쓸 것인가?'를 생각하면 역사왜곡은 일어나지 않을 것이다. 다른 민족이나 국가에도 동시에, 함께 적용하기 어려운 보편적 역사이념을 굳이 내세울 필요가 없이, 서로 상대를 인정할 때 평화가 찾아오고 그 상태가 지속될 수 있다. 보편적 역사이념을 '너'에게서 찾을 필요 없이 '나'에서만 찾으면 된다는 말이다. 저자가 여기서 말하고 있는 '나와 너'는 바로 민족 또는 국가를 일컫는다. 우리 민족은 '나'이고 다른 민족은 '너'이다.

역사를 알겠다는 것, 알려주겠다는 것은, '나와 우리'의 현재의 위치를 이해하기 위해서 또는 이해시키기 위해서, 다시 말하여 과거에서 현재에 이르는 그 시간적 경과, 그 사회적 조건 속에서 현재의 나와 우리가 어디에 와서 있는가를 알아보기 위해서 또는 알려주기 위해이다. (···중략···) 역사란, 남의 일이 아니라 나의 일, 과거의 일이라기보다 현재의 일이라고 한다면, 그것은 지나간 사실을 얼마나 생생하게 재현하느냐에 뜻이 있는 것이 아니라, 지나간 사실에서 무엇을 찾아내는가에 뜻이 있다. 따라서 역사란 우리에게 주어지는 것이 아니라, 우리의 물음에 대해서 대답을 해주는 것이라고 누군가가 한 말이 매우 실감 있게 들린다.[16]

이 말은 매우 중요하다. 역사는 우리의 일이며, 역사를 통해서 우리는 현재의 민족적 문제에 대한 답을 얻어야 한다. 그 문제는 바로 '통일'이

---

16   천관우, 「韓國史學의 反省」, 이기백 · 차하순 편, 『歷史란 무엇인가』, 342쪽.

다. 우리는 통일의 당위성을 『삼국사기』와 『삼국유사』를 통해서 배우고 가르쳐야 한다. 고구려, 백제, 신라 이후 고려가 건국된 지 200년도 더 지난 시점에서 다시 써진 『삼국사기』는, 그 내용의 사관문제는 차지하고서라도, 중국과의 친밀도에 따라 국가의 존속을 기술했으며, 김부식도 바로 이 점을 염두에 두었다고 할 수 있다. 반대로 말해서, 바로 이러한 점 때문에 김부식이 가장 강하게 비판을 받기도 하지만, 우리가 이로부터 교훈을 얻는다면 우리나라의 지정학적 위치와 국제관계의 위상에 관한 것이다.

우리나라의 과거 역사와는 달리 오늘날 남과 북은 흔히 중국, 러시아, 미국, 일본이라는 열강에 둘러싸여 있다고 말한다. 과거에는 중국과의 친밀도가 왕조를 유지하는 척도가 될 만큼 매우 중요한 요소였다면, 현재는 북한은 중국, 러시아와 더 가까운 관계를 유지하고 있으며 남한은 미국, 일본과 더 가까운 게 사실이다. 그렇다면 저자는 남과 북이 각각의 체제를 유지하고 정권을 유지하기 위해 중국, 러시아와 또는 미국, 일본과 친밀하게 지내야 된다고 주장하는 것인가? 그것은 결코 아니다. 물론 외교적으로 이웃 나라들과 친밀하게 지내는 것은 반드시 권장할만한 일임에는 분명하다. 하지만 우리나라가 분단 상태를 계속 유지하는 것이 그들 네 나라에 유리하게 작용할까 아니면 통일을 이루는 것이 유리하게 작용할까?

만일 그들 네 나라가 자신들의 국익을 위해서 우리의 분단 상태가 지속되기를 원한다면, 이는 남과 북이 반드시 최대한 빠른 시일 내에 통일을 이루어야 된다는 것을 역설적으로 증명해주는 것이다. 우리가 통일을 한다고 해서 친밀한 관계를 지속하지 못한다면, 그 관계는 이미 이웃의 관계라고 할 수가 없다. 물론 여기에는 남과 북의 내적인 걸림돌도 있다. 그것은 남과 북에서 정치, 경제, 사회, 군사적으로 기득권을 가지고 있는 계층이 진정으로 통일을 원하는가 그렇지 않은가의 문제이다. 왜냐하면 그들이 현실적이고 실질적인 권력을 가지고 있기 때문이다. 따라서 우리는 이런 문제를 해결하기 위해서 또 다른 역사서인『삼국유사』를 통해서 배우고 가르쳐야 한다. 신채호는 역사를 다음과 같이 규정하고 있다.

연이(然而)나 연대(年代)나 기(記)하며 인명(人名)·지명(地名)이나 열(列)하면 차(此)가 역사며, 문화(文華)나 장(粧)하며 가담췌설(架談贅設)이나 부(附)하면 차가 역사인가. 대저(大抵) 역사란 자는 필야향(必也向)에 운(云)한바, 내(內)를 존(尊)하며 외(外)를 기(岐)하고 민적(民賊)을 주(誅)하며 공구(公仇)를 육(戮)하는 등, 일정주의(一定主義) 일관정신(一貫精神)을 복(伏)하며 민족진화(民族進化)의 상태를 서(叙)하며 국가치란(國家治亂)의 인과를 추(推)하여, 나자(懦者) 입(立)하며, 완자(頑者) 오(悟)케 하여야 어시호(於是乎) 역사라 가칭(可稱)할지니¹⁷

단군조선에 시원을 두고, 일연이『삼국유사』를 저술할 당시의 세계 제국인 몽고의 침략도 극복하고 오늘날까지 변하지 않고 이어지고 있는 것은 그 어떤 이데올로기나 정신도 아니고 바로 '민족'이다.『삼국유

17 신채호, 「歷史와 愛國心의 關係」, 단재신채호선생기념사업회, 『丹齋申采浩全集』 하권, 형설출판사, 1995(개정 5쇄), 78쪽.

사』가 가르쳐준 것은 단군조선으로부터 시작해서 그 당시까지 3천6백 년이 넘게 이어진 우리 민족의 끈질긴 생명력이었다. 『삼국유사』에 따르면 우리 민족은 이미 당시에도 단일 민족이 아니었음을 알 수 있다. 그렇기 때문이라도 저자는 생물학적, 유전학적 의미에서 단일 혈통을 주장하는 게 결코 아니다. 따라서 저자는 우리에게 '민족'이라는 용어 자체가 이미 하나의 이념으로 작용하고 있다고 생각하며, 분단된 남과 북을 통일시켜줄 수 있는 역사이념이라고 주장하는 것이다.

중국과 미국, 러시아뿐만 아니라 일본도 단일 민족국가가 아니라 다민족국가이다. 우리나라도 고대에서부터 이미 다민족국가였다. 그럼에도 불구하고 그들 나라가 하나의 국가를 지탱하고 있는 근거는 바로 '내셔널리즘(Nationalism)'임을 부정할 수 없다. 이 용어는 의미에 따라서 각각 '민족주의', '국가주의', 또는 '국수주의'로 번역되고 있는데, 그들 나라는 그때그때의 역사적 상황에 따라서 이 용어를 얼마든지 다른 의미로 사용할 수가 있다. 오늘의 시점에서 우리 남과 북은 진정으로 통일을 위해서 내셔널리즘을 새롭게 해야 한다. 이것이 한 나라 안에서 다른 나라에 대하여 배타적이고 적대적으로 작용한다면 국수주의가 되겠지만, 그리고 정권유지의 수단으로 강력하게 작용할 때는 국가주의가 되겠지만, 민족주의는 구성원 모두를 내부적으로 단결시키는 이념으로서 부정적인 의미를 가졌다고 보아서는 안 된다.

세계사적으로 보더라도 제국주의의 침략을 방어하고 대응하기 위해서 내세웠던 이념이 민족주의였지, 침략을 위한 이념은 아니었던 것이다. 만일 내셔널리즘이 침략을 위한 이념적 토대로 작용했다면, 국가주의로 번역되어야 옳다. 더구나 우리 역사에서는 일제의 침략이 있고난 이후에 민족주의라는 개념이 생겨났다는 점도 간과해서는 안 된다. 역사의 공간과 시간을 함께 하고 있는 남과 북이 70년을 분단 상태로 지내왔다고 해서 통일을 이루지 못할 이유는 그 어디에도 없다. 지금 현재 남과 북이 모든 것을 이질화시켜왔다고 하더라도 여전히 '동질성'을 유지하고 있는 것은 바로 '민족'이라는 이념이다. 굳이 민족주의라는 용어를 사용하기를 꺼린다면 '신-민족주의(Neo-Nationalism)'라고 칭해도 좋다. 하지만 우리는 통일 위해서라면 비굴해져서는 안 된다.

내셔널리즘이 내포하는 여러 위험성, 예컨대 국수주의로의 경화라든지 배타의 폐쇄적 태도라든지는, 민족사관에 있어서도 충분히 경계되어야 할 것은 더 말할 것 없다. 그럼에도 불구하고 민족사관으로 집중이 되다시피한 한국 사학가의 동향은 그런 대로 의미가 있다고 나는 생각한다. 내셔널리즘은 한물 간 구시대의 유물처럼 말하는 이도 많지만, 우리에게는 아직도 살아 있어야만 할 활력소의 하나라고 보기 때문이다. 내셔널리즘은 팽창·침략에 직결된다고 말하는 이들도 있으나, 지금 한민족의 처지에 팽창이니 침략이니, 차라리 그런 힘이라도 있기를 바라기라도 해야 할, 당치도 않은 헛소리다. 인터내셔널리즘, 좋은 일이다. 그러나 단단히 틀을 잡은 민족 내지 국가의 기반을 전제로 하지 아니하고는, 그것이 때로는 호구가 될 수도 있다.[18]

이러한 것을 위한 역사교육은 현재 우리나라에서 시행되고 있는 대

18　천관우, 「韓國史學의 反省」, 이기백·차하순 편, 『歷史란 무엇인가』, 346쪽.

학입시 시험을 비롯해서 각종 시험을 대비하는 방식으로 이루어져서는 안 된다. 역사, 특히 국사(國史)는 당연히 학교 '필수교과목'으로도 있어야 한다. 하지만 시험만을 위한 교과목이라면, 현행과 같은 제도하에서는 역사인식에도 한참 미치지 못하는, 그저 파편화되고 분절된 역사지식만을 끌어 모을 수 있을 뿐이다. 그렇기 때문에 시험을 끝내고 나면 단편적으로 암기한 것조차 머릿속에서 사라져버리는 것이다. 비유하자면, 이는 시계를 분해하여 부속품들을 나열해둔다고 해서 시계라고 할 수 없는 것과 같은 이치이다. 또한 집을 짓기 위해서 필요한 재료를 모아두었다고 해서 집이라고 할 수 없는 것과 같다. 그리고 설령 시계의 부품들을 모두 조립하였고 집짓기를 끝마쳤다고 하더라도 여전히 아직은 시계라고, 집이라고 말하기에는 부족한 게 있다. 왜냐하면 완전한 의미에서 시계이기 위해서는 배터리를 장착하여 움직여야 하고 집에는 사람이 살아야만 온전하게 집이라고 할 수 있기 때문이다.

따라서 우리는 '역사지식'의 단편들을 집을 짓기 위한 재료에 비유할 수 있을 것이고, 완공된 집을 '역사인식'에 비유할 수 있다면, 여기에 사람이 살고 있을 때를 '역사의식'에 비유할 수 있을 것이다. 집과 역사는 모두 완성한 다음에 보고 즐기라고 있는 게 아니다. 집과 역사가 생명을 얻으려면, 그 안에 사람이 들어가서 살아야만 된다. 그렇기 때문에 역사는, 특히 국사는 정규 교육기관의 필수교과목으로만 머물러서는 안 된다. 사람이 사유하지 않고 행동하지 않으면 마치 죽은 것과 마찬가지의 상태가 되는 것처럼, 국사교육도 '평생교육'으로 이루어져야 한다. 역사는 과거의 것임이 분명하지만 역사'교육', 국사'교육'은 현재와 미래를 위한 것이어야 한다. 그러기 위해서는 국민 모두가 살아 움직여야 한다.

그리고 역사와 국사를 주제로 한시도 쉬지 않고 끊임없이 토론을 해야 한다. 학문적 연구는 물론이고 대중매체를 중심으로 해서 일상생활에서도 국사와 현재, 미래를 주제로 평생교육이 이루어져야 한다.

역사는 특정인의 전유물도 아니고, 특정 계층이나 집단만의 이익을 위해서 봉사하는 수단이나 이데올로기도 아니며 그렇게 되어서도 안 된다. 한국사와 한국사교육이라면 그 주체와 대상은 국민 모두이다. 그리고 한국사가 세계 역사의 중심이라는 것을 가르치고 배워야 한다. 이는 다른 나라 또는 다른 민족의 역사를 부정한다는 뜻이 아니다. 이는 세계 각 나라가 자신들의 나라를 중심으로 하여 세계지도를 만드는 것과 같은 의미이다. 모든 사람은 그 자신이 세상의 중심이다. 그 자신이 이 세상에서 없어진다면 그에게는 세상이 없어지는 것과 같다. 그래서 우리는 일상생활에서 사망한 사람을 두고 표현하기를 '세상을 등졌다'거나 '별세(別世)했다'고 하는 것이다. 역사도 이와 마찬가지이다. 소위 말하는 선진국들은 모두 자국을 중심에 위치시키고 다른 나라를 변방에 위치시켜서 역사를 서술하고 또 그렇게 교육하고 있다.[19]

그렇기 때문에 우리의 역사가 세계 역사의 중심에 위치하는 것은 당연한 것이며, 우리 역사의 중심에는 시간적·공간적 영속성의 바탕 위에 존재하는 '민족'이 위치해야한다. "민족을 강조하는 것에 (…중략…) 문제점이 따른다 하더라도 '민족'이라는 담론을 포기하기는 어렵다. 여전히 민족은 역사교육, 특히 국사교육의 중핵을 이루는 문제이다. 그것

---

19 이에 대해서는 다음과 같은 책을 참고할 것 : 이길주, 「미국의 제국주의 사관과 한국사 서술」, 『사회와 사상』 통권 제14호, 한길사, 1989.10; 제임스 W. 로웬, 『선생님이 가르쳐 준 거짓말』.

은 국사교육이라는 것 자체가 민족의 지난 활동을 다루는 것이기 때문이다. 이는 '국사교육'이라는 말 대신 '한국사교육'이라는 지역 내지 국가 개념을 사용하더라도 마찬가지다. 우리의 경우 여전히 '한국'이라는 실체를 이루는 것은 '한국민족'이기 때문이다. 그리고 역사교육이 사회 현실에 대한 올바른 인식과 비판적 시각을 가르는 데 중요한 목적이 있다고 할 때, 우리 사회의 성격을 규정짓는 가장 특징적인 현상 중 하나는 남북분단이라는 민족 모순이다. 그리고 이는 '민족'이라는 실체를 제외하고는 이해될 수 없다."[20]

'실체(substantia)'라고 하면 철학에서 '존재하는 모든 근원'으로 정의된다. 실체는 그때그때마다 다른 모습으로 나타나는 속성이나 양태와는 다른, 불변하는 근본을 말한다. 따라서 민족이 역사의 실체라는 말은 민족이 역사의 근원이라는 의미이다. 이는 역사에서 형이상학적 이념과 동의어라고 보아도 무방하다. 그렇기 때문에 민족을 우리 역사의 이념으로 설정하고 남북통일의 근거로 삼아서 한국사교육을 평생교육으로 행해야 한다는 것은 지금 이 시대에서 필요한 당위적 요청이라고 할 수 있다. "이 경우 흔히 보듯이 '민족'의 개념을 사회과학적으로 규명하려는 시도는 그리 중요하지 않을 수 있다. 민족이나 민족주의를 가장 맹렬하게 비판하고 있는 포스트모던적 관점에서는 민족이란 역사가 아니라 역사 이야기 속에 존재하며, 사회적 실재가 아니라 담론적 실재로 존재한다고 한다. 그 말을 그대로 받아들인다 하더라도, 역사교육을 통해 사람들의 역사관이나 사회관에 영향을 주는 '민족'은 사회에 실재하는 사

20   김한종, 『역사왜곡과 우리의 역사교육』, 117쪽.

회과학적 분석의 대상이 되는 민족이 아니라, 사람들의 머릿속에 그리는 '담론으로서 민족' 개념이기 때문이다. 실제 역사교육에서 다루어지는 민족도 학술적 개념보다는 흔히 사람들이 생각하고 있는 개념인 경우가 많다."[21]

이제 '남북통일'이 담론으로만 머물러서는 안 되는, 우리 현실 역사와 역사교육의 최대 과제라는 것을 우리 모두가 자각해야 한다. 민족이 역사와 역사교육의 근원이자 이념이라면 남북통일은 현재 우리 역사와 역사교육의 목표로 설정되어야 한다. 통일을 목표로 하는 역사교육은 역사에 대한 단편적인 지식만을 주입하고 암기하게 하여 시험성적으로만 평가를 해서는 결코 안 될 일이다. 왜냐하면 우리 민족과 남·북한 모두에게 "통일은 과거의 고향으로의 단순한 회귀가 아니라 미래를 끌어당

---

21 위의 책, 117~118쪽. 이에 반대하는 다음과 같은 견해도 있다 : "민족주의는 사다리이다. (…중략…) 사다리의 끝에는 세계체제 속의 시민국가가 있으며 우리는 이곳을 향해 가고 있다. 시민국가는 국민국가가 아니며 민족국가도 아니다. 또한 시민국가는 홀로 떨어진 국가가 아니라 몇 백 년 전에 시작된 세계체제 속의 일원이어야 한다. 결국 근대민족국가 건설을 목표로 만들어진 민족주의는 세계체제 속의 시민국가가 되기 위한 사다리였던 것이다. 우리는 마지막 한 칸을 남겨두고 있다. 한 칸을 더 오르면 세계체제 속의 시민국가가 우리를 기다리고 있을 것이다." 탁석산, 『한국의 민족주의를 말한다』, 웅진 닷컴, 2004; "하지만 우리가 명심해야 할 것이 있다. 역사는 결코 우리의 바람이나 감정대로 움직이지 않는다. 그렇다고 해서 역사가 이성의 명령에 따라 진행되지도 않는다. 저자가 여기서 강조하는 민족주의 근대 제국주의 시대의 민족주의와 같은 것을 말하는 것이 아니다. 혈통에 집착하지 않는 한, 민족주의는 결코 사라지지 않을 것이다. 물론 현재의 추세대로 보면 어떤 민족이나 국가에서건 민족주의를 전면에 내세우지는 않을 것이다. 하지만 구체적 현실을 들여다보면, 변형된 형태의 민족주의가 도처에서 위세를 떨치고 있음을 알 수 있다. 여전히 존재하고 있는 인종차별이 그 증거이고, 국가에 따라서는 정치적 헤게모니의 중심을 이루고 있는 것이 또한 민족적 개념이다. 세계는 예나 지금이나 여전히 자신들이 하는 모든 행위는 선이지만, 타자가 하는 모든 것은 악이라는 전제에 입각하여 움직이고 있다. 세계시민국가는 처음부터 실현될 수 없는 것이며, 추구해야할 꿈도 무지개도 아니다." 문성화, 『철학의 눈으로 본 민족사』, 237쪽 각주 197.

기는 희망"[22]으로서 현대사의 당면 목표로 설정되어야 하기 때문이다. 그러므로 '통일'이나 '민족'이라는 단어를 남·북한의 통치권을 비롯하여 오로지 자신들이 속한 집단이나 계층의 이익만을 대변해주는 수단으로 활용하는 자들은 통일과 민족에 대한 진정성이 없는 자들임에 틀림이 없다. 비록 이기적인 생각이라고 비판할 수는 있겠지만, 역사에서 '이익'이란 적어도 '민족'을 최소 단위로 하지 않으면 안 될 것이기 때문이다.

현재 세계는 신자유주의의 이념 아래 경제적인 측면에서 국가 간에 FTA를 체결하고 있다. 'FTA'는 'Free Trade Agreement(자유무역협정)'로서 각 정부들이 나서서 협정을 체결하고 있다. 의미 그대로 '자유무역'이라면 각국의 정부는 자국 안에서 무역에 걸림돌이 되는 모든 규제를 해제하기만 하면 될 것을, 다시금 서로가 협정을 맺고 있는 것이다. 이는 FTA라는 용어와 정치·경제적 현실 사이의 모순을 극명하게 보여주는 증거라고 하겠다. 이것은 역사의 현실이 언제나 모순을 안고 있다는 사실을 증명해주는 하나의 '예'에 불과하다. FTA는 결코 자유무역협정이 아니다. 모든 국가가 자신들의 이익을 최우선시 하여 협정을 맺으려고 하기 때문에 적어도 '자유'무역협정은 아니라는 말이다.

이러한 것이 바로 역사적 현실이고 역사의 진실이다. 이것은 저자가 상상이나 추측을 통해서 주장하고 있는 게 아니라, 지금 현재의 실증적 역사가 보여주고 있는 역사의 과정이자 결과이다. 지금까지의 역사와

---

22 송두율, 「분단을 넘어서는 통일의 철학」, 『변화하는 시대와 철학의 과제(한민족 철학자
    대회보 1권—1991)』, 천지, 1991, 43쪽.

현실을 통해서 배워왔고 또 배우고 있는, 세계 각국 간에 맺어졌던 모든 정치적·군사적·경제적 등등의 연합체나 동맹관계들은 자국이나 자기 민족의 이익을 최우선시한 결과였다. 하지만 그것이 자신들의 이익에 반할 때는 항상 깨어져왔음을 또한 우리는 여전히 역사를 통해서 배우고 있다. 이는 단적으로 말해서, 역사가 인간의 역사인 것은 분명하지만, 역사의 전개과정은 자연계에서 일어나는 '약육강식'의 과정과 하나도 다를 바가 없다는 사실을 여실히 증명해주는 것이다. 국가나 민족 간에 자유와 평화의 상태가 유지될 수 있었던 것도 그 주체가 인간이기 때문에 가능했던 것이 아니라, 국가나 민족 간에 '힘의 균형' 상태가 이루어졌을 때뿐이었다는 사실을 아무도 부정할 수 없을 것이다.

지금도 소위 강대국이라고 불리는 나라들은 여전히 자기 나라를 중심으로 역사를 서술하고 있을 뿐만 아니라 자신들을 중심으로 세계를 질서 지으려고 하고 있다. "중국(中國)"이라는 명칭도 그렇게 해서 만들어졌으며, "미국사는 미국 한 나라의 역사가 아니라는 의식이 뚜렷하다. 미국은 '세계적인 나라' ― 즉 영어표현으로 global country ― 라는 것과 단순히 한 나라의 역사를 배우기보다는 그 나라와 미국과의 관계에 더 중요성을 둔다"[23]는 사실이 그 증거이다. 선주민인 인디언 ― 사실 인디언이라는 명칭도 인류학적 측면에서는 정확한 게 아니지만 ― 의 입장에서는 분명히 '침략의 시작'인 사건이 여전히 무비판적으로 '신대륙 발견'이라는 용어로 통용되고 있는 것은 그에 대한 하나의 예에 불과하다. 또한 일본이나 중국의 역사왜곡뿐만 아니라 '동해'에 대한 영어

---

23 이길주, 「미국의 제국주의 사관과 한국사 서술」, 63쪽.

표기인 'East Sea'와 'Sea of Japan'을 둘러싼 분쟁은 왜 생겨나는 것인가? 이와 같은 표기문제까지도 국가 간에 분쟁을 일으키는 단초가 될 수 있는데, 현재의 우리가 통일과 민족 문제를 소홀히 한다면 우리 역사에 대해서 반드시 책임을 져야 할 것이다. 따라서 저자는 역사를 학문적으로 연구하는 사람이라면 우리 민족 모두에게 미래에 대한 구체적인 희망으로서 민족을 중심으로 한 '통일적 역사관'을 확립해야 할 의무가 있다고 생각한다.

■ 국내서적

『고등학교 철학』 교사용 지도서, 한국정신문화연구원.

김영민, 『현상학과 시간』, 까치, 1994.

김용운, 『원형의 유혹』, 한길사, 1994.

김한종, 『역사왜곡과 우리의 역사교육』, 책세상, 2002.

동북아세아연구회 편, 『『三國遺事』의 硏究』, 중앙출판, 1982.

문성화, 『철학의 눈으로 본 민족사』, 계명대 출판부, 2007.

박진태 외, 『삼국유사의 종합적 연구』, 박이정, 2002.

성백효 역주, 『懸吐完譯 論語集註』, 전통문화연구회, 1998.

신채호, 「『朝鮮上古史』 總論」, 단재신채호선생기념사업회, 『丹齋申采浩全集』 상권, 형설출판사, 1995(개정 5쇄).

_____, 「讀史新論」, 『丹齋申采浩全集』 상권, 단재신채호선생기념사업회, 형설출판사, 1995(개정 5쇄).

_____, 「歷史와 愛國心의 關係」, 『丹齋申采浩全集』 하권, 단재신채호선생기념사업회, 형설출판사, 1995(개정 5쇄).

신형식, 『삼국사기의 종합적 연구』, 경인문화사, 2011.

신형식 편, 『韓國史學史』, 삼영사, 1999.

이강래, 『三國史記 典據論』, 민족사, 1996.

_____, 『삼국사기 인식론』, 일지사, 2011.

이기백·차하순 편, 『歷史란 무엇인가』, 문학과지성사, 1995.

이길주, 「미국의 제국주의 사관과 한국사 서술」, 『사회와 사상』 통권 제14호, 한길사, 1989.10.

이만열, 『丹齋 申采浩의 歷史學 硏究』, 문학과지성사, 1995.

이범직·김기덕 편, 『한국인의 역사의식』, 청년사, 2004.

이우성·강만길 편, 『韓國의 歷史認識』 上, 창작과비평사, 1994.

_____, 『韓國의 歷史認識』 下, 창작과비평사, 1993.

이재호 역주,『삼국유사』, 光信出版社, 1993.

임희완,『역사의 이해』, 건국대 출판부, 1994.

정구복·노중국·신동하·김태식·권덕영 역주,『역주 삼국사기』1~5, 한국학중앙
연구원 출판부, 2011~2012.

조동걸·한영우·박찬승 편,『한국의 역사가와 역사학』상, 창비, 2007.

탁석산,『한국의 민족주의를 말한다』, 웅진닷컴, 2004.

한영혜,『일본사회개설』, 한울아카데미, 2001.

한전숙·차인석,『現代의 哲學』I, 서울대 출판부, 1983.

전국역사교사모임,『살아있는 한국사 교과서』1~2, 휴머니스트, 2002.

하정용,『삼국유사 사료비판』, 민족사, 2005.

한국사연구회 편,『韓國史學史의 硏究』, 을유문화사, 2001.

■ 국내 번역서적

노암 촘스키, 강주헌 역,『촘스키, 누가 무엇으로 세상을 지배하는가』, 시대의창, 2004.

_____,『촘스키, 세상의 권력을 말하다』, 시대의창, 2004.

데이비드 캐너다인, 문화사학회 역,『굿바이 E. H. 카』, 푸른역사, 2005.

마르크 블로크, 고봉만 역,『역사를 위한 변명』, 한길사, 2005.

미카엘 란트만, 진교훈 역,『철학적 인간학』, 경문사, 1998(개정판).

브라이언 페인건, 윤성옥 역,『기후는 역사를 어떻게 만들었는가』, 중심, 2002.

오르테가, 설영환 역,『이야기 철학』, 우석, 1986.

제임스 W. 로웬, 이현주 역,『선생님이 가르쳐 준 거짓말』, 평민사, 2001.

칼 야스퍼스, 백승균 역,『역사의 기원과 목표』, 이화여대 출판부, 1986.

한스 인아이헨, 문성화 역,『철학적 해석학』, 문예출판사, 1998.

D. Held, 백승균 역,『비판이론서설』, 계명대 출판부, 1988.

E. H. Carr, 진원숙 역주,『역사란 무엇인가』, 계명대 출판부, 1997.

Friedrich Kümmel, 권의무 역,『시간의 개념과 구조』, 계명대 출판부, 1986.

J. E. 러브록, 홍욱희 역,『가이아―생명체로서의 지구』, 범양사 출판부, 1999.

N. 로텐스트라이히, 정승현 역,『천년 맑스의 철학』, 미래사, 1986.

O. F. Bollnow, 백승균 역,『삶의 哲學』, 경문사, 1985.

R. G. Collingwood, 소광희·손동현 역,『歷史의 認識』, 경문사, 1979.

■ 국외서적(번역본)

A. Boeckh, *Enzyklopädie und Methodenlehre der philosophischen Wissenschaften*, hrsg. von E. Bratuscheck, Darmstadt, 1966.

F. D. E. Schleiermacher, *Hermeneutik und Kritik*, hrsg. von M. Frank, Frankfurt a.M., 1977.

G. W. F. Hegel, *Die Vernunft in der Geschichte*, hrsg. v. Johannes Hoffmeister, 5. Aufl., Hamburg, 1955(임석진 역, 『역사 속의 이성』, 지식산업사, 1994).

H. G. Gadamer, *Wahrheit und Methode, Grundzüge einer philosophischen Hermeneutik*, Tübingen, 1. Aufl., 1960.

Hans Meyerhoff, "History and Philosophy", Meyerhoff, ed., *The Philosophy of History in Our Time*, 1959(이기백·차하순 편, 『歷史란 무엇인가』, 문학과지성사, 1995(22쇄)).

I. Kant, *Kritik der reinen Vernunft*, Hamburg, 1956.

K. Marx, *Thesen über Feuerbach*, 1845.

■ 논문

고병익, 「『三國史記』에 있어서의 歷史敍述」, 이우성·강만길 편, 『韓國의 歷史認識』 상, 창작과비평사, 1994.

김광식, 「『삼국유사』는 왜 필요했을까」, 이범직·김기덕 편, 『한국인의 역사의식』, 청년사, 2004.

김상현, 「高麗後期의 歷史認識」, 한국사연구회 편, 『韓國史學史의 硏究』, 을유문화사, 2001.

김열규, 「『三國遺事』와 神話」, 동북아세아연구회 편, 『『三國遺事』의 硏究』, 중앙출판, 1982.

김태영, 「『三國遺事』에 보이는 一然의 歷史認識에 대하여」, 이우성·강만길 편, 『韓國의 歷史認識』 上, 창작과비평사, 1994.

송두율, 「분단을 넘어서는 통일의 철학」, 『변화하는 시대와 철학의 과제(한민족 철학자 대회보 1권—1991)』, 천지, 1991.

신형식, 「김부식」, 조동걸·한영우·박찬승 편, 『한국의 역사가와 역사학』 상, 창비, 2007.

안병직, 「丹齋 申采浩의 民族主義」, 이우성·강만길 편, 『韓國의 歷史認識』 下, 창작과비평사, 1993.

이기백, 「三國遺事의 史學史的 意義」, 이우성·강만길 편, 『韓國의 歷史認識』 上, 창작과

비평사, 1994.

이도남, 「『삼국사기』, 그 긍정론과 부정론」, 이범직·김기덕 편, 『한국인의 역사의식』, 청년사, 2004.

이효형, 「『歷代年表』와 『三國遺事』를 통해 본 一然의 발해 인식」, 『동북아역사논총』 제 18호, 동북아역사재단, 2007.12.

임희완, 「사관론」, 이범직·김기덕 편, 『한국인의 역사의식』, 청년사, 2004.

정구복, 「삼국사기 해제」, 정구복·노중국·신동하·김태식·권덕영 역주, 『역주 삼국사기』 1~5, 한국학중앙연구원 출판부, 2011~2012.

정병삼, 「일연」, 조동걸·한영우·박찬승 편, 『한국의 역사가와 역사학』 상, 창비, 2007.

천관우, 「韓國史學의 反省」, 이기백·차하순 편, 『歷史란 무엇인가』, 문학과지성사, 1995.

한영우, 「우리나라 역사학의 흐름」, 조동걸·한영우·박찬승 편, 『한국의 역사가와 역사학』 상, 창비, 2007.

한스 콘, 박순식 역, 「민족주의 개념」, 백낙청 편, 『民族主義란 무엇인가』, 창작과비평사, 1991.

■ 기타 자료

『조선일보』, 1986.8.17.

국립국어원, 『표준국어대사전』(http://stdweb2.korean.go.kr/main.jsp), 검색일 : 2014.4.14.

한국학중앙연구원, 『한국민족문화대백과사전』(http://encykorea.aks.ac.kr).

(재)한국연구원 한국연구총서 목록